W9-CMI-588

PIE XII
Mon privilège fut de le servir

Titre original : *Ich durfte ihm dienen.*
Erinnerungen an Papst Pius XII.

© 1982 Naumann Verlag, Würzburg

Couverture : *Portrait de Pie XII par Leonard Boden*

Tous droits réservés

ISBN : 2 - 85244 - 720 - 7

SŒUR M. PASCALINA LEHNERT

PIE XII
Mon privilège
fut de le servir

Traduit de l'allemand
par
Joël Pottier

2e édition

TEQUI
82, rue Bonaparte, Paris VIᵉ

Ad majorem Dei gloriam

Au lecteur [*]

Ces *Mémoires*, je les ai rédigés pour la plus grande partie au début de 1959, c'est-à-dire peu de mois après la mort de Pie XII.

Je le fis pour obéir à l'invitation de la Mère générale de mon ordre. Elle jugeait en effet opportun que, même dans le cadre des fonctions modestes et limitées que j'occupais dans la maison de ce grand pontife, je misse par écrit ce qu'il m'était arrivé, en quarante-et-une années de fidèles services, de voir, de comprendre et de me rappeler de la vie et de l'œuvre de celui-ci.

J'ai écrit, donc, en m'en tenant rigoureusement à la vérité et en cherchant à m'exprimer avec le plus de clarté possible. J'étais loin d'avoir l'idée d'écrire une véritable biographie ; je voulais seulement évoquer des souvenirs et donner mon témoignage personnel sur les multiples événements qui s'étaient déroulés sous mes yeux.

Pendant douze ans, le manuscrit resta enfermé dans un tiroir de mon bureau. L'occasion qui m'amena à l'en tirer et à le « rafraîchir » fut le procès de béatification et canonisation du Serviteur de Dieu, Eugenio Pacelli, Pape Pie XII. Je montrai mes pages au Tribunal du vicariat de Rome en 1971 — pour être précise : après la troisième séance de ma déposition. Ce furent justement ces pages-là qui amenèrent les juges à continuer leurs interrogatoires — lesquels, par la suite, se prolongèrent pendant trente autres séances.

Au début, comme je l'ai dit, je ne pensais vraiment pas que mes pages seraient publiées. Mais puisqu'on en est venu à prendre cette décision et que mon texte a déjà rencontré un large accueil, il m'a semblé jusqu'à un certain point nécessaire — et même de mon devoir — d'insérer dans mon témoignage quelques rajouts, qui sont le fruit de réflexions successives.

---

[*] A la préface, plus courte, de l'édition allemande, on a préféré ici celle de l'édition italienne (*Pio XII. Il privilegio di servirlo*, Milan : Rusconi, 1984). Ces pages, intitulées *Al lettore italiano*, sont l'ultime message de Mère Pascalina, décédée peu après, le 13 novembre 1983. (Note du traducteur).

Parmi ces additions, revêt une importance particulière celle qui concerne la´ poursuite des recherches scientifiques faites autour de la tombe de saint Pierre, dans la basilique Vaticane. Je me sens en effet le devoir de relever que Pie XII, après avoir annoncé à tout l'univers chrétien, à la fin de l'Année sainte de 1950, la nouvelle solennelle et historique que les recherches organisées par lui portaient à confirmer la présence du Tombeau de l'Apôtre, que Pie XII, dis-je, ne manqua pas de suivre personnellement et avec un profond intérêt le déroulement des recherches ultérieures.

Celles-ci, confiées à Madame Margherita Guarducci [1], professeur à l'Université de Rome, débutèrent en 1952 et donnèrent des résultats considérables. Le premier d'entre eux fut le déchiffrement, fort laborieux, des antiques graffiti existant sous l'autel pontifical de la basilique, graffiti dans lesquels le professeur reconnut, entre autres, de nombreuses et touchantes acclamations saluant la victoire du Christ, de Pierre et de Marie. Pie XII eut encore le temps de se réjouir de ce résultat. Mais il était déjà décédé lorsqu'en 1964, ce même professeur Guarducci parvint à reconnaître les reliques de saint Pierre, nouvelle qui fut ensuite, comme on le sait, annoncée officiellement par le pape Paul VI le 26 juin 1968. Ce résultat vint couronner de manière décisive la grande et héroïque entreprise de Pie XII.

Ce rajout et d'autres encore figurent désormais dans mon texte.

La première édition de mon livre, rédigée en allemand, ma langue maternelle, sortit en Allemagne à l'automne 1982. C'est pour moi un motif de satisfaction particulière de penser que le pontife actuellement régnant, Jean-Paul II, a lu le manuscrit de mon ouvrage. Trois autres éditions ont déjà suivi la première.

Beaucoup de personnes ont réclamé une traduction italienne. Cette requête est juste, parce que Pie XII resta quand même toujours un fils de sa patrie bien-aimée, l'Italie, berceau de saints, de héros et

---

1. Née le 20.12.1902. Spécialiste d'Antiquité classique et chrétienne, professeur à l'Université de Rome ; membre de diverses Académies scientifiques (Accademia Nazionale dei Lincei, Pontificia Accademia Romana di Archeologia, British Academy de Londres, Mainzer Akademie der Wissenschaften, etc.), membre ordinaire du Deutsches Archäologisches Institut de Berlin, présidente de la Commission pour les *Inscriptiones Italiae* près l'Unione Accademica Nazionale. Auteur de plus de trois cents écrits scientifiques, parmi lesquels : *Inscriptiones Creticae* (4 vol., en latin, Rome 1938-50), *Epigrafia greca* (4 vol., Rome 1967-79), *I graffiti sotto la Confessione di San Pietro in Vaticano* (3 vol., Città del Vaticano 1958), *La Tomba di Pietro* (Rome 1959 ; traduit en anglais), *Le reliquie di Pietro* (Città del Vaticano 1965 ; traduit en allemand), *La Cattedra di San Pietro nella scienza e nella fede* (Rome 1982), *Pietro in Vaticano* (Rome 1983).

de grands savants. Je puis et dois attester, à ce propos, que le pape nourrissait pour son pays un immense amour. Il fut prompt à tous les sacrifices pour lui éviter le danger de la guerre mondiale ; il le défendit dans les moments les plus dramatiques de son histoire ; il fut toujours proche des prisonniers de guerre, des persécutés, des soldats italiens rassemblés dans les camps de concentration de divers pays. Pour tous, il sut avoir des paroles de réconfort et d'espoir, et apporta à tous une aide matérielle, ayant recours, pour ce faire, à son patrimoine personnel. Son action, toujours guidée par une charité héroïque, a été reconnue aussi — et tout spécialement — par ses successeurs immédiats, le pape Jean XXIII et le pape Paul VI. Ce fut précisément ce dernier qui décida l'ouverture d'un procès de béatification, décision historique, communiquée solennellement aux Pères du Concile Vatican II le 12 mars 1964. *Deo Gratias.*

Je dirai pour finir que moi, simple religieuse, presque nonagénaire, je suis heureuse de dédier mes *Mémoires* sur la vie de Pie XII à tous ceux qui, de quelque nationalité et de quelque confession qu'ils soient, nourrissent des sentiments de gratitude et de vénération envers ce grand pontife. Mais surtout, j'éprouve un réconfort à penser que mon livre est destiné

ad majorem Dei gloriam.

SŒUR M. PASCALINA LEHNERT
Rome, Casa Pastor Angelicus - Été 1983.

Avant-Propos

Extraits du journal d'un adolescent de quinze ans

Après la mort de notre Saint-Père Pie XII, on trouva, parmi les cahiers d'écolier et d'étudiant qui nous restent encore de lui, quelques notes personnelles. Ce sont des pensées que le collégien, alors âgé de quinze ans, a consignées telles qu'elles avaient jailli du plus profond de son âme ; elles nous sont précieuses, car elles permettent de pénétrer dans l'univers intime d'un jeune homme qui devait par la suite devenir l'un de nos plus grands et vénérés pontifes.

Voici un extrait de ces notes qu'il s'adressait « à soi-même » (*A sé stesso*).

« Le voilà donc, cet homme qui est entré dans la vie bon, fidèle, aimant Dieu et la religion ; mais qui, ensuite, aveuglé peut-être par de vains sophismes, a commencé à douter. Je le plains, car bientôt la paix s'est envolée loin de lui ; la paix, fille première-née de Dieu ; la paix qui procède uniquement de la certitude de posséder la vérité. Il a l'enfer dans l'âme ; et tandis qu'autrefois il ne connaissait que joie, il a désormais la douleur pour pâture, la douleur pour repos, la douleur en guise même d'espoir. D'un œil triste désormais, il regarde ceux qui, agenouillés dans les églises, font monter vers Dieu leur fervente prière ; il les regarde, et le doux souvenir des temps passés et qui peut-être ne reviendront plus, se présente à son esprit — de ces temps où, ayant la foi, il était uni à la bienheureuse milice de ces fidèles, et où Dieu remplissait son cœur d'un bonheur ineffable... et il pleure !

Malheureux ! Où trouvera-t-il un réconfort ? Se tournera-t-il vers ses amis ? Mais lequel d'entre eux lui donnera les ailes qu'il faut pour s'élever, d'un vol d'aigle, de cette terre de misère jusqu'aux sphères supérieures et déchirer ce voile pernicieux qui toujours et partout l'enveloppe ; et ce ciel qui, si beau et serein pour les autres, lui semble, à lui, du plomb fondu — ce ciel qu'il hait ? Hélas ! Car tandis qu'il tente d'élever son esprit vers le Seigneur, voilà que le doute l'assaille avec une violence plus féroce encore : « Et si Dieu n'existait pas ! » Mais c'en est trop, c'est le comble de la douleur : le malheureux n'y tient plus, sa respiration devient haletante, la voix s'étrangle dans sa gorge ; ses mains s'agrippent à ses cheveux, il ferme les yeux... Peut-être alors désire-t-il la mort, ou plutôt désire-t-il ne pas être né ? Mon Dieu, éclairez-le ! »

Pour le jeune Eugenio Pacelli, à la vie duquel la foi avait donné un sens et un axe, ces assauts du doute ont dû être un véritable enfer. Bien peu de personnes, sans doute, pourront mesurer la profondeur de la douleur qui s'exprime à travers ces lignes du 17 août 1891. Mais par la suite, lorsqu'il sera parvenu au poste le plus haut, son ardente prière : « Mon Dieu, éclairez-le ! » se transformera en un sacrifice inouï de sa propre personne pour sauver toutes les âmes en péril. Devenu pape, il devait — embrasé d'amour — lutter sans trêve pour les âmes, souffrir et prier pour elles, les aider par son travail, son abnégation, son zèle infatigable à surmonter la terreur de la Seconde Guerre mondiale et à conserver intacte ou à retrouver, parmi tous les dangers de notre temps, la foi — ce bien le plus précieux. Et, avec une indéfectible logique, il devait, du même coup, tendre vers une sublimité qui nous fait reconnaître — ou du moins pressentir — ce qu'est l'ultime réalisation, l'ultime accomplissement de la nature humaine dans la Grâce.

On peut se demander si un pape a jamais laissé à l'humanité un héritage aussi riche que Pie XII — lui qui a affronté tous les problèmes de son temps, pour parer personnellement, dans toute la mesure de ses forces, à leurs dangers : « doux et humble de cœur » comme son divin Maître, il a, de son vivant, au milieu d'une époque de fausses doctrines et de cruautés poussées jusqu'à la folie, attiré d'innombrables âmes vers la lumière de la foi catholique, et il continue de donner à ceux qui cherchent, une réponse aux questions pressantes de leur cœur et de leur temps. On entend continuellement parler de personnes qui, voulant étudier Pie XII, ont été terrassées par la grâce et ont embrassé la Croix pour ne plus la lâcher...

La face la plus belle de cette personnalité vraiment unique restera forcément un secret, et je n'oserais certainement pas mettre par écrit ces quelques souvenirs du temps qu'il m'a été donné de passer aux côtés de Pie XII, si l'obéissance ne l'exigeait. Je suis infiniment reconnaissante du don qui m'a été fait de ces quarante années, si longues et pourtant si brèves, où j'ai pu, quotidiennement, voir cet homme exceptionnel, parler à ce grand Prince de l'Église. Dieu veuille que la pauvreté et l'insuffisance de mes paroles du moins ne diminuent pas trop l'image merveilleuse qu'il me fut accordé de contempler.

1

Envoyé
pour apporter
la Paix dans le monde

Mars 1918 ! Dans un petit village souabe, la jeune religieuse que j'étais alors s'efforçait d'apprendre à une troupe de fillettes, entre autres, les techniques de la couture et des travaux à l'aiguille. Durant le peu de mois qui s'étaient écoulés depuis la rentrée scolaire, les enfants avaient fait preuve d'un zèle toujours plus grand, de sorte qu'il y eut bien des cris de regret lorsqu'un télégramme de la maison provinciale m'appela à Altötting. Aux enfants, j'avais dit, toute confiante : « Demain, mardi, il n'y aura pas classe, mais mercredi, je serai très certainement de retour. »

Ce mercredi-là ne vint jamais, car je fus chargée (avec une autre religieuse) d'aller pour deux mois à Munich, comme auxiliaire à la nonciature. Or cet « auxiliariat » ne devait jamais finir.

Son Excellence Mgr le Nonce était absent (il venait d'être appelé à Rome) lorsque nous arrivâmes toutes deux dans les lieux. Nous essayâmes de nous habituer à notre nouvelle tâche. Au début, ce ne fut pas très facile de satisfaire l'auditeur, Mgr Schoppa, et Mgr le secrétaire, mais, avec la gaieté de mes vingt-trois ans, cela ne m'inquiétait guère. La grande et vieille demeure, où deux bonnes s'étaient précédemment « ruiné la santé » (ainsi s'exprimait Monseigneur), avait besoin d'être nettoyée à fond ; quant à la sœur cuisinière, il lui fallait, pour commencer, s'adapter à la cuisine italienne.

Au bout de huit jours environ, le Nonce revint de Rome. Que dirai-je de cette première rencontre ? On ne pouvait s'empêcher de marquer un temps d'arrêt, avant de saisir sa fine main pour baiser l'anneau. Et c'était chose évidente que de s'agenouiller devant une telle personnalité. Non pas qu'Eugenio Pacelli fût autoritaire — rien n'est plus absurde que d'affirmer cela —, mais tout simplement parce qu'il inspirait le respect. Jamais on n'avait rencontré bonté si souveraine.

Quelques paroles amicales dites dans un allemand qui n'était pas vraiment parfait : tel fut le premier salut qu'adressa le Nonce à ses religieuses.

La vie quotidienne nous donnait beaucoup de travail, et, afin de contenter tout le monde, nous nous levions de très bonne heure pour aller à la première messe de l'église Saint-Boniface, sise à proximité. Mais bientôt, le Nonce demanda pourquoi nous ne restions pas à la maison, alors qu'on y disait trois messes chaque matin ! C'est ainsi que nous assistâmes le lendemain matin (c'était un dimanche) à la sainte messe célébrée par lui.

Ce fut une expérience merveilleuse, qui ne cessa de se renouveler pendant plus de quarante ans.

A elle seule, son apparition, dans cette chapelle particulière toute simple, donnait à l'ensemble une note solennelle. Il y avait sa génuflexion — magnifique témoignage de sa foi ; son signe de croix — souverain, et cependant plein de modestie ; sa façon de se préparer, de revêtir les habits liturgiques — on pouvait saisir chaque syllabe des prières prononcées —, et puis... la sainte messe ! C'était une véritable redécouverte — si bouleversante, si convaincante qu'elle vous comblait de ravissement et vous donnait la certitude qu'il ne pouvait y avoir nulle part d'autre Vérité que celle-là — même si l'on ne pensait pas cela exactement en ces termes, mais plutôt que l'on sentît seulement que tout, ici, était absolument authentique. Après cette première célébration en commun, je ne manquai plus une occasion, durant toutes ces quarante années et plus, d'assister à sa messe.

Mais je n'étais pas la seule à en garder pareille impression. Lors du Katholikentag de Munich, le 27 août 1922, au cours duquel l'archevêque de l'époque, Mgr Michael von Faulhaber, prononça un discours, ce fut le Nonce qui célébra la grand-messe pontificale. Après la cérémonie, l'archevêque vint aussitôt me trouver à la nonciature et me dit : « J'ai assisté à la messe la plus bouleversante de ma vie. Il n'y a qu'un saint pour la célébrer ainsi ! » Sur quoi, je répondis : « C'est chaque jour le même événement, Excellence ! »

Ce qui me frappa dès le début chez Mgr Pacelli, ce fut son exactitude, en toutes choses et partout : ponctuel pour la messe, ponctuel au travail et aux audiences, ponctuel à table, ponctuel à la promenade. Combien cette ponctualité facilitait le travail, même si elle n'était pas toujours commode pour les collaborateurs ! Tout en étant, dans ses rapports avec les secrétaires, courtois et rempli d'attentions, le Nonce demandait qu'on fût exact et qu'on respectât strictement l'horaire. Il était compréhensif envers quelqu'un dont le travail n'avançait pas aussi facilement que prévu, mais le gaspillage de temps et l'oisiveté lui répugnaient profondément.

L'un de ces messieurs, le père Leiber, qui travailla très longtemps avec Eugenio Pacelli, disait toujours, lorsqu'il voyait un travail superficiel ou fait à moitié seulement : « En voilà un à qui cela ne ferait pas de mal d'être obligé de travailler quelques mois avec le Nonce. Il serait vite converti ! »

Le Nonce avait apporté de Rome une solide connaissance de l'allemand, mais c'était dans les livres qu'il avait appris cette langue et il ne l'avait encore jamais parlée. Les premiers mois, d'ailleurs, il ne lui resta que peu de temps libre pour cela ; il ne s'en mit qu'avec d'autant plus d'application à l'apprentissage régulier de l'allemand. Et l'horaire fut scrupuleusement respecté. De jour en jour, on put noter ses progrès. De notre côté, aucune des religieuses ne comprenait un seul mot d'italien ; aussi ne pouvait-il communiquer avec nous qu'en allemand, mais il nous enjoignit de le corriger aussitôt, à la moindre erreur de sa part. Il pouvait se faire que le secrétaire allemand ne fût plus dans la maison et que le Nonce travaillât sur une lettre ou sur un document dont le sens ne lui apparaissait pas clairement. Il posait alors des questions, sans se lasser, jusqu'à ce qu'il eût obtenu une réponse complète et parfaitement satisfaisante. Avant longtemps, on disait au ministère des Affaires étrangères que c'était Monseigneur le Nonce qui écrivait l'allemand le meilleur et le plus limpide. Tout en s'appliquant à apprendre la langue dans toute son exactitude et sa pureté, il se plaisait à répéter certaines expressions particulièrement typiques du dialecte bavarois, qui prenaient, dans sa bouche, un accent tout à fait savoureux, et que, d'ailleurs, il n'oublia plus jamais. Alors qu'il était déjà pape, il pouvait encore fort bien, lorsque l'occasion s'en présentait, utiliser — à la grande joie des pèlerins et des autres personnes présentes — l'une de ces expressions qu'il avait apprises tout au début de son séjour en Bavière. Son application tenace et son excellente mémoire permirent au Nonce de maîtriser bientôt parfaitement la langue, et, vers la fin de la guerre, de mener les négociations les plus difficiles. Mais comme il avait su utiliser son temps ! A ce moment-là, déjà, il ne perdait pas une minute de toute sa journée — et ce, jusque tard dans la nuit.

A cette époque, le conflit mondial faisait encore rage ; chargé de mission par Benoît XV, il était allé, dès 1917, au Grand Quartier Général — mais il était revenu bien déçu de Kreuznach. Certes, on n'avait pas été avare d'amabilités envers lui, mais ce que le Nonce essayait d'obtenir — amener le Kaiser à des négociations de paix — n'avait pas abouti, en dépit de tous ses efforts. On resta sourd à toutes ses représentations, et force lui fut de considérer sa mission comme un échec total.

Lorsque je repense aujourd'hui à cette période où nous autres, Allemands, croyions encore à une victoire et où le Nonce regrettait profondément que l'on eût négligé de sauver à temps ce qui pouvait être sauvé — me revient sans cesse à l'esprit la lucidité avec laquelle il prévoyait l'évolution à venir. Un jour, sur la carte, il descendit du doigt le cours du Rhin, et déclara avec tristesse : « Cela aussi sera perdu. » Je ne voulais pas le croire, mais, là encore, la suite lui donna raison.

Maintenant, le Nonce s'efforçait d'apporter aux prisonniers secours et soulagement. Le pape Benoît XV, à qui la détresse de ces pauvres hommes allait droit au cœur, envoya des wagons pleins de vivres de toute sorte, y compris du chocolat. Il y avait si longtemps que l'on n'avait plus vu tout cela, durant ces dures années ! Et voilà qu'arrivaient de la viande en boîtes et du lait, mais aussi des sous-vêtements de laine en grandes quantités. Muni de tous ces cadeaux, le Nonce partit pour les camps de prisonniers. L'annonce de sa visite était, à elle seule, un bienfait pour les captifs, car du commandant jusqu'au dernier soldat, tous, désormais, se faisaient aimables ! On réparait les baraquements, les paillasses avaient droit à des couvertures, et les sections sanitaires à des médicaments et des pansements. Les prisonniers, eux aussi, touchaient des vêtements neufs. Puis, le Nonce en personne venait réellement les voir ! Le commandant et les officiers, en uniforme de gala, l'accompagnaient. Parvenu auprès des prisonniers, le Nonce, soudain, sortait du rang et se tenait au milieu d'eux, et chacun, dans sa chère langue maternelle, recevait de lui une parole amicale. A tous, il apportait les salutations et la bénédiction du Saint-Père ; il les réconfortait, ranimait leur confiance dans l'aide de Dieu et acceptait volontiers de se charger de telle ou telle petite commission. Il en fut ainsi non seulement auprès des Italiens, mais aussi auprès des Français, des Anglais, des Russes et des Polonais. De retour de ses visites, Son Excellence avait grande joie à raconter ces rencontres, réciproquement exaltantes, qui comblaient tout le monde de bonheur. Des centaines de lettres nous apportaient le témoignage de la gratitude et de la joie des pauvres prisonniers, dont la bonté du Nonce avait conquis les cœurs. De la nonciature, on tâchait, du mieux que l'on pouvait, de garder le contact avec les prisonniers et de leur venir en aide. Qu'ils furent nombreux, les membres des familles à qui l'on put ainsi communiquer des nouvelles, et combien de détresses réelles se trouvèrent ainsi soulagées !

Après bien des années, je rencontrai, tout à fait par hasard, à Rome, un monsieur qui, avec une joie visible, me décrivit la visite du Nonce au camp de prisonniers. C'était l'un des prisonniers italiens de l'époque, et sa plus grande peine avait été de ne pouvoir recevoir aucune nouvelle de sa femme et de ses enfants. C'est alors que, grâce à l'entremise du Nonce, il avait pu remettre une lettre à celui-ci, et, très vite, par la nonciature, lui était parvenue une réponse des siens. Nombre de ses camarades en avaient fait de même, me dit-il, et à partir de ce moment-là, la captivité leur devint moins pénible de moitié.

Ce n'était pas simple, pour la sœur cuisinière, d'obtenir, en ces temps difficiles, les aliments qu'aurait pu supporter l'estomac très sensible du Nonce, d'autant plus qu'il ne permettait pas que l'on fît pour lui la moindre exception. Petit à petit cependant, on trouva le moyen d'avoir quelque chose de l'extérieur. Ainsi put-on supprimer peu à peu les maux d'estomac — lesquels, sans aucun doute, avaient été provoqués aussi par le changement total de nourriture. Mais, pour le Nonce, ce n'étaient là que de petits détails. Lui ne vivait que pour sa haute mission et ne négligeait rien qui pût aider le peuple auprès duquel le Saint-Père l'avait envoyé. La détresse, en effet, ne se trouvait pas que dans les camps de prisonniers : elle régnait partout. Même ceux qui avaient encore de l'argent ne pouvaient rien se procurer ou s'acheter ; il n'y avait strictement rien, ni vivres, ni vêtements. C'est pourquoi, lorsqu'arrivait un nouveau wagon du Vatican, la nouvelle s'en répandait rapidement.

Que de personnes fréquentèrent alors la nonciature ! Voici un simple épisode. On savait exactement quand le Nonce quittait la maison pour faire sa promenade, et une bonne petite vieille voulut guetter cet instant pour venir nous demander s'il n'y aurait pas aussi quelque chose pour elle ! Elle se tenait donc au coin de la maison, mais pas assez bien cachée pour que le Nonce ne la vît pas au moment de partir. Un peu gênée, elle lui avoua qu'elle voulait attendre son départ pour venir demander quelque chose. Alors le Nonce l'accompagna à l'intérieur de la maison, et là, attendit jusqu'à ce que ses deux sacs fussent remplis à ras bord. On voyait qu'il partageait le bonheur de la brave femme. « Et maintenant, j'aimerais vous aider à porter cela chez vous », dit le Nonce. « Non, non », s'entendit-il répondre énergiquement, « je le ferai moi-même ; je mourrais de honte si Votre Excellence devait porter mes sacs. » Et elle attendit que le Nonce eût quitté la maison sous ses remerciements, pour prendre, avec sa charge, le chemin du retour. Elle ajouta à notre adresse : « Même si nous avons un urgent besoin de tout cela, le plus beau reste pourtant que j'aie pu voir l'indicible bonté de cœur du Nonce. »

Il arriva ce que le Nonce avait prédit : la triste débâcle, l'armistice et la révolution.

Une forte grippe, avec une température élevée, frappa Son Excellence, de sorte que le médecin particulier jugea bon de transférer le patient dans sa clinique. Un jour, nous, les religieuses, nous apprêtions à sortir pour aller voir le Nonce, lorsque nous tombâmes sur deux hommes, qui exigèrent brutalement qu'on les laisse entrer à l'intérieur de la nonciature. Nous refusâmes, mais ils ouvrirent la porte de force, et l'un d'eux, vociférant avec insolence, demanda qu'on leur remît l'automobile du Nonce. Je répondis que Son Excellence n'était pas chez elle, que les secrétaires étaient également sortis, et que nous n'avions pas le droit de donner ce qui ne nous appartenait pas. Entre-temps, le domestique était accouru, lui aussi, et figé d'effroi, essayait de me tirer à l'écart en murmurant : « Vous ne voyez donc pas les revolvers dans les mains de ces... ? » De toute ma vie, je n'avais vu de revolver ; c'est pourquoi je restai très calme et répondis aux intrus que nous ne pouvions leur donner satisfaction et que, d'ailleurs, nous n'avions pas la clé du garage. Alors, ils se tournèrent vers le domestique, que la peur empêchait presque de parler, et le poussèrent devant eux pour qu'il allât leur ouvrir le garage. A ce moment-là, la sonnette de l'entrée retentit, et je me précipitai vers la porte pour ouvrir. C'était le Nonce ! A sa vue, les deux spartakistes furent comme pétrifiés. — Son Excellence eut tôt fait de saisir la situation, leur expliqua, d'une voix calme, l'exterritorialité de la maison et de sa personne, et exhorta les deux hommes, qui restaient plantés devant elle, comme abasourdis, à quitter les lieux sur-le-champ. Mais eux, rompant bientôt le charme, se remirent à hurler avec insolence, posèrent leurs revolvers sur la poitrine du Nonce et dirent qu'ils ne partiraient qu'avec l'auto. De mon côté, j'avais réussi à téléphoner. Le gouvernement révolutionnaire, en effet, avait fait savoir à Son Excellence, plusieurs jours auparavant, que si quelque danger menaçait la nonciature, nous n'aurions qu'à téléphoner pour qu'on nous vînt aussitôt en aide. Mais, à mon grand effroi, je m'entendis répondre : « Si vous ne remettez pas immédiatement l'auto, je fais fusiller toute votre bande ! » Je m'empressai d'aller prévenir le Nonce et lui communiquai à voix basse ce qui m'avait été dit au téléphone. Alors, il donna l'ordre d'ouvrir le garage. Mais quelques jours plus tôt, il avait pris des dispositions pour que l'on rendît la voiture inutilisable, et les hommes ne réussirent pas à la faire bouger. Alors, ils arrêtèrent une auto qui passait par là, y accrochèrent notre voiture et la conduisirent dans un garage. Cela avait duré à peine une heure, mais ce que cette heure put renfermer d'émotions et de craintes, seuls le savent ceux qui l'ont vécue.

Deux heures plus tard, notre chauffeur ramena la voiture, intacte, dans notre garage, car les spartakistes, tout à coup très pressés de partir, avaient tout laissé en plan.

Une autre fois encore, le Nonce fut menacé et sommé de quitter la nonciature et le pays. Mais devant la fermeté de sa réponse et sa volonté formelle de ne jamais abandonner son poste, les hommes repartirent. Ces journées d'émotions furent bientôt passées, et le Nonce travailla de toutes ses forces à adoucir la détresse de l'après-guerre, à consoler, à aider, à secourir tout le monde, en paroles et en actes. Sa bonté courtoise était partout connue, et, durant cette période pénible, personne ne fit appel en vain à son aide. Il y avait beaucoup à faire, car les demandes concernant les prisonniers et les disparus arrivaient par milliers, en plus des sollicitations. Grâce à une répartition et à une utilisation très précises de notre temps, toute chose recevait son dû : prière et travail trouvaient leur juste place. Le chapelet récité en commun, le soir dans notre chapelle particulière, ne fut jamais supprimé, et nous avions lieu de nous édifier, en voyant le profond recueillement du maître des lieux. Cependant, rien ne lui échappait, et depuis qu'il avait demandé une fois, après le chapelet : « Vous entendez comme la sœur dit, lorsqu'elle prie : *Ich glaube an eine heilische*, *katholische Kir*sche ? » [2], je dus, par la suite, me surveiller très long-temps pour ne pas rire pendant la prière. D'ailleurs, Son Excellence remarquait toujours si nous prononcions quelque chose de fa-çon incorrecte ou peu distincte, et nous corrigeait aussitôt. Il ne se montrait jamais inamical ou mal disposé. Son humeur sereine, toujours égale, égayait son entourage. Il savait rire de bon cœur avec les autres, quand un bon tour avait réussi, et il incitait aussi ses gens à la gaieté. Jamais il ne s'offusqua d'une plaisanterie faite en bonne part. Il trouvait incompréhensible qu'on pût être blessé par un trait d'humour occasionnel. S'il remarquait — et il avait une grande faculté de se mettre à la place de l'autre — que quelqu'un ne pouvait rien supporter, même en bonne part, il aimait à lui dire : « Vous êtes venu au monde sur une mauvaise planète ! » ; mais il évitait alors soigneu-sement de froisser cette personne et faisait un devoir aux autres d'être aussi respectueux que lui. Ainsi, en dépit du travail, des soucis et des peines, régnait dans la vieille maison de la Briennerstrasse une atmos-phère bienfaisante, à laquelle tous étaient sensibles. Mgr von Faulha-ber, qui venait sans cesse conférer avec le Nonce, me disait fréquem-ment : « Quelle belle vie que la vôtre, à la Nonciature ! »

Aussi bien tout le monde se réjouissait-il lorsqu'il y avait une fête en l'honneur de Son Excellence. Je rappellerai seulement les noces d'argent de son ordination, en 1924. Elles devaient être célé-brées sans faste, dans l'intimité de notre maison, mais l'amour et la vénération dont le Nonce était l'objet firent que grands et petits arri-vèrent avec des cadeaux de toutes tailles, chacun voulant lui faire plaisir. Nous avions, en grand secret, décoré et orné de guirlandes le grand salon, parce que nous savions que Son Excellence n'y entrait que très rarement et ne serait pas surprise de le trouver fermé à clé. Or voilà que ce salon ne fut pas trop vaste quand on voulut recouvrir toutes les tables et tous les meubles des témoignages d'amour amon-celés pour cette fête : les vêtements liturgiques brodés à la main, les aubes les plus fines, les chapes, les linges d'autel, les calices, les canons d'autel peints à la main, les mitres... et surtout, les nombreux livres précieux, qui, à cette époque déjà, faisaient la plus grande joie du Nonce.

---

2. Prononciation dialectale pour « *Ich glaube an eine heilige, katholische Kirche* » (je crois à la sainte Église catholique). « Kir*s*che » signifie « cerise ». (Note du Traducteur).

2

Heures sereines
à « Stella Maris »
et Munich

Malheureusement, la santé du Nonce s'était beaucoup dégradée dans les derniers temps, et Mgr von Faulhaber lui conseilla de suivre l'avis du médecin, en s'accordant un peu de changement d'air et de détente. L'archevêque disait connaître, sur le lac de Constance, une très belle maison, où il avait séjourné lui-même lors de ses visites aux camps d'internement de Suisse. A ma grande surprise, il s'agissait d'une des maisons de notre ordre en Suisse, et c'est ainsi que j'eus l'honneur d'accompagner là-bas Son Excellence et de pouvoir y rester. Mais si Mgr von Faulhaber pensait que le Nonce, une fois là, se reposerait pour refaire ses forces, il se trompait. Tous les comptes rendus destinés à Rome, tous les travaux importants se firent maintenant à l'institution *Stella Maris* de Rorschach, que Son Excellence, dès son premier séjour, aima beaucoup. Il passait, comme à la maison, toute la journée à travailler. Rien ne pouvait le déranger. Quand, dans les salles de classe au-dessus de son bureau, commençaient les cours de français, avec leurs perpétuelles répétitions des « en, in, on, un », je lui demandais s'il pouvait vraiment travailler dans ces conditions. Mais il était tellement absorbé qu'il n'avait absolument rien entendu. Et cependant, si, par beau temps, il sortait une fois ou l'autre faire quelques pas devant la maison, lisant ou étudiant, il arrivait souvent qu'il dise après coup : « Aujourd'hui, la classe n'a pas bien marché, les enfants n'écoutaient pas ! » On peut imaginer quel stimulant cela représentait pour les petits, car ils n'étaient jamais sûrs de savoir si le Nonce ne les entendait pas. D'une manière générale, son séjour était toujours pour ceux — petits et grands — qui habitaient la belle maison du lac de Constance, un joyeux événement. Les enfants faisaient, dans leurs lettres aux parents, des descriptions colorées de cet hôte de marque, et beaucoup venaient, lorsqu'il était là, non seulement à cause de leurs enfants, mais aussi afin de pouvoir saluer l'éminent visiteur. — Comme elles étaient belles, les fêtes de l'Institution, quand Son Excellence était là ! Quelle joie de pouvoir faire du théâtre en sa présence, de pouvoir réciter un poème et de montrer ses menus talents ! Et lorsque le Nonce allait jusqu'à inspecter l'école, la félicité des petits ne connaissait plus de bornes.

On essayait, de toutes les manières possibles, de le rencontrer, pour pouvoir lui tendre la main et baiser son anneau, pour saisir au passage un sourire, une parole de lui. Les enfants savaient très bien où et quand on pouvait le voir ; bientôt, ils connurent ses habitudes dans les moindres détails. Bien qu'il fût, en réalité, interdit de rester dans le couloir des visiteurs, ils inventaient tous les prétextes imaginables pour justifier une rencontre faite « par hasard » ; mais il n'était pas rare, non plus, d'entendre un aveu loyal, du genre : « Je savais que je rencontrerais maintenant Votre Excellence, et c'est pour cela que j'ai pris ce chemin-ci. »

Mais ses favoris, c'étaient les plus petits, et ceux-là se montraient toujours les plus malins. Ils allaient régulièrement se coucher plus tôt que les autres enfants, et, s'ils s'y prenaient bien, pouvaient ainsi rencontrer le Nonce au moment précis où il allait dîner. Les sœurs savaient fermer les yeux sur ces petits trucs, car cette rencontre était aussi à leur avantage. Lorsque la petite troupe se précipitait sur lui, il demandait à la maîtresse si les enfants avaient été sages et appliqués. Puis il regardait le front de chacun, et les enfants croyaient dur comme fer qu'il pouvait y lire leurs pensées, car il leur disait ce qu'ils avaient fait de mal, ce qu'ils devraient mieux faire, etc. Parfois, l'un ou l'autre des enfants allait se cacher et ne voulait pas se montrer, parce que sa conscience était trop chargée. Mais rien n'y faisait. Il était bien obligé de venir, et, finalement, s'en trouvait lui-même très content, car Son Excellence était toujours bonne et compréhensive, et l'enfant allait ensuite se coucher, satisfait et ravi ! Que de choses furent révélées, au cours de cette « revue » du soir ! Les enfants confessaient même ce qu'ils n'avaient pas dit à la sœur ; le devoir copié, le verre cassé, le tablier de la voisine déchiré dans un mouvement de colère, telle menue tâche qu'on n'avait pas accomplie parce qu'on voulait continuer à jouer — tous les petits péchés quotidiens étaient ici mis au grand jour, puisque, de toute façon, Son Excellence aurait pu les lire sur le front ! Mais une belle image pour bonne conduite, un mot gentil pour un petit sacrifice, une distinction pour des devoirs particulièrement bien faits, du chocolat parce que tout le monde avait été très sage, le sourire plein de bonté qui accompagnait chaque chose, et, pour finir, la « bénédiction de bonne nuit » — tout cela récompensait amplement les enfants et les comblait de ravissement.

Lorsque Son Excellence se trouvait dans la maison et y célébrait la messe conventuelle, aucun des enfants ne manquait à la chapelle, même le jour de la semaine où ils avaient le droit de faire la grasse matinée. Et l'on n'inventait plus de prétexte, non plus, pour manquer le chapelet de chaque soir. Comme il était édifiant pour les enfants de voir le profond recueillement avec lequel le Nonce officiait ou récitait le chapelet ! Et si, d'abord, ils n'y allèrent que parce qu'« Il » était là, par la suite, ils disaient eux-mêmes qu'ils avaient appris à aimer la prière devant l'exemple convaincant qu'il leur en donnait. Bien des années plus tard, une ancienne élève de *Stella Maris* m'écrivait encore : « [...] Si je n'ai jamais connu l'échec dans ma foi ; si j'ai toujours, au milieu d'un entourage sans religion, pu maintenir bien haut mon idéal ; si je le maintiens aujourd'hui dans ma famille et le transmets à mes enfants — je le dois au magnifique exemple que le Nonce Pacelli nous a donné à *Stella Maris*, lorsque j'étais enfant. »

Chaque après-midi, le Nonce faisait sa promenade, qui était absolument nécessaire pour sa santé. Cette heure-là aussi, il savait l'utiliser, qu'il fût seul ou en compagnie. Le Père Aumônier, qui l'accompagnait souvent, disait qu'il fallait une préparation particulière, si l'on voulait être en mesure de répondre à ses questions concernant l'actualité ou d'autres événements. Mais Son Excellence ne négligeait pas pour autant les splendeurs de la nature. Il prenait plaisir à regarder les fleurs magnifiques, à écouter le babil du ruisseau, à observer l'agile écureuil, les vaches placides et les papillons de toutes les couleurs ; mais ceux qu'il négligeait le moins, c'étaient les petits pâtres qui gardaient le troupeau. Il parla particulièrement souvent avec l'un de ces garçonnets [3].

---

3. La saveur du passage qui va suivre ne provient pas seulement du ton familier des réponses faites au Nonce, mais de ce que celui-ci parle le haut-allemand, alors que les enfants s'expriment en dialecte (Schweizerdeutsch). La traduction ne peut rendre cette différence (N.d.T.).

« Petit, que fais-tu là, à longueur de temps, auprès de tes vaches ? », demanda-t-il un jour, et il reçut cette réponse : « Mais, Monsieur le Curé, tu le vois bien ! A moins que tu ne sois si sot que tu ne le comprennes pas ? Je surveille mes vaches pour qu'elles ne se sauvent pas ou qu'elles ne passent pas par-derrière, chez le voisin. Tu sais, ça peut arriver, et alors mon fond de culotte en entend parler, pour de bon ! »...

Une autre fois : « Hansli, pourquoi as-tu aujourd'hui un landau avec toi ? » — « Eh bien, tu vois, Monsieur le Curé, Maman est allée au village, et la Gritli n'est pas encore revenue de l'école, alors il ne reste pas d'autre solution que d'emmener le landau avec moi. » — « Qu'y a-t-il donc dans ce landau, une petite fille ou un petit garçon ? » — « En voilà une question ! Un bébé, bien sûr, qu'est-ce que ça pourrait être d'autre ? » — « Regarde, Hansli, je t'ai apporté du chocolat, tu pourras le partager avec le petit enfant. » — « Es-tu sot ! Comme si ça pouvait manger une chose pareille ! Il vaut mieux que je le garde pour moi tout seul. Apporte-moi encore quelque chose la prochaine fois, Monsieur le Curé. Adieu, tout le monde ! » Le compagnon du Nonce se tordait de rire ; il lui fallut ensuite traduire tout cela à Son Excellence avec précision, car ses connaissances en dialecte suisse n'étaient quand même pas parfaites.

Une autre fois, c'était la petite sœur qui était avec les vaches. — « Alors, où est Hansli aujourd'hui ? », demanda le Nonce. — « Pour commencer, il s'appelle Sepp, et puis, je suis capable de garder les vaches. aussi bien que lui. Et toi, tu as déjà gardé les vaches ? » — « Non, je n'ai jamais fait cela », dit le Nonce. — « Ça alors ! Mais peut-être que tu peux me faire mon devoir ? » Et le Nonce se vit mettre un cahier entre les mains. Son travail consista à faire quelques opérations. « Voilà, ça y est, mais maintenant, il faudra que tu les recopies, sinon le maître va reconnaître à l'écriture que ce n'est pas toi qui les as faites. » — « Oui, oui, je vais le faire, bien sûr, je ne suis pas assez sotte pour me laisser attraper. » — « Tu diras à Hansli... » — « Il s'appelle Sepp. » — « ...alors, tu diras à Sepp que je vais repartir. » « Quel dommage, tu ne sais même pas garder les vaches... Et puis, de temps en temps, tu aurais pu me faire mes devoirs ! »

Il y aurait tant de choses à raconter, si amusantes que je ne peux m'empêcher d'en rire encore aujourd'hui, quand j'y pense. Mais Son Excellence, puis Son Éminence, et enfin Sa Sainteté en riait aussi, bien des années plus tard, quand il était question, une fois de plus, de l'un ou l'autre de ces événements. Durant les premières années de son pontificat, le Saint-Père a parfois songé à une possibilité de retourner, pour quelques semaines de travail au calme, à sa chère *Stella Maris*. Malheureusement, les « contre » arrivaient toujours à contrebalancer les « pour », et cela resta un beau rêve irréalisé. Mais la belle maison du lac de Constance peut s'enorgueillir à jamais d'avoir été, pour cet éminent prince de l'Église, pendant de longues années, un lieu de vacances apprécié ; modeste, certes, mais où il se sentait à l'aise, chez lui. Plusieurs centaines d'enfants se souviendront toute leur vie de celui qui fut leur aumônier, leur confesseur et, surtout, un modèle lumineux de piété profonde et d'exacte fidélité envers ses devoirs. Il n'y avait d'ailleurs pas que les enfants qui l'aimaient ; les autres habitants de la maison, aussi, le trouvaient toujours à leur service.

Un seul exemple.

Une religieuse demanda l'autorisation de parler au Nonce. Quelques jours après, je rencontrai cette sœur, et elle m'avoua : « Je ne saurais dire combien je suis heureuse. J'ai pu lui confier tout ce qui oppressait mon âme, et le Nonce ne m'a jamais interrompue ; il se contentait d'écouter, les yeux baissés, et lorsque j'eus fini, il resta un moment sans rien dire, puis répondit aux questions que j'avais posées. Pour finir, il me regarda en disant : " Chère sœur, votre peine ne viendrait-elle pas de ce que vous ne pensez qu'à vous, au lieu de penser à LUI — à qui vous avez pour toujours consacré votre vie ? " Il y eut un nouveau temps de silence, tandis que les yeux du Nonce semblaient lire au fond de mon âme ! Puis il se leva et me tendit la main, avec un sourire amical ; il me donna sa bénédiction et me dit : " Courage, chère sœur, ne cherchez que LUI, à qui tout votre être appartient, et votre vie religieuse — même dans la peine, la maladie et la détresse — ne sera plus que joie ! " » Jamais je n'oublierai le visage radieux de cette sœur, que j'ai souvent rencontrée par la suite, et qui m'a toujours assuré combien elle était heureuse depuis cet entretien.

Lorsqu'après vingt-cinq ans d'absence, je revis la *Stella Maris*, j'eus l'impression que le temps ne l'avait même pas effleurée. Le bureau, tout simple, est resté le même : c'est à cette table que Son Excellence et Son Éminence s'est assise pour travailler, heure après heure. Voilà encore le prie-Dieu où il lisait son bréviaire, quand il ne préférait pas le faire dans sa chapelle ou dehors. Voilà la modeste chambre à coucher ! La chapelle aussi est restée telle qu'il y a vingt-cinq ans — belle, invitant à la prière. Le grand confessionnal est encore le même. On s'y agenouille avec respect et l'on a peine à croire que celui qui l'a tant utilisé n'est plus de ce monde. Mais on y sent encore la présence de son esprit, et les chères sœurs, dont plusieurs l'ont encore connu personnellement, répètent sans cesse qu'elles ont recours à lui dans leurs intentions et obtiennent toujours l'aide demandée. Parmi les nombreux « anciens enfants », qui ont reçu ici leur éducation et aiment toujours à revisiter la *Stella*, il n'en est pas un qui ne se souvienne et ne parle des beaux jours que le Nonce et cardinal y passa.

Le décès récent d'une chère sœur me rappelle un petit épisode de cette époque-là. Le travail de cette sœur consistait surtout à accomplir d'humbles et discrètes tâches ménagères, et les nombreux enfants de cette grande maison mettaient souvent sa patience à rude épreuve. Cependant, elle était toujours gaie et sereine, et s'il lui arrivait parfois de menacer de son balai l'un de ces petits diables, les enfants ne lui en voulaient jamais, car elle savait, avec une patience inépuisable, leur montrer comment tenir en ordre leur armoire et leur tiroir. Elle savait aussi toujours détourner un blâme ou une réprimande de la part des maîtresses, et les enfants s'en rendaient bien compte. Or cette fois-là, c'était une journée pluvieuse, et les enfants revinrent de la promenade avec des souliers crottés. Aussitôt, la sœur fut à pied d'œuvre, avec seau et chiffon. A ce moment-là arriva le cardinal, et elle voulut s'éclipser. Mais il fut plus agile qu'elle, prit sa main qui tenait le chiffon sale, et dit : « Rien n'échappe, ma sœur, à Celui que vous servez, et, un jour, vous verrez dans l'éternité que l'humble travail compte peut-être plus, pour le Bon Dieu, que tout ce qui saute aux yeux. » « Mais, Éminence », dit la sœur, « maintenant vous avez les mains sales ! » — « Cela ne fait rien, on peut les laver », dit-il, avant de disparaître. La sœur, un peu plus tard, nous raconta la chose et ajouta : « Le cardinal ne fait absolument pas de différence entre une sœur converse et sa propre personne ! »

De Rorschach, Son Excellence et Éminence ne manquait pas, non plus, de faire une visite à la maison-mère de Menzingen. Là aussi, les enfants et les religieuses, pendant toute l'année, se réjouissaient à l'idée de sa venue. Grand-messe pontificale dans la belle église, visite de l'école, « académie » au cours de laquelle les enfants s'efforçaient de montrer leurs plus beaux talents, en particulier en musique et en chant (dont ils savaient que l'éminent visiteur les aimait beaucoup) — tout cela mettait dans la maison l'ambiance de fête qui convenait. On savait évidemment qu'il ne fallait pas faire beaucoup de bruit la nuit, parce que Son Éminence travaillait très tard et avait ensuite le sommeil léger. En échange, le cardinal obtenait pour les enfants une journée de congé ou une belle excursion, ou toute autre chose propre à réjouir un cœur d'enfant.

Naturellement, les journées passées là-bas — elles n'étaient pas très nombreuses — étaient toujours utilisées à fond, tant et si bien que l'accompagnateur du cardinal (celui qui n'était encore à l'époque que « Monseigneur » Spellmann) faisait, à l'aller, arrêter la voiture dans le dernier hameau avant Menzingen, afin de prendre solennellement « congé » de Son Éminence, puisque durant ces journées à la maison-mère, il ne la verrait jamais ! Un rire qui venait du cœur apportait alors la réponse du cardinal à son fidèle ami et accompagnateur.

Pie XII, pape, a conservé son affection à Menzingen. C'est lui qui, à la demande de très nombreuses religieuses, a souhaité que commencent les travaux en vue du procès de béatification de la fondatrice de l'Institut des sœurs enseignantes, mère Bernarda Heimgartner. Il a fait avancer ces travaux autant qu'il l'a pu. Le Saint-Père connaissait très bien la vie de mère Bernarda, et il souhaitait que le nouveau séminaire que construisait Menzingen portât le nom de celle-ci ; il envisageait même la possibilité de participer à l'inauguration solennelle de ce séminaire en octobre 1958. Il fut peiné de voir qu'il lui faudrait y renoncer pour de nombreuses raisons.

Le Bon Dieu a rappelé à lui le Saint-Père avant ce jour de fête.

A la nonciature de Munich, le domestique était tombé malade, et le Nonce demanda pour quelque temps un « auxiliaire » à l'abbé de Scheyern. C'est ainsi que notre bon frère Andreas vint à la nonciature. Cet « auxiliariat » ne s'est pas transformé en un service de quarante ans, comme dans mon cas, mais il a tout de même duré quelques petites années. Comme nous l'avons pris en affection, le frère Andreas, et combien d'occasions de rire n'a-t-il pas données au Nonce ! Il était toujours serein et de bonne humeur, et ne prenait rien au tragique. Toujours ponctuel, en bon religieux qu'il était, il avait d'emblée gagné la sympathie de celui qui était l'exactitude en personne. « Mais il faudra que vous vous fassiez à ma façon de parler, Excellence, ce n'est pas sur mes vieux jours que je vais apprendre le prussien ! », disait-il [4]. Pour lui, un allemand correct, c'était du « prussien ». Son aspect était un peu ridicule, parce qu'il avait un gros nez bleuâtre, mais sa conduite et ses manières ne l'étaient absolument

---

4. Il faut malheureusement renoncer à vouloir rendre en traduction le dialecte bavarois, particulièrement haut en couleur, que parle frère Andreas. (N.d.T.).

pas. A sa façon, il savait recevoir les visiteurs avec politesse et prévenance, même s'il ne leur tenait pas de longs propos. « Vous savez, Excellence, il vaut mieux que je me taise. Vous, vous me comprenez, mais avec ces gens-là, il faut que je répète trois fois chaque mot », avait-il coutume de dire. Il servait très bien la messe, avec beaucoup de dignité, et comme je lui en faisais un jour la remarque, il eut cette réflexion : « Regardez Son Excellence, il dit la messe comme un saint, alors on n'a plus qu'à s'appliquer. »

Le petit déjeuner était déposé tout prêt sur la table, et le Nonce se servait lui-même, car il ne voulait pas perdre de temps. Son Excellence me disait pourtant quelquefois que, quand approchait le moment où elle allait finir de manger, elle voyait souvent le nez bleu de frère Andreas dépasser du rideau de velours qui séparait la salle à manger de l'antichambre. Il voulait être là : plutôt boire son café froid que de manquer la minute où il aurait l'occasion de souhaiter le bonjour à son maître et de lui demander comment il avait dormi et qui donc serait reçu aujourd'hui en audience.

Quand il arrivait que de très nombreux visiteurs fussent annoncés, il me disait : « Qu'est-ce que vous en pensez, on ne pourrait pas dire aux gens que ça suffit ? Que le Nonce n'en peut plus ? » Selon ce que la matinée avait été, il saluait Son Excellence au moment du repas tantôt par : « Eh bien, il y en avait, des gens ! J'étais prêt à les renvoyer, mais la sœur ne m'a pas laissé faire », tantôt par : « Excellence, aujourd'hui, les gens ont été un peu plus corrects. » Un jour, Mgr von Faulhaber vint sans s'être annoncé, et un peu tard, qui plus est. Quoiqu'il aimât bien l'archevêque, parce qu'il pouvait parler « allemand » avec lui, frère Andreas lui dit, d'un ton mécontent : « Il ne manquerait plus que vous preniez aussi ces mauvaises manières de venir trop tard. J'espère que ça ne se reproduira plus. » Il vint aussitôt me raconter la chose, et ajouta : « Je lui ai dit la vérité, à l'archevêque ! » Alors que le frère était encore avec moi, la sonnette retentit, preuve que le visiteur repartait. Frère Andreas lui donna encore cette ultime leçon : « Dieu merci, vous avez été raisonnable et vous repartez vite ; il ne faudrait tout de même pas tuer notre bonne Excellence à force de visites. »

Les ministres et les diplomates, eux aussi, pouvaient s'entendre dire par frère Andreas ce qu'il pensait d'eux, et il y eut des scènes épiques, mais ni Son Excellence, ni les visiteurs n'en voulurent au bon frère de sa franchise.

Quel piment son humour intarissable ne donnait-il pas aux repas de Son Excellence ! — « J'ai déjà mangé, Excellence, pour pouvoir rester avec vous ; je pense que si je suis là, vous mangerez un peu plus. Vous savez, la sœur n'est pas du tout contente, si vous renvoyez tant de choses en cuisine. » — « Qu'est-ce donc que ce plat, aujourd'hui, frère ? », demande le Nonce. « C'est un rôti de veau, un bon, et ça, ce sont des pommes de terre et ça, du *Koirabi**. » — « Du *Koirabi*, dit le Nonce, qu'est-ce donc ? » — « Oh, c'est une bonne nourriture pour les cochons. » — « Que dites-vous là, frère ? », réplique Son Excellence. Et le frère, remarquant sa sottise, de répondre, bien embarrassé : « Et pour tous les autres animaux ! »

« Frère Andreas, que diriez-vous si nous demandions au père Paulus (c'était le père économe du monastère de Scheyern, et le frère Andreas parlait très souvent de lui au Nonce) de nous donner un bœuf ? Il aurait sûrement assez à manger. » — « Mais voyons, Excellence, le bœuf ne mange pas que de l'herbe, sinon il perdrait ses forces. » — « La sœur pourrait lui préparer quelque chose d'autre, et si l'herbe ne suffit pas, vous pourriez emmener le bœuf dans le Jardin anglais ; là-bas aussi, il y a tellement d'herbe ! » (Le frère Andreas avait, en effet, exprimé à plusieurs reprises au Nonce son regret de voir pousser tant d'herbe dans le Jardin anglais, alors qu'elle serait si utile pour l'abondant cheptel de Scheyern.) Mais là, le frère Andreas était débordé. « Ma foi, Excellence, vous ne comprenez pas ces choses-là ; ça touche à l'élevage : il faut avoir grandi avec ! »...

« Frère Andreas, j'ai bien réfléchi, j'aimerais entrer au monastère de Scheyern, qu'en dites-vous ? » Très souvent, le bon frère Andreas racontait au Nonce comment c'était, à Scheyern, et ce qui lui était arrivé durant sa longue vie de moine. Son monastère, c'était pour lui le paradis sur terre. Alors Son Excellence voulait savoir ce qu'il dirait de sa proposition. Pourtant, la réponse qu'il donna à la question du Nonce fut inattendue. « Excellence, ne faites pas cela, ce n'est pas une chose pour vous. » — « Mais pourquoi pas, frère ? Voyez tous ces gens qui viennent sans arrêt, tout le travail que j'ai ; je serais mieux au monastère. » — « Oui, mais qu'est-ce qu'on y ferait de vous ? Confesser et prêcher, ce n'est pas si simple, et puis, vous savez, vous seriez obligé d'être assis en bout de table, sans rien. Bien sûr, je pourrais vous faire à manger, mais dans un monastère, ça ne va pas de faire tout le temps des exceptions. Quand on arrive, il faut commencer tout en bas. Mon conseil, Excellence : ne faites pas ça. » — « Mais, frère, je suis tout de même archevêque, donc plus que le père Abbé, par

---

* *Koirabi* : prononciation dialectale pour *Kohlrabi*, chou-rave. (N.d.T.).

conséquent, je serais placé tout en haut. » — « Excellence, ôtez-vous cela de l'esprit, ça ne marche pas comme ça dans un monastère. Il faut commencer en bas de l'échelle, on n'y échappe pas, même si on était, avant, quelqu'un de haut placé. » Mais Son Excellence ne renonçait pas ; elle disait qu'elle voulait quand même faire l'expérience du couvent. C'est ainsi que le frère Andreas vint me trouver parce qu'il était convenu avec le Nonce qu'il lui préparerait une demande d'admission au monastère, destinée à l'Abbé. J'étais chargée de la corriger, mais naturellement, je choisis de ne rien changer à ce délicieux document et de le donner au Nonce dans sa version originale. Lorsque, des années plus tard, et même une fois pape, ce papier lui tombait entre les mains, il en riait de tout cœur : quelle belle époque, disait-il, que celle où le frère Andreas éclairait ses repas par sa gaieté.

Frère Andreas était, de toute son âme, attaché à son maître. Si celui-ci devait aller en voyage à Berlin, — ce qui, sur la fin du séjour munichois, fut souvent le cas, Son Excellence étant aussi nonce à Berlin —, le bon frère était capable de rester devant la porte bien longtemps après le départ de la voiture, répétant sans cesse pour lui-même : « Reviens bien vite, hein ! » Mais si le Nonce restait absent plus de deux ou trois jours, il n'y tenait presque plus. « Ma sœur, qu'en pensez-vous, est-ce qu'il ne lui est rien arrivé ? Vous ne pourriez pas vous renseigner ? » C'est ainsi qu'on avait eu l'idée de donner au Nonce, à l'avance, une carte postale toute adressée, sur laquelle il n'avait plus qu'à mettre un bonjour. Quand arrivait l'une de ces cartes, le bonheur du frère était complet. « Ma sœur, regardez un peu ce que j'ai reçu. » Son visage rayonnait et ses yeux humides disaient assez sa félicité. « Mais, frère Andreas », lui disais-je, « depuis le temps que je suis à la nonciature, jamais je n'ai reçu une pareille carte. » — « C'est que, vous savez, ma sœur, Son Excellence m'aime bien, moi, voilà ; mais moi aussi, je l'aime bien. »

A cette époque-là, Mgr von Preysing — plus tard cardinal de Berlin — qui était secrétaire de l'archevêque von Faulhaber, accompagnait parfois le Nonce à Berlin. Il avait le don d'imiter les gens de façon si parfaite qu'on croyait avoir l'intéressé devant soi, non seulement avec sa démarche, mais encore sa tenue, ses expressions et sa voix. Le Nonce, lui aussi, en était surpris et en a souvent ri. Quand je pense à ses imitations de l'archevêque von Faulhaber (les moindres détails y étaient), de frère Andreas et de tant d'autres ! Un jour, nous lui avons demandé : « Imitez donc aussi le Nonce ! » Mais, à notre grand étonnement, il déclara : « C'est une chose que je ne peux pas ! » Nous voulûmes savoir pourquoi. « Son Excellence a quelque chose qu'on ne peut tout simplement pas imiter. » Telle fut sa réponse !

Mais le moment du déménagement définitif pour Berlin arriva. « Excellence, je ne suis pas fait pour les Prussiens, et je suis vieux aussi. C'est mieux que je retourne chez moi, dans mon monastère. Vous savez, c'était déjà difficile ici, avec ma façon de parler, et à Berlin, personne ne me comprendra. Mais tous les jours, je prierai, et je ne vous oublierai pas, vous pouvez compter là-dessus. » — « Mais, frère Andreas, dit le Nonce, cela ne pourra pas aller sans vous. » — « Vous verrez, Excellence, ça pourra aller sans moi, et les sœurs prendront bien soin de vous et m'écriront comment ça va, elles me l'ont déjà promis. » — Pas une fête, pas un anniversaire ne passa qui n'apportât un bonjour de frère Andreas, et ses lettres étaient aussi simples, aimables et enjouées que lui. Il reçut toujours une réponse de son maître, qui se réjouissait de son fidèle souvenir et qui eut aussi, souvent, l'occasion de rire. Frère Andreas vécut encore plusieurs années, et lorsqu'il mourut, à l'âge de quatre-vingt-trois ans, Son Eminence Pacelli, entre-temps cardinal secrétaire d'État à Rome, en fut sincèrement attristé.

3

Départ de Munich
Installation à Berlin

Au fil de ses années d'activité, le Nonce avait pris Munich
— ainsi que la population bavaroise — en très grande affection. Il avait
fait beaucoup de bien parmi celle-ci et lui avait consacré quelques-
unes des meilleures années de sa vie et de son travail. Il connaissait
les magnifiques cathédrales et églises bavaroises. Il avait souvent
rendu visite au sanctuaire national de la Vierge d'Altötting et avait
aussi, chaque fois, honoré de sa présence la maison missionnaire de
Heilig-Kreuz (Sainte-Croix). Il connaissait les célèbres châteaux de
Bavière ; il avait assisté une fois à la Passion d'Oberammergau. Il
connaissait les universités et autres centres de formation du pays, ses
séminaires, ses organisations caritatives et sociales. Il avait vu la
Bavière pendant la guerre, sous la révolution et en temps de paix. Et
Munich aussi connaissait son Nonce. Sans qu'il le sache, ni qu'il le
veuille, c'était un homme que l'on remarquait. Sa haute stature, ses
traits empreints de noblesse et de spiritualité suscitaient partout
l'étonnement. Ceux qui le connaissaient étaient heureux de le rencontrer ; ceux qui ne le connaissaient pas le suivaient involontairement
du regard. Toute son apparence suffisait à inspirer le respect et l'estime. Mais ce qui lui gagnait les cœurs de tous ceux à qui il avait affaire, c'était — par-delà sa noblesse et sa grandeur — sa modestie sincère,
son authentique humilité. Bien plus tard, on demanda un jour à un
cardinal — Mgr Tardini — pourquoi, près du lit de mort de Pie XII,
c'était le chant du *Magnificat* qu'il avait entonné lorsque le pape

rendit son dernier soupir. Sa réponse fut la suivante : « Parce que le *Magnificat* est le chant de l'humilité, et que, de toute ma vie, je n'ai jamais rencontré homme plus humble. »

C'est le Nonce Pacelli qui, pour la première fois, a rendu populaires en Allemagne la nonciature et son représentant. Car que savions-nous, auparavant, de la nonciature ? On en entendait bien un peu parler en classe, mais il fallut attendre ce nonce-là pour que le mot prît un sens. (Et, par la suite, quelle grandeur sublime, digne de l'admiration générale, ne devait-il pas donner à la papauté elle-même !)

Vint le moment où il lui fallut se séparer de ces lieux qui, malgré les travaux et les soucis, lui étaient devenus si chers. Son Excellence avait déjà, pendant plusieurs années, assumé les deux nonciatures, mais, désormais, il fallait aller s'établir à Berlin. Le 14 juillet 1925, dans la salle des fêtes de l'Odéon de Munich, on réserva au Nonce qui partait, des adieux on ne peut plus dignes et solennels. Non seulement l'élite, mais aussi le petit peuple avait voulu être près de lui en cette heure. Le cardinal Faulhaber, le Président du Conseil et le Premier Bourgmestre adressèrent au Nonce leurs plus vifs remerciements. Que n'avait-il pas fait pour la Bavière et pour Munich ! L'allocution de Son Excellence, par sa profondeur et sa délicatesse, fit sur tous la plus forte impression. Comme on déplora son départ !

Le Nonce avait avec lui un auditeur et un secrétaire, et dès les premières années, Mgr Ludwig Kaas, le célèbre dirigeant du parti du Zentrum, et le père jésuite Robert Leiber vinrent souvent chez lui. Les évêques allemands avaient proposé Mgr Kaas comme négociateur tant avec la conférence épiscopale qu'avec le gouvernement (par exemple, sur les questions concernant le Concordat) ; le père Leiber, quant à lui, fut détaché par son Provincial en cette même qualité. Plus tard, lorsque le Nonce Pacelli devint cardinal secrétaire d'État, et finalement pape, l'un et l'autre restèrent à ses côtés et lui rendirent de très précieux services. Pie XII entretenait avec eux des rapports très cordiaux ; il les avait en affection et leur portait une estime visible.

Mgr Kaas accompagnait parfois le Nonce — et plus tard Cardinal — lors de ses vacances à Rorschach, et son humour débordant mettait toujours une note de gaieté dans ces journées souvent bien chargées de travail. Ses plaisanteries spirituelles permettaient de voir sous un jour un peu moins austère même les problèmes les plus ardus, et plus d'une fois, quand le Nonce passa à table, on eut l'occasion de rire de bon cœur. Mgr Kaas avait beaucoup d'imagination, et il était heureux lorsque, les jours où le travail s'accumulait, il réussissait par son intarissable gaieté à détendre l'atmosphère et à voir autour de lui des visages joyeux. Comme le Nonce et cardinal travaillait toujours, même en vacances, cette gaieté et ces interventions toujours si pertinentes, qui avaient pour but de faire qu'au moins l'heure de la promenade et la demi-heure des repas se transforment en moments de repos, étaient on ne peut plus précieuses.

Après la grave opération de l'estomac que dut subir Mgr Kaas, il me sembla que son humour si fin n'exprimait plus la même gaieté. Mais ce que j'ai toujours admiré en lui — malgré l'ampleur de ses activités profanes —, c'était sa conduite authentiquement sacerdotale et sa manière de prendre sur-le-champ en considération toute question relevant du domaine religieux (c'était un domaine qu'il devait connaître très bien). Que le prélat Kaas fût prêtre avant toute chose, les autres personnes de la maison s'en rendaient compte aussi, et plus d'une fois, j'ai entendu Pie XII lui-même dire combien c'était ce point-là précisément qu'il appréciait chez lui.

Ses talents, sa perspicacité et une très bonne connaissance de la situation faisaient de Mgr Kaas un parfait conseiller et un auxiliaire inestimable. Sa rapidité à saisir les choses, son habileté et sa sûreté dans le travail, son excellent jugement furent très utiles au Nonce, au cardinal et au Saint-Père, et j'entendis toujours, dans la bouche de Pie XII, les plus grands éloges sur lui. (Aussi bien est-ce à Pie XII que Mgr Kaas se confia, pour lui dire que sa santé était moins bonne qu'il ne le laissait paraître en public.)

Mgr Kaas savait très bien que le Saint-Père avait pour lui une affection particulière, et il me répétait sans cesse combien cette certitude le comblait de bonheur. Vénération, affection sincère, fidélité totale — tels furent les sentiments qui unirent, jusqu'à sa mort, Mgr Kaas à Pie XII. Ceux qui étaient toujours dans l'entourage du Pape furent mieux placés que quiconque pour voir combien ce dernier déplora le décès rapide, presque soudain de cet homme remarquable. En toute occasion, Pie XII évoquait son souvenir et parlait de lui avec une extrême gratitude.

A propos du père Leiber, me tombe entre les mains une note prise pendant la période berlinoise. J'entendis un jour le père Leiber dire : « Pacelli, c'est un monarque-né. » Il sortait d'un assez long entretien dans le bureau du Nonce et disait cela d'un ton admiratif, comme quelqu'un qui se sent conforté dans sa propre façon d'être.

— C'était dans les années 1926 à 1929, alors qu'il s'agissait de conclure le concordat avec la Prusse et que la lutte était ardente et âpre. Le Nonce était conscient des capacités de son collaborateur. Il trouvait en lui un auxiliaire compétent, qui, travaillant en coulisse, ainsi qu'il le souhaitait lui-même — et cela correspondait à sa nature —, savait aussi enrichir la bibliothèque de la nonciature et faisait venir de la bibliothèque d'État les ouvrages spécialisés. Observateur attentif doué d'un sens aigu de l'actualité, il s'efforçait de fournir de précieux indices et de donner mainte interprétation exacte, en s'appuyant sur ses vastes connaissances historiques, singulièrement dans le domaine de l'histoire de l'Église. Il avait le souci de tout ce qui touchait à la charge du Nonce et s'en préoccupait constamment. Et, sur ce point, il ne craignait pas de parler en présence de son supérieur, et aussi devant ses collaborateurs, et le faisait avec une sobre franchise. Les deux hommes étaient unis (et le sont pour les siècles des siècles) par un même amour de la Sainte Église — un amour pur et fort, qui guidait et façonnait toute leur vie. C'était une flamme forte et constante, qui faisait fondre toute considération personnelle. Ils savaient qu'ils ne faisaient qu'un dans cet amour et se soutenaient mutuellement dans une fidélité rude et virile. Ils étaient sûrs l'un de l'autre. Un rythme de travail différent, l'accumulation des tâches — qui provenaient aussi d'ailleurs —, l'asthme débilitant, le tourment causé par de longs travaux laissés inachevés — tout cela, certes, provoquait des tensions, mais la profonde bonté et l'humour souriant du Nonce aidaient à les surmonter. Dans la Rauchstrasse, rares étaient les jours où l'on ne riait pas. Et le père Leiber, lui aussi, apportait volontiers sa contribution, brièvement et avec naturel, *in statu viatoris*. C'est ainsi qu'il aimait nous régaler de cette fleur de style d'un évêque allemand s'adressant à ses séminaristes du Germanicum : « Mes chers et jeunes amis, je vous félicite de pouvoir ainsi vous dorer au soleil, à l'ombre du Saint-Siège. » Il devait se douter que le Nonce n'oublierait jamais ce mot rafraîchissant. Et effectivement, on l'entendit souvent à la nonciature. Le père aimait aussi à citer cette phrase, tirée d'une nécrologie : *Abcisso uno pede, altero migravit ad Dominum.* (Amputé d'un pied, il s'en alla de l'autre vers le Seigneur.) Puis il se hâtait lui-même de disparaître, afin de rattraper les minutes qu'il avait pu perdre à bavarder.

Le père Leiber, accomplissant en pleine conscience et avec discipline son vœu propre de Jésuite, servait le représentant du Saint-Père avec compétence, circonspection et droiture ; en retour, la gratitude et la confiance du Nonce lui étaient largement acquises. Le Nonce appréciait son travail, lui demandait son analyse de la situation, sollicitait son avis (*che le pare ?*), travaillait sur les matériaux qu'il avait préparés et sur les renseignements qu'il avait rassemblés, confiait au père Leiber des missions délicates et pleines de responsabilités. Et quel collaborateur ne saurait estimer à sa juste valeur la distinction qui l'honore ; l'intimité, la communauté toujours plus solide qui naît du fardeau partagé ? Le père recevait en remerciement la confiance, simple et inébranlable, du Nonce qui, avec une généreuse franchise et une humilité objective, ne se contentait pas de solliciter ses conseils pour les seules questions de service. Telle remarque du père à l'issue d'un long échange de vues montrait assez avec quel bonheur profond, quelle tendre et délicate affection, il savait répondre à la confiance de ce supérieur qu'il admirait. Et cela ne faisait qu'enflammer derechef son dévouement envers la sainte Église.

Il en était ainsi depuis longtemps déjà ; et, en 30 ans, le zèle fidèle et désintéressé du père Leiber ne varia jamais.

J'ai pu voir et ressentir sans cesse de très près à quel point Pie XII savait tout cela et combien il estimait le père Leiber. Même lorsque, plus tard, sa chaire à la Grégorienne l'occupa fort, le Saint-Père chercha toujours de nouvelles occasions de lui montrer qu'il continuait d'avoir toute sa confiance et son affection. Que de fois Pie XII descendit-il lui-même l'escalier qui menait, à l'étage en dessous, au bureau du père Leiber, pour lui montrer un travail ou pour entendre un conseil ou un avis, et que de fois l'ai-je entendu dire combien ceux-ci lui étaient précieux ! Mais j'ai aussi constamment entendu le père Leiber me répéter combien la confiance du Saint-Père le comblait.

Malheureusement, l'asthme que le père Leiber avait contracté comme infirmier pendant la guerre, allait en s'aggravant. Pie XII lui-même se renseigna partout pour savoir s'il n'y aurait pas de cures pour y remédier. Le père Leiber dut en faire de nombreuses (quel qu'en pût être le coût), mais, hélas ! aucune ne fut efficace. Les crises pénibles se répétaient, et nous fûmes souvent témoins de la sollicitude avec laquelle Pie XII le soutenait alors, comme seul un frère soutient son frère dans la souffrance. Et lorsque par la suite — certainement, d'ailleurs, en grande partie à cause de la maladie — quelques tensions apparurent ou bien lorsque (comme le père Leiber lui-même me le disait) il lui arrivait de « s'emballer » — le Saint-Père ferma toujours les yeux et ne répondit que par une affection et une bonté imperturbables. Le père Leiber s'en rendait très bien compte et me l'assurait d'ailleurs sans cesse.

Pie XII appréciait chez le père Leiber non seulement le savant de valeur et le travailleur fidèle et dévoué, mais aussi et surtout le parfait religieux.

Entre deux hommes aussi doués, vaillants et intelligents que Mgr Kaas et le père Leiber, il pouvait y avoir, à l'occasion, des dissensions. Comme je m'entendais très bien avec l'un et l'autre, j'en connaissais vite la raison. Chacun de son côté, sachant bien qu'il n'était pas inférieur à l'autre, ne pouvait supporter de voir que l'on estimait parfois davantage l'avis ou le travail de l'autre. Pour le Saint-Père, ce n'était pas difficile, avec sa merveilleuse intuition, de rétablir dans ce cas l'équilibre. Mais si c'était pour d'autres raisons, personnelles, d'ordre intellectuel ou politique, que leurs opinions divergeaient, ce n'était pas si simple à régler que cela. Cependant, j'ai toujours pu observer, pour ma plus grande édification, que les deux hommes se réconciliaient et parfois aussi riaient de bon cœur soit d'une divergence d'opinions qui, au fond, n'en était pas une, soit de voir que l'on pouvait donner de l'affaire en question une autre interprétation. S'il arrivait — ce qui était très rare — que le Saint-Père se rendît compte que quelque chose n'allait pas entre les deux hommes, il avait une si fine adresse pour ramener la paix que tous deux s'étonnaient de n'en avoir pas eu eux-mêmes l'idée.

J'ai très bien pu constater que non seulement le Saint-Père, mais aussi le père Leiber souffrit du décès rapide et inattendu du prélat Kaas.

Berlin ! J'ai gardé de nombreux et beaux souvenirs de cette ville et de la maison que j'avais eu le droit de choisir moi-même, de rénover et de rendre habitable. Ce ne fut pas très facile de trouver quelque chose qui convînt pour la nonciature, mais on y parvint cependant, et les lieux plurent au maître de maison dès la première visite. Loin de la grande activité de la métropole, dans un bel endroit calme voisin du Tiergarten — lequel se prêtait bien à la promenade de l'après-midi —, c'était une maison simple et modeste comme le Nonce les aimait. — Aujourd'hui, cette maison et son beau jardin ne sont plus qu'un amas de décombres, et c'est avec mélancolie que je pense à cette époque et aux aimables personnes qui aidèrent jadis à préparer une demeure au représentant du Saint-Père.

La tâche qui attendait le Nonce à Berlin — où il arriva le 18 août 1925 — n'était pas facile. Nous avions décoré la maison et nous nous réjouissions que le maître des lieux pût y faire son entrée. (L'accueil à la gare par les autorités ne nous fut connu que plus tard.) Arrivé chez lui, le Nonce commença par célébrer la sainte messe, et il y eut ainsi un tabernacle de plus dans la grande ville protestante. En union avec LUI, présent au tabernacle, le travail commença gaiement. Et Son Excellence se prit d'affection pour Berlin, comme elle avait naguère aimé Munich.

Nous nous étions donné toute la peine possible pour préparer au Nonce non seulement un lieu de travail agréable, mais aussi un foyer confortable. Les marques de profonde gratitude qu'il nous donna après sa première visite des lieux nous prouvèrent que nous y avions réussi. Il ne faisait jamais de longs discours, mais son regard et ses gestes étaient plus éloquents que des paroles.

Il est très douteux qu'il eût été possible d'établir une nonciature dans cette grande métropole protestante qu'était Berlin sans, précisément, l'intervention de cette personnalité qui — par ses efforts incessants en faveur de la paix, par son activité inlassable auprès des prisonniers et des nécessiteux, par son dévouement au service de la reconstruction après le terrible conflit mondial — avait gagné le respect et la vénération du peuple allemand sans distinction de confessions. Ce que le concordat de 1929 avec la Prusse coûta au Nonce, n'est connu que de Dieu et de celui-là même dont l'extraordinaire habileté diplomatique et le travail désintéressé permirent sa conclusion. Après la signature de la *Solenne Convenzione*, tous ceux qui habitaient la nonciature chantèrent un *Te Deum* dans la chapelle particulière, parce que le maître de maison, en toutes choses, rendait d'abord honneur à Dieu.

Ce discret sanctuaire vit aussi plus d'un baptême, plus d'une confirmation et de nombreuses conversions. Pour l'anniversaire du couronnement du pape et en d'autres circonstances solennelles, la maison de la Rauchstrasse et le parc qui l'entourait accueillaient chaque fois tout le Corps diplomatique présent dans la capitale, des ministres et de hauts fonctionnaires.

Il y avait un sport qu'en plus de la natation, Son Excellence avait beaucoup aimé pratiquer durant sa jeunesse romaine : c'était l'équitation. Par une heureuse rencontre, il lui fut possible — en fait, très rarement seulement — de parcourir les vastes forêts d'Eberswalde sur un magnifique cheval. Son sens aigu du devoir et une grande conscience de ses responsabilités lui imposaient des restrictions même là où il aurait certainement pu s'accorder un peu plus de temps. Mais les demandes qu'on lui fit de s'offrir assez souvent cette détente qui ne pouvait que profiter à sa santé, restèrent sans succès.

Je me rappelle bien qu'un jour, revenant de sa promenade à cheval à Eberswalde, Son Excellence me raconta que, lorsqu'il était jeune homme, il ne connaissait rien de plus beau pour se reposer que l'équitation et la natation. Dès que les études et l'horaire le lui permettaient, il allait, l'après-midi, au bord de la mer, louait une barque et gagnait le large. Puis, abandonnant la barque, il nageait une heure, voire davantage, n'ayant que le ciel au-dessus de sa tête et les vagues pour tout horizon, et ces heures-là étaient pour lui les plus belles sources de contemplation qui soient de la grandeur et de la magnificence divines. Souvent, n'arrivant pas à comprendre ce qu'il pouvait bien faire tout seul si longtemps, les autres garçons se moquaient de lui, mais il ne s'en souciait pas ; quant à sa mère, qui parfois s'inquiétait de ses longues absences, il la tranquillisait en lui expliquant comme il était merveilleux de se laisser porter par les vagues et de contempler les profondeurs de l'azur ou bien, par grande houle, de mesurer ses forces à celles de la mer.

Il était très heureux quand un parent à lui, qui avait de magnifiques chevaux, l'invitait à faire de l'équitation. Comme, des deux, c'était lui qui était bien meilleur cavalier, il se retrouvait, là aussi, presque toujours seul, et, le galop fini, il ne lui restait plus qu'à s'entendre dire une fois de plus par son oncle : « Où étais-tu encore passé, chenapan ? »

Ce fut aussi à Berlin qu'on lui fit cadeau d'un appareil de sport, un cheval électrique, qui reproduisait tous les mouvements d'un cheval au galop. Mais, une fois cardinal secrétaire d'État puis pape, il ne s'en est probablement pas servi dix fois, non parce que cela ne lui aurait pas plu, mais parce que le temps lui manquait. — Je me souviens exactement du Nonce Pacelli en tenue de cavalier : elle lui allait à la perfection. On aurait aimé le photographier ainsi, mais il ne le permettait pas, car il lui a toujours répugné au plus haut point d'être photographié. Plus tard, lorsqu'il fut pape, il s'est soustrait à cette corvée chaque fois qu'il l'a pu. Ce n'est que lorsque l'un de ses plus étroits collaborateurs lui eut montré avec insistance que cela faisait partie de son apostolat que d'accéder aux demandes de ceux qui souhaitaient avoir une image de lui, qu'il s'efforça de s'accommoder de ce qu'il appelait un mal nécessaire. Mais nous l'entendions souvent soupirer : « Oh, cette manie de photographier ! » Tandis qu'auparavant, on lui en avait voulu d'éviter constamment les photographes, en revanche, il ne manqua pas par la suite, lorsqu'il supportait avec résignation flashs et projecteurs, de voix pour l'accuser d'être vaniteux. Or il était si entièrement pris par les devoirs de sa tâche qu'il n'y avait point chez lui de place pour la vanité. Une rédaction qu'Eugenio Pacelli composa à l'âge de treize ans sur le sujet *Il mio ritratto* (Mon portrait) me paraît particulièrement caractéristique de son attitude critique envers lui-même :

« Devant faire mon portrait physique et moral, j'essaierai en tout cas de ne rien omettre, ni en bien, ni en mal, de ce que j'ai trouvé en moi, et de me décrire tel que je suis vraiment. Tout le monde pourra aisément vérifier si ce que je dis est vrai.

J'ai treize ans, et, pour cet âge, je ne suis, comme on le voit bien, ni excessivement grand, ni excessivement petit. Je suis mince, j'ai le teint brun, le visage plutôt pâle, les cheveux châtains et fins, les yeux noirs, le nez plutôt aquilin. Je ne parlerai pas de ma poitrine, car, pour dire la vérité, elle n'est pas très large. Pour finir, j'ai une paire de jambes assez maigres et longues, et deux pieds qui ne sont pas de petites dimensions. D'où l'on comprendra facilement qu'au physique, je suis un jeune homme moyen.

Venons-en maintenant au moral. La nature m'a pourvu de dons suffisants, avec un peu de bonne volonté, je réussis par conséquent à faire beaucoup de choses. J'aime aller à l'école et j'apprends avec plaisir, car je me rends compte que tout ce que je peux faire maintenant pourra me servir plus tard. Mes parents et mon cher professeur sont pour moi d'une bonté extraordinaire, et je m'efforce de répondre de mon mieux à leurs soins affectueux. Je mentirais à coup sûr si je disais que je mérite cet amour ; non, car je ne trouve pas en moi, pour en être digne, assez de qualités, et c'est pourquoi je n'ai pas non plus la prétention de les avoir : tout doit être mis au compte de leur bonté. En réalité, le peu de bien qui peut être en moi, je le dois à Dieu seul qui m'a donné de si sages supérieurs et à ceux qui essaient, par leur enseignement, d'inspirer à mon esprit la vraie vertu. Quelle folie de ma part que de ne pas avoir toujours su mettre à profit leurs sages conseils !

Quant à mes goûts, je peux dire que je suis parfois inspiré par les muses sacrées ; je ressens en outre un fort penchant pour les classiques, et l'étude de la langue latine, en particulier, m'est un plaisir suprême. Comme je suis un amateur passionné de musique, c'est une joie pour moi, durant mes loisirs et spécialement pendant les vacances, que de jouer d'un instrument de musique.

Je suis d'un caractère plutôt impatient et violent, mais, par l'éducation reçue, je sens le devoir de le modérer. La seule chose qui me console, c'est de voir que mon cœur abrite une générosité instinctive, et qu'ainsi, de même que je ne supporte aucune contradiction, de même je pardonne facilement à qui m'offense. Pour le reste, je souhaite que l'âge et la réflexion servent à faire disparaître les défauts nuisibles que je me connais.

Il me semble que j'ai dit là la vérité. »

D'un bout à l'autre de sa vie, Eugenio Pacelli fut purement et simplement incapable de dissimuler ou de faire semblant. La juvénile sobriété de ton de cette savoureuse rédaction devait toutefois se transformer ensuite en une authentique humilité.

Jeune *minutante* à la Secrétairerie d'État, Eugenio Pacelli, à côté de sa tâche principale, exerçait aussi un ministère très actif. Quelques instituts d'éducation, à Rome, l'avaient pour confesseur et professeur d'enseignement religieux. Il faisait des conférences sur l'ascèse et sur la liturgie, donnait régulièrement, le soir, la bénédiction du Très Saint Sacrement, et savait tirer parti de chaque minute pour exercer ses fonctions de prêtre. Un jour, il obtint de Pie X une audience pour l'un de ces collèges, où environ 200 enfants recevaient leur éducation et leur formation. Les enfants saluèrent avec enthousiasme l'apparition du Saint-Père, et Don Eugenio Pacelli présenta au pape la communauté des éducatrices avec leur supérieure. Le Saint-Père, d'ordinaire si affable, plissa le front, regarda la supérieure de la tête aux pieds et dit : « *Sono pazze queste Suore* (sont-elles folles, ces sœurs) pour élire une supérieure si jeune ? » Don Eugenio dit à Sa Sainteté qu'elle était, certes, jeune par l'âge, mais ne le cédait sûrement en rien à une plus ancienne par son expérience et ses qualités d'éducatrice. Remise de sa première frayeur, celle-ci — Madre Mercedes, une Espagnole — déclara tout simplement : « Très Saint-Père, vous ne sauriez me faire plus grande grâce que de me relever de cette fonction » et l'expression de son visage, plus encore que ses paroles, le suppliait de lui faire cette faveur. Cela réconcilia Pie X, et ce fut finalement une très belle audience, qui combla les enfants. — La remarque en question, qui n'était en fait destinée qu'à la supérieure, avait été faite par le Saint-Père devant tous les enfants, et ceux-ci ne gardèrent pas une chose pareille pour eux. On la raconta aux parents, aux frères et aux sœurs, aux oncles et aux tantes, et bientôt la moitié de Rome la sut. Pourtant, cela ne causa aucun tort à l'excellente réputation de cette éducatrice. Bien des années plus tard, cette religieuse — qui, depuis longtemps, n'était plus à Rome ni dans cette maison — passa, lors d'un voyage, par la Ville éternelle, et fut reçue en audience à Castel Gandolfo par Pie XII. Elle sortit rayonnante de l'audience, et s'avançant vers son accompagnatrice, lui dit toute heureuse : « J'ai trouvé Pie XII tout aussi simple, aussi modeste et humble que l'était Don Eugenio il y a tant d'années. »

Le Nonce Pacelli s'intéressait vivement à la vie religieuse et sociale de l'Allemagne. Jamais il ne manqua un Katholikentag ; hôpitaux, foyers pour enfants, séminaires, écoles et lieux de travail de toutes sortes reçurent sa visite. Il était présent partout où battait le cœur du catholicisme, et les villes de Paderborn, Breslau, Hanovre, Hambourg, Francfort, Trèves, Mayence, Magdebourg, Dortmund, Fulda, Spire, Stuttgart, Dresde, Fribourg, Rottenbourg et beaucoup d'autres peuvent aujourd'hui se dire heureuses d'avoir hébergé Eugenio Pacelli, que l'histoire comptera un jour parmi les plus grands papes.

Dans ses *Großstadtnotizen,* Carl Sonnenschein a consigné ses impressions sur l'allocution du Nonce à Berlin-Tegel, à l'occasion du « Bekennertag » (Journée du Témoignage) des catholiques de la Marche de Brandebourg, en août 1926 ; ce qu'il dit me semble être très caractéristique :

« L'événement, ce fut le discours de Pacelli. Quelle présence ! Cette silhouette de Romain ! Cette soutane violette aux amples plis ! Cette main droite gantée ! Ce profil ciselé ! [...] Il a été à Paderborn, voilà quelques semaines. Tegel lui fait l'effet d'être un autre monde. [...] Au loin, les tours de Borsig ! Symboles fulgurants de l'industrie gigantesque du siècle dernier ! [...] Le Nonce parle de la culture de ce monde-ci, dont l'expansion gigantesque ne doit pas nous asservir. Il faut qu'il reste de la place pour le monde du surnaturel. Ce combat lui semble comparable à l'attitude du christianisme des anciens temps. Dans la Rome antique. [...] Voilà le salut qu'il adresse à Tegel et à Berlin. Voilà la bénédiction que, sous l'aspect du Nazaréen — qui est l'ultime solution pour toute culture —, il donne à cette ville du travail impétueux, fougueux, surpuissant. La ville des cheminées. Dans ses mains s'élève l'ostensoir qui oscille et étincelle au-dessus de la foule qui tombe à genoux. [...] »

Tous sentaient bien qu'en la personne du Nonce Pacelli, ce n'était pas seulement un représentant officiel de l'Église qui venait vers eux, mais avant tout un apôtre, brûlant de la vérité et de la charité divines, qui luttait pour arracher leurs âmes aux forces montantes de l'athéisme et du désespoir, en suscitant et affermissant en eux les meilleures et les plus nobles de leurs énergies. Dans son allocution de septembre 1927 dans la basilique Saint-Mathias de Trêves (prononcée à l'occasion du 800e anniversaire de l'invention des reliques de saint Mathias), il lança aux fidèles assemblés ce message :

« [...] Mathias fut appelé à combler le vide qu'avait provoqué l'infidélité d'un autre. C'est à l'accomplissement de cette tâche qu'il se donna, dès le premier instant de sa vocation, par chaque acte de sa volonté, chaque fibre de son cœur. « Être fidèle là où d'autres sont devenus infidèles » — tel fut le motif conducteur de ses travaux et de ses soins apostoliques, tel fut l'héroïque accord final de son martyre. Son corps repose ici, au milieu de vous. Réjouissez-vous d'un pareil honneur. Mais n'oubliez pas non plus les devoirs sacrés que sa présence ne cesse de vous prêcher. [...] »

Avec quel enthousiasme Son Excellence ne nous confiait-elle pas les impressions qu'elle avait gardées de sa visite dans les mines ! Comme il s'associait intimement au destin des mineurs ! Comme il était heureux lorsque l'un d'eux se mettait spontanément à raconter qu'il aimait son travail, qu'il avait à la maison une femme et des enfants qui l'attendaient dans la joie et faisaient en sorte qu'il trouve un beau petit foyer confortable ! « Si seulement je pouvais procurer à tous la même satisfaction, le même bonheur ! » s'écriait le Nonce pour qui la vie de l'ouvrier — « vie précaire, pauvre en joies, avide de consolations » (voir son allocution du 4 septembre 1927 au Katholikentag de Dortmund) avait été, dès sa jeunesse, une préoccupation brûlante.

Il était tout naturel que le Nonce prît la parole dans toutes les grandes réunions. Son discours était partout l'événement culminant. On pourrait reproduire ici, à titre d'exemple, quelques extraits de l'allocution qu'il tint en mars 1928 au banquet annuel du Comité de la Presse étrangère de Berlin :

" [...] Même si l'histoire n'en donnait pas cent fois la preuve — notre propre expérience nous impose à tous de reconnaître que la destinée et l'évolution des peuples sont d'abord et très profondément dominées par les courants spirituels et les conceptions morales qui sont vivants en eux. [...] Or apprécier à leur juste valeur ces courants spirituels, faire pénétrer ceux qui sont sains et constructifs dans le corps du peuple, endiguer promptement ceux qui sont empoisonnés et nocifs — telle est éminemment la tâche à laquelle est appelée la presse. De diverses manières, elle est moins le miroir de l'opinion publique qu'elle n'en est le créateur. [...] Dans les palais des journaux du monde moderne se concentre peut-être une puissance plus grande que celle que revendiqua plus d'un trône royal. La presse ne se contente pas de refléter les situations et les idées, elle peut se confronter à elles, les accueillir et les accepter, ou bien les rejeter et les condamner. Elle peut rendre la justice et prononcer des verdicts, justes ou injustes, dans une mesure et avec des effets contre lesquels le pouvoir de l'État peut à peine faire face. Elle peut observer une attitude de neutralité face à l'erreur et à la pourriture morale, elle peut même les magnifier, mais elle peut aussi les flétrir et élever virilement la voix pour ceux qui sont opprimés, ceux qui sont sans défense, ceux qui sont violés dans leur conscience. [...] Elle peut être la torche de la vérité, qui brûle d'une flamme claire, mais aussi un feu follet trompeur et vacillant. Elle est en mesure de guider les peuples sur les sentiers abrupts de l'ascension morale, mais aussi de préparer la voie du déclin, voire de la chute. En toute première ligne des problèmes immenses dont l'heureuse solution dépend du travail d'une presse consciente du but à atteindre, se trouve le combat spirituel pour la paix, pour ses fondements et son élaboration, et contre les dangers qui la menacent. La ligne de ce front spirituel des peuples contre l'oppression du droit, contre le fléau de la guerre ne pourra se refermer complètement que le jour où — nonobstant la sauvegarde des intérêts légitimes des patries — le mot d'ordre de paix retentira, unanime et puissant, dans les colonnes de la presse mondiale. C'est dans ce combat — moralement supérieur à la glorification de la guerre — que réside l'une des plus sublimes tâches éducatives universelles que notre temps ait à remplir. »

Le Nonce était connu comme bon orateur, mais peu de gens savaient ce que ces discours lui coûtaient. Ils étaient toujours préparés avec la plus grande précision. Pour cela, il n'économisait ni sa fatigue, ni son temps, ni son travail, sacrifiant plusieurs nuits à cette préparation et n'allant se reposer que lorsque la dernière patine était donnée et que tout, jusqu'au moindre détail, correspondait à ce qu'il voulait. Sa mémoire remarquable l'aidait alors à prononcer ses textes entièrement par cœur. La mémorisation lui était d'autant plus facile qu'il écrivait ses discours à la main. Il disait qu'il n'y avait qu'ainsi qu'il se souvenait de chaque lettre : il pouvait même, en parlant, tourner les pages dans sa tête.

Je me souviens bien — c'était encore à Munich — qu'un jeune vicaire avait dit au Nonce ne pas avoir eu le temps de préparer son sermon dominical : il s'en remettrait, pour cette fois, au Saint-Esprit. Avec beaucoup de sévérité et de sérieux, Son Excellence lui répondit : « Si vous n'avez pas préparé le sermon, alors, ne montez pas en chaire. Ce serait tenter Dieu ! Certes, le Saint-Esprit nous aide, mais seulement quand nous avons d'abord fait notre devoir. D'ailleurs, le sermon n'est que pour demain matin. Vous avez donc encore toute la soirée devant vous. Sacrifiez-y encore quelques heures de la nuit, la parole de Dieu en vaut la peine ! » Là-dessus, il quitta le prêtre, qui en était éberlué. Le lendemain matin, il alla en personne à l'église, pour entendre le sermon. Le prêtre me dit par la suite qu'il s'était préparé jusqu'à deux heures du matin — après avoir reçu une telle leçon, il ne pouvait faire autrement —, mais qu'il avait presque sué sang et eau en voyant Son Excellence dans l'église.

Le nonce Pacelli a passé quatre ans à Berlin. Il était devenu familier aux Berlinois. Il avait sa place lors des grandes cérémonies et gagnait tous les cœurs par sa modestie, fine et distinguée. Au cours des banquets que donnait le gouvernement ou lors des grandes réceptions du corps diplomatique, mais surtout pour les grandes fêtes religieuses — partout se manifestait le prêtre et le noble prince de l'Église, supérieur à son entourage et pourtant si humainement proche de tous. Mais dans le silence de la maison aussi, il était le même. En simple soutane de maison, Son Excellence était aussi digne et simple qu'en public et en grand ornement.

Rien ne lui échappe, ni la fleur qui décore sa table, ni une marque d'attention destinée à agrémenter son modeste repas, ni même le chat qui, furtivement, s'est glissé dans la pièce et s'assied, cajoleur, à ses pieds. Il raccompagne avec précautions une coccinelle qui est entrée par la fenêtre ouverte, afin que rien ne lui arrive. Il aime les animaux, à l'exception des mouches, contre lesquelles il a une aversion particulière. Il prend plaisir aux petites fêtes familiales, qu'il embellit par son apparition et par une parole gentille, amicale. Et la sainte Nuit de Noël, comme elle élevait les âmes ! Après les messes de minuit, que Son Excellence lisait d'ordinaire toutes les trois à la suite, et qui nous introduisaient au cœur du mystère de cette fête, les grandes portes du salon jouxtant la chapelle s'ouvraient ; le Nonce entrait le premier, s'avançait vers le sapin resplendissant et chantait en chœur avec nous ce cantique ancien et toujours nouveau *Stille Nacht, Heilige Nacht*. Puis on le conduisait à la table où l'attendaient ses cadeaux.

Il avait l'inégalable bonté de s'étonner devant toutes les petites choses que l'on s'était ingénié à chercher pour lui faire plaisir. Puis il allait vers les tables de tous ceux qui étaient à son service dans la maison. Comme il savait partager leur joie, lorsque tous, heureux et ravis, recevaient leurs cadeaux. Ceux-ci prenaient une valeur cent fois plus grande, d'avoir été distribués avec tant d'amabilité par le maître de maison en personne. Après cette belle réunion, le Nonce se retirait, tandis que nous restions encore ensemble pour manger quelque chose. Lui-même ne pouvait jamais comprendre qu'on pût manger en dehors du petit déjeuner, du déjeuner et du dîner, mais il était content quand d'autres le faisaient. Il ne partait jamais sans demander : « Avez-vous préparé quelque chose de bon ? » —

A Berlin, nous avons pu encore obtenir de temps en temps, à force d'insister, que Son Excellence, le dimanche au retour de la promenade, fasse avec les secrétaires et nous une partie de jeu de société, une partie de « halma », par exemple, ou autre chose. Il ne s'accordait ce plaisir que très rarement. Mais s'il lui arrivait de rester avec nous pour une partie, on pouvait être sûr qu'il gagnerait, car il était alors entièrement au jeu.

Il s'associait intimement aux peines ou aux maladies des autres. Il avait un compliment pour le jardinier lorsque ses fleurs et ses légumes poussaient bien ; il savait voir le travail des sœurs dans la maison et à la cuisine. Avec compréhension, bonté, bienveillance, finesse, il savait faire en sorte que chacun le sente à l'aise chez lui, et pourtant, il était loin de toute familiarité. De sa personne, rayonnaient une grandeur et une dignité, — un je ne sais quoi qui imposait la retenue. Un ami qui accompagna quelquefois le cardinal secrétaire d'État en vacances à Rorschach, dit un jour : « Il est vraiment votre ami ; il vous fait une confiance pleine et entière, il est capable de donner à une rencontre un tour aussi cordial que possible — et pourtant, il reste un je ne sais quoi, une distance sacrée qu'on ne saurait nommer » (cardinal Spellmann). Et Mgr von Preysing ne trouvait-il pas lui non plus à Munich (comme on l'a déjà dit) que « le Nonce avait quelque chose qu'on ne pouvait imiter » ?

Est-ce que le petit garçon qui adressa un jour la parole au Nonce dans le jardin zoologique de Berlin voulait, à sa manière enfantine, exprimer un sentiment semblable ? Son Excellence raconta qu'il était, ce jour-là, en train d'achever la promenade qu'il avait l'habitude de faire en lisant le long de la Tiergartenstrasse, lorsqu'un gamin, qu'il avait déjà souvent observé à l'angle d'une maison, lui fit bonjour de la main. Cette fois-ci, l'enfant s'approcha tout près de lui, le regarda de la tête aux pieds et lui dit : « Qui es-tu ? Tu es tellement différent des autres personnes. Tu es si grand, si distingué, et tu as de si beaux yeux ! Est-ce que tu serais peut-être... le... Bon Dieu ? »

L'un des hivers passés à Berlin fut d'un froid exceptionnel. Le thermomètre indiquait 35 degrés au-dessous de zéro. Personne ne sortait dans la rue, sauf besoin impératif. Un ouvrier, qui rencontrait souvent le Nonce au retour de sa promenade, l'accosta et lui demanda pourquoi il ne restait pas chez lui par un froid pareil. Le Nonce lui répondit qu'il ne faisait pas sa promenade par plaisir, mais pour raison de santé, parce qu'il ne pourrait pas travailler sans cela. « Mais cela n'a pas d'importance », dit l'homme, « vous ne feriez rien pour une fois, voilà tout ! Vous avez à manger, et personne ne vous fera de reproche ! » « C'est vrai, brave homme, s'entendit-il répondre, mais à ce moment-là, je n'aurai pas fait mon devoir, et le Bon Dieu le verra bien ! » — « J'ai poursuivi mon chemin en hochant la tête », me raconta cet homme quelque temps après. (Il habitait dans notre voisinage.) « Je n'arrivais plus à oublier les paroles du Nonce. Aujourd'hui, je remplis à nouveau mes devoirs envers Dieu et envers ma famille ; j'ai constaté qu'ainsi, on vit beaucoup plus heureux. » — Plusieurs semaines plus tard, une femme vint à la nonciature me raconter ce que son mari m'avait dit auparavant, et elle ajouta : « Peu de temps après notre mariage, mon mari se mit à fréquenter de mauvais camarades, et cet homme bon devint un perpétuel insatisfait, qui maltraitait sa femme et ses enfants. Mais depuis qu'il a parlé au Nonce, il est revenu à Dieu et à sa famille, et nous avons à nouveau entre nous les bonnes relations du début de notre mariage. Il fallait que je vous dise cela, pour que vous remerciiez Son Excellence. »

Le futur cardinal von Galen était à l'époque curé de la paroisse Saint-Mathias de Berlin. Il venait souvent voir le Nonce, car ils s'entendaient très bien tous les deux. Le Samedi saint, il venait toujours m'offrir ses vœux de bonne fête, bien qu'il sût que je ne la célébrais pas à Pâques. Il disait tout simplement : « Pâques, c'est Pasqua, alors... » Une fois, le Nonce, s'apprêtant à sortir, descendait au même moment l'escalier, avec de la lecture à la main. Après un échange de salutations cordiales, le comte von Galen dit : « Mais Excellence, laissez donc votre travail à la maison et profitez de cette première journée ensoleillée de printemps ! » Réponse : « Je ne peux pas me permettre cela, il faudra attendre que je sois curé de Saint-Mathias et que j'aie autant d'humilité que celui-ci pour accepter de rester en panne au beau milieu du sermon. » (Cela arrivait en effet, et l'abbé von Galen enviait toujours le Nonce pour sa bonne mémoire.) Tous deux rirent de bon cœur, se serrèrent la main et le Nonce s'en alla. Or, ce jour-là, le comte von Galen était particulièrement en verve et lorsqu'une heure de temps se fut écoulée, Son Excellence rentra chez lui. Vite, le curé se dissimula derrière une porte pour ne pas être vu. Mais il me dit : « Que deviendra plus tard notre Nonce ? Il est la conscience et la ponctualité mêmes. Personne ne pourrait résister à un rythme pareil. » Lorsque par la suite, le pape Pie XII nomma Clemens von Galen cardinal, Son Eminence vint me voir et me rappela notre conversation de la nonciature à Berlin. Je l'avais presque oubliée. « Vous voyez, j'avais raison ; il a toujours été à part : une piété hors du commun, une conscience à la tâche hors du commun, une bonté hors du commun. Il a dû oublier tous mes défauts, sinon il ne m'aurait jamais fait cardinal. »

Je dis à Son Éminence que j'irais dans son église titulaire quand elle en prendrait possession. « Alors », répliqua-t-elle, « il faudra que je prépare mon discours, sinon il m'arrivera la même chose qu'autrefois à Berlin, à Saint-Mathias : je resterai en panne et vous irez le raconter au Saint-Père ! »

Il y aurait tant de choses, belles et exaltantes, à raconter sur ces années que le nonce Pacelli a passées en Allemagne — années de bénédictions, de grâces, de fécondité, dont notre pays ne pourra jamais être assez reconnaissant. Dieu seul sait son travail, ses sacrifices et le bien qu'il a fait — et qui n'a pas pris fin avec son départ. Bien au contraire ! Parvenu au sommet, il devait faire encore davantage pour ce pays auquel il avait entièrement consacré treize de ses meilleures années.

4

Le cardinal
Secrétaire d'État

Ainsi qu'il en avait l'habitude à Munich, le nonce Pacelli alla aussi, lorsqu'il fut en activité à Berlin, passer chaque année quatre semaines à la *Stella Maris* de Rorschach, pour y travailler au calme. Et ce fut là-bas que lui parvint la nouvelle de son rappel et de son élévation au cardinalat. « Alors que j'avais dit si souvent à mon frère » (ce frère était un intime de Pie XI avec qui il travaillait souvent) « d'empêcher le Saint-Père de faire cela ! », dit Son Excellence lorsqu'il tint le télégramme en mains. Comme le nonce Pacelli aurait aimé exercer un ministère ! C'était déjà son idéal lorsqu'il était jeune prêtre et souvent il en parlait, avec l'espoir qu'au terme de sa mission de nonce, il obtiendrait un diocèse qui aurait pu combler son ardent désir de se consacrer aux âmes. Pourtant il comprenait qu'il ne pouvait s'opposer à sa nomination, et il retourna rapidement à Berlin pour tout mettre en ordre et préparer son départ.

Une chose préoccupait beaucoup le Nonce lorsqu'il quitta l'Allemagne : la montée du national-socialisme. Comme il avait bien, à l'époque déjà, percé à jour le personnage d'Hitler, ne cessant de mettre l'opinion en garde contre le danger qui menaçait le peuple allemand. On ne voulait pas le croire, et des personnalités de toutes professions et de toutes classes sociales dirent au Nonce, lors de son départ, ce qu'elles attendaient d'Hitler : le redressement et la grandeur du peuple allemand. Elles ne voulaient pas comprendre que le Nonce ne fût pas d'accord avec elles sur ce point. Un jour, je demandai au Nonce si cet homme ne pourrait tout de même pas avoir quelque chose de bon et sortir l'Allemagne de l'ornière, comme naguère Mussolini l'avait fait pour l'Italie. Mais Son Excellence hocha la tête, en disant : « Ou bien je me trompe vraiment beaucoup, ou bien tout cela ne se terminera pas bien. Cet être-là est entièrement possédé de lui-même : tout ce qui ne lui est d'aucun service, il le rejette ; tout ce qu'il dit et écrit porte l'empreinte de son égoïsme ; c'est un homme à enjamber des cadavres et à fouler aux pieds ce qui est en travers de son chemin — je n'arrive pas à comprendre que tant de gens en Allemagne, même parmi les meilleurs, ne voient pas cela, ou du moins ne tirent aucune leçon de ce qu'il écrit et dit. — Qui, parmi tous ces gens, a seulement lu ce livre à faire dresser les cheveux sur la tête qu'est *Mein Kampf* ?... » Plus tard, lorsque l'un de ces hitlériens de l'époque vint à Rome, il me déclara : « Quelle terrible misère, quelle humiliation, quel opprobre ne nous auraient-ils pas été épargnés, si en son temps nous avions écouté le nonce Pacelli ! »

Même si le départ de Munich avait été dur, le Nonce était à l'époque resté dans le pays. Mais maintenant, il fallait quitter pour toujours l'Allemagne, qui lui avait si longtemps tenu lieu de patrie. Aussi régna-t-il pendant les dernières journées une véritable atmosphère de deuil. L'ultime messe ! Elle nous avait toujours profondément marqués, mais, cette fois, l'émotion était telle que tous avaient les larmes aux yeux, et la bénédiction finale fut aussi une bénédiction d'adieu à l'Allemagne. Même le jour du départ fut encore une journée de travail, remplie jusqu'à la dernière minute. Pendant ce temps, dans le courant de l'après-midi, la nonciature fut assiégée de gens de tous rangs. Vers le soir, on entendit de la musique. Puis les abords de la maison s'éclairèrent. Des milliers de porteurs de torches avaient fait leur apparition pour accompagner le Nonce à la gare. La voiture ouverte traversa une foule innombrable, qui, de part et d'autre, faisait la haie. Ce fut un cortège triomphal d'amour et de fidélité, une ardente profession de foi du Berlin catholique, telle que l'on ne peut en imaginer de plus impressionnante et de plus émouvante. Nous aussi, les religieuses, nous allâmes avec le Nonce à la gare et nous fûmes les témoins, avec ces milliers de gens, du spectacle bouleversant de l'hommage rendu au représentant du Saint-Père.

Dans le « Fürstensaal », les délégués du gouvernement, le Corps diplomatique et de nombreuses autres personnalités de haut rang se rassemblèrent pour les adieux. On ne se lassait pas de voir les manifestations d'enthousiasme et de cordiale reconnaissance auxquelles se livraient les gens de toutes professions et de tous les milieux, jeunes et vieux, grands et petits, envers le Nonce qui partait. Il était déjà dans le wagon que les plus hardis ne voulaient toujours pas s'éloigner. Ils firent la course avec le train en marche, jusqu'à ce que cela fût devenu vraiment dangereux. On restait là, comme fasciné, devant la gare, pouvant à peine croire que celui qui avait pris une telle signification aux yeux des Berlinois, au fil de toutes ses années d'activité dans la capitale, venait de faire à jamais ses adieux. Lorsque nous quittâmes la gare, quelques messieurs et dames s'avancèrent vers nous et nous dirent : « Nous ne sommes pas catholiques, mais il y a beaucoup de gens avec nous qui ont tenu à faire cortège à cet homme si noble, car non seulement les catholiques, mais nous aussi, nous perdons beaucoup avec son départ. »

Il était déjà tard lorsque nous, les religieuses, revînmes de la gare à la nonciature. Tout au long du chemin du retour, personne n'avait dit mot, et lorsque nous entrâmes dans cette maison qui nous était si chère, elle nous parut soudain étrangère. Nous n'eûmes pas envie de manger ce soir-là. Le conseiller de nonciature continua d'expédier les affaires courantes, et nous autres religieuses, restâmes dans les lieux jusqu'à ce que d'autres viennent occuper notre place.

Plus tard, je lus dans la *Deutsch-Evangelische Korrespondenz* les phrases suivantes, qui reflètent la haute estime que le nonce avait gagnée dans les milieux du protestantisme allemand :

« Il a représenté l'Église romaine en Allemagne d'une manière digne, active et très adroite. Avec une patience acharnée, sachant utiliser intelligemment l'occasion favorable, ne perdant jamais espoir, ne se laissant jamais dominer par les choses, il a, sans aucun doute, remporté pour elle des victoires : le concordat avec la Bavière et celui avec la Prusse. C'est avec un soupir intérieur de soulagement (mais qui ne peut qu'honorer ce diplomate, le plus adroit peut-être de la Curie) que de nombreuses personnes qui eurent affaire directement ou indirectement à lui et eurent à sentir les effets de son action, le verront maintenant partir. Car il leur a été (c'est sans doute hors de question) de bien loin supérieur dans l'art de la politique de l'État et de l'Église. Pour le Nonce qui part, pour le futur cardinal et même « papabile », les années passées en Allemagne n'auront pas été perdues. »

Les évêques allemands avaient initialement prévu d'offrir à l'ancien Nonce et maintenant secrétaire d'État une croix pectorale avec chaîne et anneau. Un ami de Pacelli dit au cardinal Bertram qu'il pourrait lui faire plus grand plaisir en lui installant un bureau. Le cardinal Bertram approuva volontiers cette proposition, et j'eus le droit de lui montrer ce que nous avions choisi. « Mais nous ne devrions pas offrir les armoires vides », dit Mgr Bertram, « je sais bien quel dévoreur de livres est Pacelli. Alors, renseignez-vous pour savoir quels livres lui manquent et nous remplirons les armoires de notre mieux. » La réponse de Rome ne tarda pas à arriver, et l'on put acheter tous les livres disponibles. Le bureau fut muni d'une petite plaque d'argent sur laquelle étaient gravés les noms des donateurs (les évêques allemands). A l'heure actuelle, ces beaux meubles, précieux travaux d'ébénisterie allemande, se trouvent encore dans le cabinet de travail du pape, puisque Pie XII a légué au Saint-Siège toute sa fortune personnelle.

Chambre à coucher, salle à manger, salon, bureau et même cuisine : nous avons eu le droit d'acheter tout cela, et, le choix fait, de le préparer pour l'expédier à Rome. Ainsi, le cardinal secrétaire d'État aurait-il là-bas — comme le disait Mgr Bertram — quelque chose pour lui rappeler éternellement ce pays où son action avait été une telle source de bénédictions — et où sa mémoire reste à jamais grande et lumineuse.

Nous, les religieuses, avions dès lors terminé notre tâche à Berlin. Les wagons contenant les meubles et les livres étaient en route pour Rome. Bientôt, nous aussi fûmes appelées à partir pour la Ville éternelle. Je pus partir la première, pour préparer au cardinal secrétaire d'État son nouveau foyer. Je partis volontiers, mais non sans angoisse cependant, car je ne parlais pas un mot d'italien. En outre, tout m'était étranger à Rome, car, à l'époque, les sœurs enseignantes de la Sainte-Croix n'avaient pas encore de maison dans la Ville éternelle.

Son Éminence Mgr Pacelli, durant les premiers mois, habita dans la maison de son frère. Que j'étais heureuse de pouvoir chaque soir y aller et parler un peu allemand ! Dans la journée j'étais dans l'appartement du cardinal, rempli d'ouvriers dont je ne comprenais pas la langue. Pourtant, avant longtemps, je fus capable de me faire suffisamment comprendre pour que le travail n'ait pas à en souffrir.

Quelle source d'édification pour moi que l'esprit vraiment chrétien qui régnait dans la maison Pacelli, et la manière distinguée et pourtant si modeste de se conduire de tous ses habitants ! L'âme de la maison, c'était le maître des lieux lui-même, le Marchese Francesco Pacelli, un gentilhomme d'une piété profonde et authentique, peut-être un peu plus dur et plus sévère que son frère. Malheureusement, il avait tôt perdu son épouse, qu'il aimait beaucoup. Je me souviens bien que le Nonce, lui aussi — il était encore à Munich —, avait déploré cette perte. Les quatre fils étaient encore très jeunes. Mais leur père, homme consciencieux et intelligent, savait les éduquer à la perfection. L'aîné, Carlo, était, à l'époque, marié depuis peu et sa jeune et gentille femme était la maîtresse de maison. Giuseppe, le second, avait été novice chez les jésuites et avait permis de fonder les plus belles espérances, mais il avait été récemment arraché par la mort à son père. Les deux plus jeunes, Marcantonio et Giulio, faisaient encore leurs études.

Le cardinal habitait un petit appartement qu'il occupait déjà avant sa nomination en Allemagne : un bureau et une chambre à coucher, et la chapelle dans laquelle la famille se retrouvait chaque matin pour la messe et chaque soir pour le chapelet en commun. Et voilà que leur frère et oncle leur était rendu pour un peu de temps. Tous s'en réjouissaient et profitaient du bonheur de l'avoir à nouveau au milieu d'eux, même si ce n'était que pour les courts moments de la prière et des repas. — Si les premiers temps, je souffris du mal du pays, je compris alors très bien ce que cette famille avait dû ressentir en son temps (et il ne faut pas oublier que la mère de Don Eugenio vivait encore à l'époque), lorsque le pape Benoît XV avait envoyé le nonce Pacelli en Allemagne.

Malheureusement, chez les religieuses allemandes qui m'hébergeaient, il ne m'était pas possible d'apprendre l'italien aussi vite qu'il m'eût été nécessaire. C'est pourquoi j'acceptai volontiers l'invitation d'une des sœurs du cardinal d'aller chez elle. Cette sœur devait par la suite être la seule de ses frères et sœurs à survivre au pape Pie XII. Dans cette famille aussi, je trouvai l'esprit le plus distingué, des cœurs cultivés et une piété profonde. Le beau-frère de Donna Betinna, Mgr Rossignani, habitait un appartement qui jouxtait le sien, et, ainsi, j'avais aussi la messe chaque matin dans la maison. Dans la journée, j'aidais à l'installation de l'appartement du cardinal secrétaire d'État, qui, après le départ du cardinal Gasparri, devait être rénové. Le soir, je ne pouvais m'entretenir avec la famille Rossignani qu'en italien, ce qui m'aida beaucoup à pouvoir bientôt le comprendre et le parler suffisamment pour subvenir à mes besoins. Dès que les travaux furent achevés et l'appartement installé, Son Éminence resta au Vatican. Lorsque les deux autres religieuses furent arrivées, nous pûmes toutes les trois reprendre notre service auprès de lui.

Comme Son Éminence fut heureuse de sa demeure « allemande » ! Comme ses beaux meubles au travail soigné lui plurent ! Il n'en avait encore rien vu, mais savait seulement que les évêques allemands voulaient lui offrir un bureau. Ce n'est que maintenant qu'il voyait qu'ils avaient, avec de bons amis, complété l'ensemble. Sa plus grande joie, ce furent les nombreux livres. Voyant qu'aux siens propres, on en avait encore tant ajouté de précieux, qui pouvaient si bien l'aider à résoudre les problèmes de l'Église universelle, il fut profondément ravi. La félicité avec laquelle il prenait les livres en mains, l'un après l'autre, et les examinait, nous réjouissait tous.

Tout l'aménagement de l'appartement devait par la suite servir non seulement neuf ans au cardinal secrétaire d'État, mais vingt ans encore au chef suprême de l'Église.

Cardinal secrétaire d'État ! Nous avons pu observer de très près ce que cette fonction représente. Et Son Éminence remplissait totalement sa tâche. Tout son temps n'appartenait qu'à Dieu et à sa nouvelle fonction. Comme autrefois dans les nonciatures de Munich et de Berlin — et si possible davantage encore —, son inflexible volonté de travailler devait utiliser chaque minute, pour subvenir à tout ce qu'il considérait comme son devoir. Le cardinal Pacelli affrontait cette nouvelle fonction avec une excellente préparation. Les nombreuses années passées comme « minutante » à la secrétairerie d'État, les riches expériences amassées durant ses treize années de nonce en Allemagne, sans oublier son zèle à parachever, partout et dans tous les domaines, sa culture par des études personnelles — tout cela lui était maintenant d'un très grand profit.

Quels beaux moments offrait le début de matinée avec la messe... Pour elle, le cardinal a toujours assez de temps. Rien ne peut venir lui raccourcir cette heure, même si le travail presse. Et sa « journée » se termine à 2 heures du matin ! (Il en était déjà ainsi dans les nonciatures, et le rythme fut conservé, jusqu'à ce qu'après la deuxième grave maladie de Pie XII, à presque 80 ans, le médecin lui ordonnât de s'arrêter au moins à minuit.)

Pour le cardinal Pacelli, sa nouvelle tâche était en fait un retour à des activités vaticanes qui lui étaient familières depuis des années. Les années passées en Allemagne avaient enrichi son expérience et son savoir. Il avait une connaissance on ne peut plus précise de ce pays et de ses problèmes politico-religieux. Toutes ces connaissances étaient pour sa fonction bien plus qu'utiles, puisqu'il s'agissait maintenant des problèmes de l'Église dans le monde entier. Et Pie XI s'en remettait à son secrétaire d'État et lui confiait sans cesse de nouvelles attributions, parce qu'il voyait qu'il se comportait magistralement dans ce rôle de « bras droit ». Désormais, Son Éminence dut enterrer à jamais le vœu si cher à son cœur de pouvoir exercer un ministère, mais il parvint à se mettre au-dessus de ces choses avec un remarquable naturel.

Fatigué et usé par le travail, le cardinal Pietro Gasparri avait remis ses fonctions au Saint-Père. Maintenant, il voyait avec plaisir son élève et ami prendre sa suite. Le cardinal Pacelli travaillait en silence « à l'ombre du Saint-Père ». Son activité coïncidait avec une époque où les tensions politiques étaient surabondantes. Mais sa confiance illimitée en Dieu et son infatigable joie de créer réalisèrent des miracles et confortèrent toujours plus le Saint-Père dans sa conviction qu'il avait fait là le meilleur des choix possible. Pie XI estimait son Secrétaire d'État, et la charge de travail de celui-ci en augmentait d'autant. Ce n'est qu'au prix d'une répartition et d'une exploitation extrêmement rigoureuses de chaque minute de son temps qu'il pouvait venir à bout de ce fardeau. Quelle chance qu'Eugenio Pacelli se fût accoutumé dès son enfance à une discipline de travail stricte !

La première année, Pie XI voulut emmener le Secrétaire d'État avec lui à Castel Gandolfo, mais Son Éminence demanda au Saint-Père de pouvoir rester au Vatican, parce qu'ils ne pouvaient pas être absents tous les deux. Le cardinal craignait aussi de ne plus pouvoir aller en automne travailler un mois au calme à la *Stella Maris*, sur le Lac de Constance.

Pie XI aimait la résidence d'été et y restait chaque année plusieurs mois. Le bon air, une chaleur un peu moindre qu'à Rome, un plus grand calme et le fait de séjourner dans cette région au paysage très attachant lui faisaient du bien, car sa santé n'était plus parfaite. Il travaillait pourtant comme au Vatican, aussi l'audience du cardinal secrétaire d'État était-elle fixée à Castel Gandolfo à 9 heures, comme à Rome. Au moins cinq minutes à l'avance, le cardinal se trouvait dans l'antichambre. Or il arriva une fois que le camérier fut en retard. Personne n'étant encore apparu au bout de dix minutes, le cardinal frappa lui-même sans plus de façons à la porte du bureau et entendit à l'intérieur répondre la voix grave du pape. Il entra en disant qu'il n'avait pas voulu faire attendre Sa Sainteté et que c'était pour cette raison qu'il venait en personne. Une ombre de mauvaise humeur passa sur le visage de Pie XI, mais l'audience commença là-dessus, et, comme elle dura ce jour-là particulièrement longtemps, le cardinal avait presque oublié l'incident. Lorsqu'il voulut se lever, l'audience finie, le Saint-Père lui demanda de rester et sonna le camérier. Alors s'abattirent sur celui-ci — ainsi qu'il me l'a lui-même raconté par la suite — des foudres telles que plus jamais il n'arriva en retard quand le cardinal secrétaire d'État avait une audience.

C'était une grande joie pour Son Éminence de pouvoir, par des sermons et des allocutions, s'associer au ministère pastoral, même s'il n'avait que peu de temps pour cela. Il y travaillait avec toute la précision possible, et la Villa Borghese, qui le voyait tous les jours faire sa promenade, pourrait confirmer à quel point il utilisait cette heure-là afin de pouvoir annoncer la parole de Dieu.

Lors des canonisations et des béatifications, on s'adressait à lui pour le panégyrique et il a toujours regretté de ne pouvoir répondre à toutes les demandes. — Quelle dignité son apparition et ses magnifiques sermons ne donnaient-ils pas à ces solennités ! Mais c'est pour le cardinal lui-même, tant surchargé de travail, que ces occasions de pouvoir, comme il le disait, être à nouveau pasteur d'âmes, représentaient l'expérience la plus profonde et la joie la plus pure.

Les quatre semaines annuelles passées à Rorschach servaient au cardinal en partie à mettre au point les sermons qu'il avait accepté de prononcer.

Mais chaque jour, il recevait aussi du Vatican le courrier et des messages téléphoniques qui le tenaient au courant de tout. Si la fin des vacances approchait, on entendait toujours dire : « Le Saint-Père fait demander si vous n'allez pas bientôt venir ! » Mais le cardinal avait vraiment besoin de cette période de détente, même s'il continuait toujours à travailler pendant ce temps. Et le moment n'allait pas tarder à arriver où il ne pourrait plus s'accorder aucun repos.

Pie XI avait l'habitude, à l'occasion de la fête ou de telle date marquante dans la vie du cardinal, de lui témoigner sa reconnaissance et sa gratitude. Son Éminence revenait alors toujours de l'audience avec un petit cadeau. Or c'était à nouveau le 2 juin, jour de sa fête. Nous attendions avec curiosité l'heure du repas pour voir ce que le Saint-Père avait offert à son Secrétaire d'État. Comme Son Éminence ne disait rien, je demandai comment l'audience s'était passée. « Pourquoi ? » demanda-t-il avec étonnement. « Mais c'est votre fête aujourd'hui. » « Ah oui », répliqua-t-il, encore entièrement plongé dans ses pensées, « le Saint-Père a oublié cela aujourd'hui. C'est d'ailleurs mieux ainsi, car l'audience a déjà duré très longtemps. » Mais quant à moi, j'étais déçue. Comme toujours, Son Éminence se rendit, après sa petite pause de midi, à la Villa Borghese. A peine était-il parti que le téléphone sonna. « Le Saint-Père prie le Cardinal de venir auprès de lui », nous dit-on. « Son Éminence est sortie », répondis-je, « mais dès qu'elle reviendra, elle sera prévenue. » « Voyez-vous », dis-je au cardinal un peu plus tard, « le Saint-Père s'est souvenu. » Mais il se contenta de dire : « Croyez-vous que le Saint-Père n'a rien de plus important à penser ? » Lorsqu'il revint enfin au bout d'un certain temps, il avait bien un petit paquet à la main, mais restait tout à fait silencieux. N'y tenant plus, je lui demandai si le Saint-Père lui avait offert ses vœux cette fois-ci, ce à quoi le cardinal répondit que oui. Ce n'est qu'un moment plus tard que j'appris que Son Éminence, faisant allusion aux événements de ces jours derniers — c'était justement le temps de la brouille avec Mussolini —, avait demandé au Saint-Père s'il ne lui était pas déjà arrivé de regretter de l'avoir fait secrétaire d'É- tat. A quoi Pie XI avait répondu : « Je considère comme la plus grande grâce de ma vie que de vous avoir à mes côtés. Si le pape venait à mourir, il y en aurait un autre demain, car l'Église continue. Mais si le cardinal Pacelli venait à mourir, ce serait un malheur bien plus grand, car il n'y en a qu'un. Je prie chaque jour que le Bon Dieu en fasse grandir un autre dans quelque séminaire, mais jusqu'à ce jour, il n'y en a qu'un au monde. » Puis il mit le petit paquet dans la main du cardinal, en disant : « Voilà les vœux que je forme pour vous ! Ce serait une bénédiction infinie pour la sainte Église...! » Le cadeau était une miniature représentant le Christ remettant les clefs à Pierre ! — Ainsi donc avait parlé Pie XI, dont tous ceux de son entou- rage savaient qu'il faisait rarement un éloge et jamais un compliment.

Nous, les religieuses, nous voyions le Pape Pie XI lorsqu'il remplissait ses fonctions sacrées à Saint-Pierre ou bien lors de circonstances ou d'audiences particulières. Lors de l'Année Sainte de 1933, il vint tant de pèlerins que les *baciamano* s'étiraient souvent jusque dans la nuit. Alors, nous avions l'occasion de voir le Saint-Père très souvent dans le corridor longeant l'appartement du cardinal Secrétaire d'État, car Pie XI avait l'habitude d'y passer. Or voilà qu'un dimanche, je revenais seule de Saint-Pierre, dans la matinée, et me rendais, comme toujours, à la Loggia en passant par la Sala Duca- le. Personne ne m'avait arrêtée, ce qui était sinon toujours le cas quand le Saint-Père était quelque part à proximité. Ouvrant la porte, je me trouvai, à l'improviste, face à face avec Sa Sainteté. Effrayée, je m'agenouillai. Le Saint-Père me bénit et continua son chemin, en parlant au Monsignore qui l'accompagnait. Puis, se retournant, il revint vers moi, cette fois seul. J'étais restée à genoux. Il me donna son anneau à baiser et me dit avec beaucoup de bonté : « *Sia molto attenta e sorvegli bene il mio carissimo cardinale...* » (« Soyez très attentive et surveillez bien mon très cher cardinal... »). Dans mon émotion, je ne compris pas le reste de ses paroles. Il me bénit encore une fois, posa sa main sur ma tête et reprit son chemin. Nous, les religieuses, eûmes encore quelquefois le bonheur de pouvoir parler au Saint-Père. Chaque fois il nous recommanda de prendre bien soin de son secrétaire d'État. On remarquait que c'était son grand souci de le garder en bonne santé à ses côtés.

Comme Pie XI savait quelle influence exceptionnellement bonne le cardinal Pacelli exerçait sur les autres, il le nomma légat pour le Congrès eucharistique de Buenos Aires, à l'automne 1934. Cette nouvelle fut accueillie avec un enthousiasme énorme, car c'était un événement très rare qu'un cardinal secrétaire d'État soit chargé d'une telle mission. Pendant le voyage déjà, il put exercer son ministère pastoral. Le reste de son temps fut rempli par les préparatifs et la mise au point des discours et allocutions qu'il devait tenir durant le congrès. Quel triomphe pour le Christ eucharistique que ces journées dans la capitale argentine ! Le légat se renseigna avec un grand intérêt pour savoir si tous les cercles de la population avaient bien été touchés et si partout régnait le même zèle et le même enthousiasme. Comme les interminables files de pénitents et de communiants le comblaient de félicité ! Lorsqu'il vit les foules innombrables venues assister aux cérémonies, une seule question revint sur ses lèvres : est-ce que tous ces gens sont d'abord allés rendre hommage au Seigneur dans la Sainte Eucharistie ? Lorsqu'on lui rapporta que devant sa maison, les gens avaient même veillé toute la nuit pour être le matin les premiers à le voir et à pouvoir recevoir sa bénédiction, cela l'attrista tout à fait : « C'est pour le Seigneur présent au Tabernacle et pour sa seule gloire que je suis ici ! » Mais on le rassura : c'était l'envoyé du Saint-Père que les gens voulaient voir.

Cela ne lui plaisait absolument pas de devoir faire même sa promenade en compagnie d'agents de la sécurité, et il inventa une ruse. La maison dans laquelle il habitait avait aussi une sortie sur la rue de derrière, en traversant le jardin. Vêtu en simple prêtre, il sortit seul et sans être remarqué, marchant sans but précis. Or il ne connaissait pas la ville, et arriva ainsi dans un quartier moins bien famé. Comment se fit-il qu'on le reconnut ? Il ne put le savoir. Toujours est-il qu'en un éclair, la nouvelle se répandit dans les rues : le cardinal est parmi nous ! Il parla amicalement avec les gens qui se pressaient autour de lui, répondit à leurs questions, distribua saluts et bénédictions de tous côtés et demanda si tous avaient déjà reçu les sacrements. Lorsque les agents de la sécurité, qui attendaient en vain le légat au portail principal de la maison, apprirent qu'il était sorti seul, ils se mirent à le chercher à travers toute la ville. Lorsqu'ils tombèrent enfin sur lui, le cardinal avait un grand nombre de gens autour de lui avec qui il s'entretenait très cordialement. Qui aurait pu, d'ailleurs, résister au charme de cette bonté et de cette simplicité ? Et comme ce quartier pauvre était fier de la visite du cardinal légat !

Tout le monde parla, à l'époque, de l'importance et du succès grandiose de ce congrès. A coup sûr, ce ne fut pas peu le mérite du légat, lequel fut bel et bien l'âme de toute l'entreprise et ne négligea rien qui pût augmenter le triomphe du Dieu de l'Eucharistie et étendre le règne du Christ-Roi.

Pie XI avait ordonné pour la clôture solennelle de l'Année Sainte de la Rédemption du Monde un triduum de prière et de sacrifice, qui devait commencer à Lourdes le 18 avril 1935. On se mit donc là-bas à faire des préparatifs. A nouveau, on demanda au Saint-Père un légat, et Pie XI envoya, cette fois encore, le Cardinal Pacelli. A peine cette nomination fut-elle connue que le frère de Son Éminence, Francesco Pacelli, qui était malade depuis un certain temps, mourut avec une rapidité inattendue. Aussi ne fut-il même pas donné au Cardinal de rendre les derniers honneurs à son frère, auquel il était lié par une profonde affection et qui avait rendu de si éminents services à l'Église. Le Cardinal ne fut pas seul à ressentir très profondément ce deuil ; Pie XI, lui aussi, fut très affecté par ce décès. « Allez chercher pour vous-même — et aussi pour Nous — force et consolation auprès de Notre-Dame de Lourdes ! », avait dit le Saint-Père au Cardinal, au moment de son départ.

Francesco Pacelli : comme ma dernière visite chez lui, Via Boezio, est restée gravée dans mon souvenir ! Sa maladie de cœur avait été causée par son zèle au service de la sainte Église, et il faut l'avoir vu de ses propres yeux pour savoir de quelle admirable façon il supportait son mal. Sur la fin, il ne lui était plus possible de beaucoup travailler, mais je le trouvai assis à son bureau, et, au cours de la conversation, je remarquai qu'il ne se faisait aucune illusion sur son état, bien qu'il fût encore dans ses meilleures années. « J'ai essayé de servir de mon mieux mon Dieu, la sainte Église et ma famille ; maintenant je m'en remets à Lui pour protéger les miens et prendre soin d'eux, et j'ai confiance de trouver en Dieu un juge miséricordieux et bon », me dit-il au moment de nous quitter.

Le triduum de Lourdes restera certainement pour tous ceux qui eurent le bonheur d'y participer, un souvenir inoubliable. Le voyage du légat fut à lui seul un trajet triomphal, et le flot de prières montant de la grotte de Massabielle aura sûrement appelé une surabondance de bénédictions sur l'humanité tout entière. Le moment culminant des cérémonies fut l'émouvant discours de clôture du légat, qui fut un témoignage éloquent de son profond amour de la Vierge Marie et un chaleureux éloge à la gloire de la petite, de la modeste Bernadette :

« [...] La Vierge immaculée, Reine de la Paix, descend sur la terre, en ce coin perdu des Pyrénées ; elle vient à Bernadette, elle en fait sa confidente, la collaboratrice, l'instrument de sa maternelle tendresse et de la miséricorde toute-puissante de son Fils pour restaurer le monde dans le Christ par une nouvelle et incomparable effusion de la Rédemption, pour délivrer non plus seulement la patrie, mais, avec elle, le monde entier d'une servitude autrement lourde et humiliante que celle du joug étranger : la servitude de la chair infirme et tyrannique, de la raison impuissante et orgueilleuse, du cœur désemparé et sceptique.

Avec quelles armes, grand Dieu, et quel mot d'ordre ! Elle doit, la pauvre petite fille des Soubirous, crier à ce monde léger ou impie, à ce monde vaniteux et sensuel : « Prière, pénitence, pénitence, pénitence ! »

Silence, ô Bernadette, silence ! Nous avons compris. Dans ton cri de : pénitence, pénitence, pénitence ! résonne celui de : la croix, la croix, la croix ! Tu es la messagère de Marie et du Christ qui nous a enseigné que quiconque ne prend pas sa croix pour le suivre n'est pas digne de lui. Toi aussi, tu porteras ta croix : la Vierge immaculée, qui connaît la douleur, ne t'a pas promis la félicité en ce bas monde. Ta vie sera elle aussi un chemin semé de toutes les peines, de toutes les douleurs du corps, de l'esprit, du cœur. Comme la bergère de Domrémy, toi aussi écoutant la voix du ciel qui t'appelle, tu auras ton martyre ; toi aussi, bergère de Lourdes, tu entreras dans l'histoire de France, dans l'histoire du monde, dans l'histoire de l'Église, dans l'histoire de la Rédemption, dans les splendeurs du ciel ; tu y entreras, tu n'en sortiras plus. [...] »

Même si le cardinal ne fut absent que peu de temps, il manquait beaucoup au Saint-Père. Je me souviens que Son Éminence dit au sortir de sa première audience, après le retour de Lourdes : « Je crois que le Saint-Père ne me laissera plus partir désormais. Il était si content que je sois à nouveau ici ! »

Du fait de la mort du Marchese Pacelli la place de « *Consigliere Generale della Città del Vaticano* » était devenue vacante. Un jour, le cardinal, revenant de l'audience auprès de Pie XI, fut très peu loquace à table et toucha à peine aux plats. « Ne vous sentez-vous pas bien, Éminence ? » demandai-je. « Si », répondit-il, « mais le Saint-Père veut nommer mon neveu Carlo, en tant que successeur de mon frère Francesco, au poste de *Consigliere Generale* de la Cité du Vatican et je n'ai pas pu le détourner de cette décision, quelque raison contraire que j'aie pu lui donner. » « Mais, Éminence, c'est tout de même une belle chose, pourquoi cela ne vous convient-il pas ? » « Vous ne comprenez rien du tout ! Carlo est trop jeune pour ce poste. On dira qu'il ne l'a eu que parce qu'il est mon neveu. » « Est-ce là une injustice, Éminence ? En outre, Pie XI connaît très bien Carlo. Il ne lui attribuerait sûrement pas cette fonction, s'il ne savait pas qu'il la mérite et que Carlo est à la hauteur de la tâche. » Mais ce fut une nouvelle rebuffade. — Peu de temps après, on entendit la sonnette de l'appartement : c'était Carlo, qui revenait de l'audience auprès de Pie XI.

Lorsqu'il voulut faire part de sa nomination à son oncle, il ne fut pas mieux reçu. Le cardinal craignait, à juste raison, que *L'Osservatore Romano* n'annonçât le soir même la nomination de Carlo Pacelli au poste de *Consigliere Generale*. C'est pourquoi il sollicita à nouveau une audience, qui lui fut aussitôt accordée, pour — si possible — annuler la décision. Mais il n'obtint rien d'autre que cette réponse, amicale, mais ferme : c'est le pape qui procède à cette nomination et non le cardinal Pacelli.

Plus tard aussi, lorsque Son Éminence Pacelli, devenu le pape Pie XII, occupa pendant près de vingt ans le trône de Pierre, ses neveux doués et travailleurs se virent sans cesse obligés de refuser des places honorifiques, et des places lucratives aussi, parce qu'ils savaient bien que le Saint-Père ne voulait pas qu'ils se mettent en avant de quelque manière que ce soit. Très souvent, on lui dit qu'en agissant ainsi il nuisait à sa famille. Mais on ne put jamais l'amener à donner son accord, et sans son accord, aucun des neveux n'eût osé accepter quoi que ce fût.

Un exemple m'est particulièrement resté en mémoire : on avait offert quelque poste honorifique et nullement voyant à l'un des neveux, et celui-ci l'eût très volontiers accepté. De divers côtés, on pria Pie XII de bien vouloir faire une exception pour ce cas-là et de permettre à son neveu d'endosser les fonctions en question. Le Saint-Père dit qu'il voulait y réfléchir, et l'on espérait déjà ne pas recevoir de refus cette fois-ci, parce que Mgr Tardini en personne le demandait également. Mais au bout de deux jours, la réponse fut : « J'ai réfléchi, j'ai prié à ce sujet et je pense que tu devrais y renoncer. » Lorsqu'on demanda à Pie XII pourquoi il était contre, il déclara : « Il y a certainement un très grand nombre de gens qui attendent ce beau poste et qui auraient alors à dire tout ce qu'on peut imaginer non seulement contre le neveu, mais aussi contre le pape. Je regrette beaucoup, mais il m'est possible d'éviter ici des médisances — même si c'est au détriment des miens. Il y a tant de choses où le devoir me dit d'agir et où je ne peux ni ne dois me taire. »

Septembre 1936 ! Sa Sainteté Pie XI avait accordé au Congrès International des Journalistes une audience au cours de laquelle il avait coutume de parler. Peu de jours avant la date fixée, il dit à son secrétaire d'État qu'il n'avait pas encore eu le temps de préparer son discours et il lui demanda de parler à sa place. Le cardinal était un peu stupéfait, car il ne lui restait plus que quelques jours pour remplir sa mission. Le 25 septembre arriva et, en présence du Saint-Père, le cardinal adressa, sans lire une seule note, la parole en sept langues différentes aux délégués du monde entier rassemblés là. Des participants rapportèrent par la suite que Pie XI avait écouté son secrétaire d'État avec une profonde émotion et les yeux brillants. Ensuite, prenant lui-même la parole, il avait, en termes chaleureux et cordiaux, remercié son « *veramente carissimo e mai tanto caro come ora Cardinale Segretario di Stato* ». Toutes les autres personnes furent elles aussi, très profondément émues, et ce fut une tempête d'applaudissements interminables. Nous qui étions restées à la maison et qui connaissions le revers de la médaille — le cardinal avait eu, en effet, si peu de temps pour se préparer ! —, nous lui demandâmes à son retour comment cela s'était passé. « Oh bien, dit-il, j'espère que ce sera aussi un profit pour les âmes des nombreux auditeurs ! » Lorsque, ensuite, le cardinal revint de l'audience, nous apprîmes quelle avait été la grande joie de Pie XI, qui l'avait reçu avec beaucoup d'émotion et avait qualifié son discours de « pentecostale » (une éloquence « de Pentecôte »).

Parmi les raisons qui poussaient sans cesse Son Éminence à travailler et à remplir son devoir avec un total dévouement et un zèle infatigable, on ne peut oublier la confiance illimitée et la grande affection de Pie XI. Le Saint-Père ne faisait pas mystère de ses sentiments, mais les montrait au contraire ouvertement aux cardinaux, évêques et autres visiteurs. Il n'était pas rare que l'un ou l'autre d'entre eux nous confirmât à quel point Pie XI était attaché à son secrétaire d'État, combien il l'estimait et l'affectionnait. Quoi d'étonnant dès lors à ce que le Pape l'ait envoyé aussi en 1936 en Amérique ?

C'est avec étonnement qu'on regarda les performances accomplies par le cardinal Pacelli durant son séjour en Amérique. Jeune prêtre déjà, on lui avait proposé une chaire à l'Université de Washington, mais il n'avait pu accepter parce que le pape Pie X ne le permettait pas. Le cardinal voulait connaître et étudier l'Amérique, sa situation religieuse, ses diocèses, ses évêques, ses églises et séminaires, ses écoles et ses hôpitaux. Sur l'eau, sur terre et dans les airs, il sillonna ce grand et vaste pays. Il s'entretint avec des cardinaux et des évêques, fut présent par la parole et par l'exemple dans les séminaires et les monastères. Il ne connut de repos que lorsque ses connaissances dans tous les domaines lui permirent de faire au Saint-Père une relation de la situation de l'Église en Amérique. Les universités s'estimaient heureuses de lui attribuer leur titre de docteur *honoris causa*, et le président, qui l'invita chez lui à Hyde-Park, lui fut, dès cette heure-là, très attaché.

Plus tard, un successeur du président écrira, lors du décès de Pie XII : « Une grande lumière s'est éteinte, le monde est devenu plus pauvre. » Et l'on dit qu'un autre grand homme d'État — Churchill — aurait déclaré après sa première audience avec Pie XII qu'il avait rencontré le plus grand homme vivant alors sur terre.

A son retour d'Amérique où il avait passé de si riches semaines, le cardinal, tout heureux, rapporta ses impressions au Saint-Père. Cette fois, Pie XI lui remit, au cours de l'audience, son portrait avec cette dédicace : « Pius PP. XI. Carissimo Cardinali suo Transatlantico Panamericano Eugenio Pacelli feliciter redeunti. 14.XI.36 » (Pie XI à son très cher Cardinal transatlantique et panaméricain Eugenio Pacelli, pour son heureux retour).

Et l'Amérique, elle aussi, était très heureuse d'avoir fait la connaissance du Cardinal, dont le renom s'était déjà partout répandu. Même si elles étaient fatigantes et entraînaient bien des sacrifices, de telles missions apportaient pourtant au Cardinal une distraction bienvenue dans ses lourdes fonctions de cardinal secrétaire d'État, auxquelles il se consacrait de toute son âme. Et surtout, ces entreprises correspondaient à son désir d'exercer un ministère (ce qui avait été, de tout temps, son idéal).

La situation en Allemagne, en particulier dans le domaine religieux, devint toujours plus insoutenable, et Pie XI se décida à publier une encyclique. Il savait très exactement que personne ne connaissait la situation mieux que son secrétaire d'État, et il lui confia ce travail. Comme dans tout ce que faisait le cardinal Pacelli, on commença d'abord par prendre les renseignements les plus précis. Il ne fallait rien négliger, rien omettre. Comme tout fut pesé, étudié ! Comme le cardinal Faulhaber se trouvait justement, lui aussi, à Rome, le secrétaire d'État le fit venir, et je me rappelle bien que les deux hommes revirent encore une fois tout le travail dans l'appartement privé du Cardinal, avant que le projet du secrétaire d'État fût soumis au Saint-Père. C'est que l'évolution funeste de l'Allemagne avait déjà fait souffrir le cardinal Pacelli durant toutes ces années où il lui avait fallu voir ce qu'Hitler essayait de faire d'un peuple que lui-même, pendant une si longue période, avait appris à connaître, à estimer et à aimer.

En mars 1937, l'encyclique *Mit brennender Sorge* éclata comme un coup de tonnerre, non seulement en Allemagne, mais dans le monde entier, et révéla la terrible situation.

La rage sans bornes avec laquelle ce document capital pour l'histoire du monde fut accueilli et avec laquelle on y répondit, démontre bien à quel point Hitler et sa suite se sentirent touchés. Dieu merci, le chef suprême de l'Église avait à ses côtés un homme duquel Hitler ne pouvait pas affirmer qu'il ne connût pas l'Allemagne et les Allemands.

Pie XI avait une ardente dévotion pour la petite sainte Thérèse de l'Enfant-Jésus de Lisieux. Lorsque la basilique construite en son honneur fut consacrée, il voulut au moins se faire représenter par un légat, puisqu'il ne pouvait y aller lui-même. A nouveau, le choix tomba sur son secrétaire d'État. C'était en juillet 1937. Son Éminence lui-même en fut surpris ; il dit qu'il irait volontiers et ferait de son mieux.

Comme deux ans plus tôt, à l'occasion du triduum de Lourdes, le gouvernement français avait à nouveau entouré l'accueil réservé au cardinal légat des plus grandes marques d'honneur et du plus grand éclat. Toutefois, à ce que rapportent des témoins oculaires, ce fut le légat lui-même qui, par sa dignité, par sa distinction empreinte de modestie, par son attitude authentiquement sacerdotale, impressionna tout le monde.

La consécration de la basilique elle-même déclencha le plus magnifique élan d'enthousiasme. On parla d'à peu près 400 000 personnes présentes à Lisieux. A partir de minuit, on célébra des messes sans interruption et l'on distribua la sainte communion. Ce fut la plus grande joie du légat que de constater cela.

Après la consécration du sanctuaire, le cardinal légat prononça son allocution. En termes chaleureux, il fit l'éloge de la petite sainte, modeste et aimante, qui ne connaissait d'autre désir sur terre que celui de voir l'amour aimé et de le voir susciter des apôtres qui parcourraient le monde à sa place, afin que tout honneur fût rendu au Bien-Aimé de son âme. Il dit d'elle qu'elle était un tabernacle où brûlait le feu ardent de l'amour de Dieu. Mais il dit aussi qu'elle était une fiancée de la Croix, répandant des roses sur les hommes, mais gardant pour elle les épines pour prouver ainsi son amour à son Dieu. Sans cesse interrompu par des tonnerres d'applaudissements, le légat termina son hymne à Thérèse de Lisieux qui correspondait tant à son âme simple, enfantine et pourtant si sublime. Une sainte et profonde émotion parcourut la foule immense, lorsqu'alors la voix, tremblante d'amour paternel, du Saint-Père lui-même retentit sur les ondes de la radio : « Notre très cher Fils et cardinal légat *a latere* porte au milieu de vous Notre personne : il vous parle en Notre nom ; il est par sa pieuse et éloquente parole Notre interprète [...] ».

Mais la mission du légat n'était pas encore achevée. De retour à Paris, il célébra dans la cathédrale Notre-Dame une messe pontificale et fit un sermon sur la mission de la France. Cette chaire avait vu les plus grands orateurs du pays ; celui qui maintenant y annonçait la parole de Dieu ne leur était pas inférieur. Il possédait aussi le courage de rappeler, avec toute l'ardeur de son âme, à ses auditeurs leur passé chrétien et de leur montrer ce qu'avait été jadis la grandeur de la France. — Les hommages et la liesse du peuple français accompagnèrent le retour du Cardinal légat à Rome.

A son arrivée, Son Éminence fut très frappée par la mauvaise mine du Saint-Père. « Maintenant, je ne partirai plus jamais ; je crois que ce n'est pas bon pour le Saint-Père », dit-elle.

Le cardinal secrétaire d'État était aussi archiprêtre de Saint-Pierre et devait, les jours de fête, y célébrer la messe pontificale ou assister le célébrant. L'un de ces jours-là, le Saint-Père manda le secrétaire d'État, mais celui-ci était encore à Saint-Pierre. Aussi un Monsignore y alla-t-il pour lui annoncer que le Saint-Père l'attendait. Revêtu de tous ses ornements, le cardinal se rendit directement à l'audience. « Que vous êtes beau, cardinal », dit le Saint-Père en le recevant (c'est ce que m'a raconté Monseigneur), « comme la *calda*, le *piviale* et le *triregno* vous siéront un jour, si déjà la *cappa magna* vous va si bien ! » (Pie XI appelait l'ample vêtement blanc du pape — la *falda* — « calda », parce qu'il était lui-même plutôt petit et un peu corpulent et qu'il transpirait beaucoup sous tous ses ornements pontificaux). Le cardinal, dit Monseigneur, devint rouge comme sa *cappa*, mais le Saint-Père se contenta de dire en souriant : « Cardinal, c'est aussi un don de Dieu que de pouvoir représenter comme vous le faites ! »

Le cardinal Pacelli aimait beaucoup ses fonctions d'archiprêtre de Saint-Pierre. C'est pourquoi il lui tenait à cœur qu'à Saint-Pierre, précisément, tout fût exemplaire et digne : tant de pèlerins y venaient du monde entier. Aussi, comme il s'est réjoui plus tard, alors qu'il était déjà pape, que se soit créée, dans le but de favoriser le recueillement et une digne célébration de la liturgie, une association de prêtres, se donnant pour tâche de former de jeunes garçons qui sachent servir la messe comme l'exige la sainteté du divin Sacrifice ! Il fit tout pour entretenir ce zèle, remercia très cordialement le fondateur, fit l'éloge de ces garçons en audience publique et exprima l'espoir que bientôt toutes les basiliques de Rome bénéficient d'une pareille disposition.

Ce qui me frappa immédiatement à Saint-Pierre (basilique qui me devint très chère), c'était que mon cher saint Joseph, mon patron, n'y eût pas d'autel. Le 19 mars cependant, j'observai que, partant du portail de la basilique, un beau tapis de feuillages et de fleurs conduisait à une chapelle voisine de la Pietà, que cette chapelle abritait un superbe tableau de saint Joseph et que l'autel était très joliment orné de fleurs et de cierges. Mais cette chapelle avait l'inconvénient de n'être ouverte que pour cette fête, et d'être fermée le reste de l'année par une grille artistiquement ouvragée. Or je trouvais cela tout simplement injuste envers le patron de la sainte Église. Aussi le dis-je à l'archiprêtre de Saint-Pierre, le priant de bien vouloir faire à saint Joseph l'honneur de pouvoir être vénéré toute l'année durant par la foule dans cette première de toutes les basiliques, mère des églises du monde entier. — Il me répondit qu'il était, certes, archiprêtre de Saint-Pierre, mais qu'en pareil cas, c'était d'abord le Saint-Père qui commandait...

Cela ne laissait pas de me préoccuper, et bientôt ma décision fut prise : j'écrirais au Saint-Père pour lui exposer le souhait cher à mon cœur. J'écrivis donc en demandant que l'on voulût bien transformer l'un des nombreux autels de Saint-Pierre en autel de saint Joseph ; le patron de la sainte Église ne manquerait pas d'en récompenser le Saint-Père, de lui venir en aide dans ses lourdes fonctions, de lui obtenir des grâces particulières pour ses responsabilités, etc.. Mais comment faire parvenir vraiment cette lettre entre les mains du Saint-Père ? Le plus simple eût été de prier le cardinal secrétaire d'État de l'emporter avec lui à l'audience — mais il me semblait l'entendre dire : « Occupez-vous de vos affaires et n'accablez pas le Saint-Père, qui est si occupé »... ou quelque chose du même genre ! Je connaissais bien quelqu'un d'autre dont je pouvais être sûre qu'il poserait la lettre sur le bureau du Saint-Père. Mais quelle signature mettre ? La lettre, si jamais elle devait avoir quelque succès, arriverait certainement entre les mains de l'archiprêtre, mais ensuite ?... Je ne voulais pas non plus écrire sous un faux nom, et c'est ainsi qu'après de longues réflexions, je décidai tout simplement de renverser le mien ; ce que je fis. — Évidemment, j'attendais avec impatience une réponse : viendrait-elle, et si oui, quand ? Or voici qu'au bout d'une dizaine de jours, le cardinal secrétaire d'État revenant de l'audience, me lança : « Madre, venez un peu par ici, vous avez écrit au Saint-Père ! » — « Qui, moi ! ? » — « Ne faites pas d'histoires, je connais bien votre style ! » — « Et alors ? Va-t-on installer un autel à Saint-Pierre, un qui soit vraiment digne, et très bien situé afin que saint Joseph puisse être vénéré par tous les pèlerins, etc... » — « Et maintenant, taisez-vous, et n'allez pas en plus donner trente-six instructions. » — « Oui, Éminence, je vous prie de m'excuser, mais n'oubliez rien de ce que j'ai demandé. » — « Et vous, pensez que cela prendra beaucoup de temps avant d'être fait, et attendez avec patience. » Il fallut effectivement beaucoup de patience, et j'eus encore souvent l'occasion de venir quémander (en dépit de l'interdiction) : « Quand donc sera-ce enfin prêt ? » Mais la chose se réalisa — et bien qu'au début, la mosaïque ne m'ait guère plu et que j'aie dit à saint Joseph : « Faites bien attention à ce que l'Enfant Jésus ne vous tombe pas des bras ! » — il était là tout de même, et l'on n'aurait pas pu lui donner une plus belle place ! De surcroît, le tabernacle fut placé sur l'autel. Que pouvais-je demander de plus ? Aucun de ceux qui viennent à Saint-Pierre ne peut manquer de voir saint Joseph, et je viens très souvent lui dire : « Pensez, mon cher saint Joseph, que c'est à moi que vous devez d'être à cette place. Vous savez ce dont j'ai besoin, aidez-moi, je vous en prie, et exaucez aussi les prières de tous ceux qui viennent ici avec confiance. »

Le cardinal Pacelli était très intéressé par les fouilles de Saint-Pierre et, à l'époque déjà, il aurait volontiers continué les recherches. Il racontait lui-même que l'archéologie l'avait toujours beaucoup attiré. Étudiant déjà, puis jeune prêtre, il passait bien des heures de loisir dans les Catacombes pour y faire des études poussées. Il connaissait si bien les Catacombes de saint Calixte qu'il y retrouvait parfaitement son chemin sans guide. Quoi d'étonnant à ce qu'à peine élevé sur le trône de Pierre, il s'attachât de toute son âme à faire avancer les fouilles au tombeau du Saint ? Les immenses difficultés d'ordre technique, archéologique et topographique qu'entraînait pareille entreprise, lui étaient fort bien connues, mais il n'avait pas peur. Son zèle ne reculait nullement devant les travaux les plus difficiles et dangereux. Toujours surchargé de soucis et de travaux, il prenait cependant le temps d'écouter ce qu'avaient à dire les infatigables chercheurs et ouvriers, de stimuler leur ardeur, de leur montrer sa reconnaissance, sa gratitude. Quelle ne fut pas sa joie de pouvoir annoncer au monde, à l'occasion du message de Noël 1950, les résultats extrêmement précieux qu'avaient donnés les fouilles !

Quelques lacunes très importantes restaient cependant encore à combler. C'est pourquoi commença en 1952 une nouvelle phase des recherches. La part la plus importante en revenait à Madame Margherita Guarducci, professeur à l'Université de Rome, spécialiste de l'épigraphie et de l'Antiquité gréco-romaine, dont Pie XII appréciait la formation et la méthode strictement scientifiques. Avec application, le professeur étudia les inscriptions murales apparues à proximité du tombeau de Pierre, et réussit la première à les déchiffrer. Le résultat fut la révélation d'une magnifique page de spiritualité chrétienne, concernant, entre autres, de nombreuses acclamations célébrant la victoire du Christ, de Pierre et de Marie. Le Saint-Père put presque voir la fin de ce travail, et sa joie en fut grande. Après sa mort, le professeur Guarducci combla la dernière lacune qui subsistait encore en identifiant les vraies reliques de saint Pierre. Après qu'on eut procédé aux études, analyses et contrôles les plus rigoureux, en collaboration avec d'autres savants, le résultat fut officiellement reconnu le 26 juin 1968 par le pape Paul VI. Le pape ordonna que l'on replaçât les reliques à l'endroit même où, 16 siècles auparavant, l'Empereur Constantin les avait placées, après les avoir fait retirer de la terre de la sépulture primitive.

Pie XII s'est certainement réjoui dans le ciel de l'achèvement de cette grande œuvre qu'il avait commencée et tant encouragée.

L'état de santé de Sa Sainteté Pie XI n'était plus des meilleurs. Aussi les audiences du secrétaire d'État devinrent-elles toujours plus longues. Le cardinal disait combien il remerciait Dieu que la confiance du Saint-Père envers lui fût si illimitée, en sorte que, si le Saint-Père ne pouvait plus travailler, rien cependant n'eût à souffrir de cet état de fait. Nul n'a jamais su qui faisait le travail, car le cardinal travaillait dans l'ombre et la discrétion, faisant preuve d'une fidélité aimante envers son noble maître.

Il y avait une chose que Pie XI, toutefois, n'avait pas perdue : c'était son bon sommeil ! Souvent le cardinal disait à quel point il en était heureux pour lui, car il savait bien lui-même ce qu'était l'insomnie. Pie XI aimait alors à dire qu'il avait dès le début pris l'habitude, avant d'entrer dans sa chambre à coucher, de laisser dans son bureau tous les soucis et toutes les pensées concernant le travail, et qu'ainsi, le sommeil venait aussitôt, sans que rien le dérangeât. « Si seulement je pouvais apprendre cela du Saint-Père », disait souvent le cardinal pour qui chaque gros souci entraînait une nuit blanche.

Pie XI restait d'ordinaire très longtemps dans sa résidence d'été. Aussi le cardinal secrétaire d'État devait-il toujours faire le chemin de Castel Gandolfo pour des audiences, et comme le Saint-Père craignait que le cardinal ne perdît ainsi beaucoup de temps, il lui conseillait de dormir un peu durant le trajet. « Dormir, Saint-Père, alors qu'il fait grand jour ? », disait Son Éminence, « le temps ne m'est jamais trop long ! A l'aller, je revois encore une fois tous les dossiers, afin de ne pas perdre de temps durant l'audience, et le retour me sert à bien répartir le travail à faire, ainsi aucune minute ne reste inemployée. »

Le cardinal ne connaissait d'ailleurs de Castel Gandolfo que le chemin qui allait de l'ascenseur à l'appartement du Saint-Père, les salles qu'il lui fallait traverser et le bureau du Pape. Ce n'est que lorsqu'il fut pape lui-même et qu'il alla aussi à Castel qu'il apprit à connaître la résidence.

Son Éminence avait cru qu'avec son dernier voyage à Lisieux auraient pris fin ses missions à l'étranger. Cependant, lorsque l'on demanda un légat pour le Congrès eucharistique mondial de Budapest en mai 1938, c'est lui qui fut à nouveau l'élu. Le Saint-Père voulait faire connaître partout son secrétaire d'État, parce qu'il était persuadé que nul autre ne pouvait mieux le représenter que le cardinal Pacelli.

C'est avec des honneurs royaux que l'envoyé du Pape fut reçu au pays de saint Stéphane. Le noble visiteur fut logé dans l'ancien palais royal. Le pays avait déployé toutes ses ressources pour rendre le congrès le plus beau possible ; pourtant, ici encore, ce fut l'envoyé du Pape lui-même qui, par sa personnalité hors du commun, donna aux cérémonies un éclat inhabituel. Les participants étaient venus du monde entier pour rendre hommage au Christ eucharistique et ajouter encore à sa gloire. Le légat loua, en sept langues différentes, l'amour de Dieu qui s'offre aux hommes pour leur donner à tous le bonheur éternel.

Souvenir inoubliable que la merveilleuse procession nocturne en bateau sur le Danube, au cours de laquelle le légat, entouré de cardinaux et évêques, traversa le fleuve en élevant bien haut l'ostensoir d'or avec la blanche hostie. Le dernier grand discours du légat révéla dans toute son ampleur le terrible et tragique combat que les athées livrent à l'Église afin de l'asservir. Il appela les hommes à écouter et à suivre les exhortations du chef de l'Église. Le cardinal légat prévoyait-il déjà le sombre avenir qui attendait le monde ?

« [...] Les disciples du Seigneur dont les yeux ne voulaient pas s'arracher à la vision de leur Maître transfiguré retournant vers le Père et de la nuée s'interposant entre Lui et les siens, sont ramenés par une voix angélique à la réalité terrestre et rappelés aux devoirs qui les attendent ici-bas. *Quid statis aspicientes in coelum ?* Tel est l'appel qui se répète en cette heure. [...] *Eritis mihi testes.* Ici, aux marches de l'autel, dans l'orbite sacrée de l'Eucharistie, s'est réveillée une fois de plus en nous la conscience réconfortante du *magnum pietatis sacramentum*, de l'union avec le Christ et de l'union réciproque dans le Christ en tant que grâce imméritée, héritage inestimable, loi impérative pour notre vie. Quelle grande chose pourrait devenir le monde, quelle grande chose que l'humanité si les convictions jaillies d'une telle expérience, si les résolutions s'imposant à la suite de telles convictions s'emparaient de la totalité des croyants et, au-delà d'eux, allaient partout se frayer un chemin dans les sphères où s'exercent les influences et se prennent les décisions dont dépend, du point de vue matériel ou spirituel, la forme de vie des individus et de la collectivité ! Quiconque recherchera les causes ultimes et profondes de cette misère extérieure et intérieure qui, par des pulsations toujours plus frénétiques, des accès de fièvre toujours plus impétueux, des symptômes toujours plus angoissants, tourmente l'humanité d'aujourd'hui — devra reconnaître, ou du moins pressentir qu'à la source la plus profonde et la plus cachée des causes de cette crise sans exemple fermente et suppure une dénutrition de l'âme, une anémie de l'esprit, une infection morale commencée depuis longtemps et prolongée sous mille formes ouvertes ou secrètes — un mal dont le vrai et durable remède ne pourra se trouver dans les seuls livres de la sagesse et de la science humaines. Si l'on ne réussit pas — sous une forme qui lui soit appropriée et unisse la vérité à l'amour — à ramener l'homme d'aujourd'hui vers les eaux vives auxquelles s'abreuvèrent des âges de plus grande foi ; si l'on ne réussit pas à lui faire retrouver, en tant qu'individu et membre de la société humaine, l'adhésion aux fondements religieux de son être ; à lui assigner, dans les rapports multiples de sa vie, une position morale ferme que veillent à lui faire tenir non pas uniquement les normes humaines et une contrainte extérieure, mais la majesté de la loi de Dieu — alors, on ne pourra plus arrêter le monde sur sa pente et le processus interne d'empoisonnement de la sphère individuelle et sociale sera irrésistible.

Où donc, bien-aimés, y a-t-il dans l'histoire de l'humanité une époque qui soit comparable à la nôtre par la grandeur des tâches qui lui sont proposées, par le désaccord sur les voies à suivre, par l'opposition des convictions et des avis, par le tour obstinément passionné des controverses belliqueuses qui ont déjà éclaté ou sont sur le point de se déclencher ? Vouloir surmonter ou ne serait-ce qu'atténuer de façon essentielle ces contrastes gigantesques et quasi diaboliques sur le plan et avec des moyens purement terrestres, représente un labeur de Sisyphe, dont l'idéalisme pourra, certes, mériter l'estime humaine, mais dont l'échec est inévitable. Et plus se fait sentir cette impossibilité dernière de surmonter les détresses du temps par des facteurs extérieurs de puissance, plus les fronts se durcissent ; plus tragique devient la confusion babylonienne qui règne entre les hommes, entre les intérêts, entre les peuples, entre les États ; plus s'éloigne la paix à laquelle, finalement, tout et tous aspirent. L'Église n'a pas pour vocation de prendre parti, dans les choses et dans les questions d'opportunité purement terrestres, entre les différents systèmes et méthodes qu'on peut envisager pour maîtriser les problèmes urgents du moment. Son action au service de la vérité, son apostolat universel d'amour excluent toute limitation, et tout durcissement de sa mission dans le sens d'une prise de parti unilatérale. [...]

L'Église se sait libre de toute étroitesse et de tous préjugés, libre de tout manque de compréhension envers les objectifs nouveaux et les nécessités temporelles. Elle ne se méfie pas des choses nouvelles parce qu'elles sont nouvelles. Elle ne tient pas aux choses anciennes parce qu'elles sont anciennes. Dans sa vision globale, chaque époque et chaque peuple ont leur place providentielle au sein du vaste plan de création et de rédemption de l'Éternel. [...]

Le Christ Notre Seigneur, devant lequel nous sommes ici rassemblés pour Lui rendre hommage, est envoyé à toutes les époques, et à la nôtre également. Si divers porte-parole de l'esprit contemporain — continuant ou accentuant d'anciennes erreurs — cherchent le bonheur individuel ou collectif sans le Christ, voire contre le Christ — alors est venue l'heure de l'*Eritis mihi testes*. Alors, c'est un devoir sacré pour ceux qui sont du côté du Christ et voient en Lui la Parole définitive que Dieu a adressée à l'humanité, de s'opposer à cette évolution fautive et de défendre, avec amour et intrépidité, l'*instaurare omnia in Christo*. [...]

Ce Congrès mondial s'est tenu sous le signe de l'Eucharistie, *vinculum amoris*. [...]

Portons le message de ce *vinculum amoris* au monde qui est déchiré, spirituellement fissuré, ensanglanté par des luttes fratricides et à la veille, peut-être, de nouvelles explosions de haine entre frères. [...] Animés par l'esprit du Christ, mûs par son amour, Le cherchant et ne cherchant que Lui, sa gloire et l'extension de son Royaume, ainsi que le salut de nos frères et sœurs, soit à l'intérieur, soit à l'extérieur de l'Église, aimons cette époque qui est la nôtre, malgré tous ses dangers et ses angoisses ; aimons-la justement à cause de ses dangers et de ses angoisses, et à cause de la difficulté de ses tâches — prêts à cet engagement total, inconditionnel et désintéressé sans lequel rien de grand ni de décisif ne peut se produire ! [...] »

De retour à Rome, Son Éminence vit aussitôt que le Saint-Père devait absolument se ménager. Plus que jamais il essaya de faire tout ce qui était humainement possible pour faciliter le travail à son noble maître. Il ne faisait toutefois jamais rien qui ne fût pleinement conforme aux plans du Saint-Père. Pie XI, de son côté, l'initiait à tout, lui disant en toute occasion : « Voilà encore une chose qu'il faut que vous sachiez, Cardinal ; il est bien que vous y accordiez votre attention, peut-être cela vous sera-t-il utile un jour, quand vous serez à ma place... » — « Aujourd'hui, cela a failli être trop pour moi », dit un jour le cardinal en revenant d'une audience, « parce que le Saint-Père, à tout propos, me signale ce que je devrai faire quand il ne sera plus... et moi, je lui ai dit : « Saint-Père, c'est là le seul point où Votre Sainteté ne peut plus commander ». Et Pie XI de me répondre : « Oui, vous avez raison, mais je dis ces choses à Celui qui commande, au Saint-Esprit ! » »

Bien que ses forces diminuassent à vue d'œil, le Saint-Père restait cependant tout à fait maître de ses facultés intellectuelles, et il les utilisa jusqu'au bout. S'il arrivait au pape d'être trop souffrant, il savait qu'il pouvait confier à son secrétaire d'État ce qui ne pouvait pas être remis à plus tard, car le cardinal ne s'écartait pas d'un cheveu de la volonté de son supérieur.

C'était durant les derniers mois avant le décès de Pie XI. Le Saint-Père avait convoqué à Rome les cardinaux allemands pour une importante consultation. Il les reçut en compagnie de son secrétaire d'État dans son appartement privé, parce que son état ne lui permettait pas de se rendre dans les salons officiels, qui se trouvaient un étage au-dessus. Après l'audience, qui dura plus de deux heures, le cardinal Faulhaber vint aussitôt me voir. Il me raconta qu'à la fin de la consultation, le Saint-Père, posant la main sur le bras de son secrétaire d'État, avait dit avec une grande émotion que, depuis deux ans, il n'était plus pape que de nom, car tout le travail reposait sur son secrétaire d'État. Ici, le cardinal Pacelli avait interrompu Pie XI : « Ma Padre Santo, Padre Santo... » Mais le Saint-Père avait poursuivi : « Laissez-moi parler. Je sais que personne n'a jamais su combien vous vous sacrifiez, mais vous » (dit-il en se tournant vers les cardinaux) « il importe que vous sachiez ce dont nous sommes redevables envers notre cardinal secrétaire d'État. Pensez-y quand je ne serai plus. » Le Saint-Père avait les larmes aux yeux, et nous tous avec lui — conclut le cardinal Faulhaber.

Arriva le dernier Noël qu'il fêta comme cardinal secrétaire d'État. Son Éminence lisait d'ordinaire les trois messes à la file, en commençant avant minuit. Les membres de la famille pouvaient y participer. Pauvres parents ! A cette époque-là déjà, ils en étaient réduits à la portion congrue, car ils ne voyaient le cardinal en tout et pour tout que deux fois dans l'année : pour sa fête et la nuit de Noël ! Je dis un jour à Son Éminence : « Pour rien au monde, je ne voudrais être votre sœur. Votre pauvre famille n'a jamais le droit de vous voir. » Mais il se contenta de sourire : « Si un jour j'ai plus de temps... » Nous, les religieuses, préparions après les messes une petite fête. Son Éminence parlait avec chacun des invités et se réjouissait de voir leur joie devant les menus cadeaux préparés pour eux. Mais ensuite il se retirait, tandis que nous, les religieuses, servions à la famille une petite collation.

Si le cardinal ne voyait les siens que si rarement, cela ne voulait pas dire pour autant qu'il ne les aimât point. Au contraire ! Il souffrait de savoir l'un ou l'autre d'entre eux malade ; il prenait régulièrement de leurs nouvelles ; il partageait, sans les voir, leurs joies et leurs peines. Que de fois nous rappelait-il le matin, avant la messe, que c'était la fête de l'un des siens, afin que, surtout, nous ne l'oubliions pas ! Après la messe, j'étais chargée de téléphoner aussitôt, de transmettre ses vœux et de dire qu'il avait pensé particulièrement à eux dans ses prières.

Déjà lorsqu'il était cardinal, il n'invitait jamais les siens à sa table. Secrétaire d'État, il devait assister assez souvent à des repas officiels. Mais il n'y allait que si c'était absolument indispensable, non seulement parce que son estomac était très délicat et qu'il se contentait de très peu, mais surtout parce qu'il considérait comme une grande perte de temps de rester longuement à table. Une demi-heure lui suffisait. Et cette demi-heure même, il l'utilisait encore à autre chose, en fixant l'heure du repas de façon à pouvoir entendre à la radio les nouvelles du jour ou, pour perfectionner sa culture personnelle, une émission linguistique en anglais ou en français.

Avec nous, les religieuses de la maison, Son Éminence ne parlait qu'allemand, pour ne pas perdre l'habitude. A l'occasion, il lui arrivait, si quelqu'un s'oubliait et disait quelque chose en italien, de répondre aussitôt en allemand. Quel don précieux pour le cardinal secrétaire d'État que cette connaissance approfondie de diverses langues ! Il maîtrisait celles-ci non seulement lors des audiences avec les diplomates de tous pays, mais aussi lors de la rédaction des notes les plus difficiles concernant le droit canon ou la diplomatie.

Pie XI, qui se distinguait lui aussi par l'étendue de son savoir mais qui était moins formé aux langues, ne cessait d'admirer le cardinal sur ce plan-là également, avec la joie d'un père devant les talents de son fils.

Neuf années durant, le cardinal Pacelli a rempli les fonctions de secrétaire d'État et servi le Saint-Père dont il était le plus étroit et le plus fidèle collaborateur. « J'ai connu, disait le cardinal lui-même, chaque pensée de Pie XI concernant le gouvernement de l'Église, puisqu'il m'accordait une confiance totale. Mais je n'ai jamais non plus, au long de ces neuf années, dit oui au Saint-Père quand je pensais non, ni jamais non quand je pensais oui. » Je me souviens nettement que le cardinal fut un soir appelé auprès du Saint-Père. Plusieurs heures s'écoulèrent, et l'heure du dîner était depuis longtemps passée lorsqu'il entra, très pâle, dans l'appartement. Au moment de passer à table, le cardinal dit — comme en se parlant à lui-même — : « Je ne pouvais faire autrement. J'étais obligé de dire au Saint-Père : sur ce point, je ne peux pas vous suivre, il faudra que Votre Sainteté fasse cela sans son secrétaire d'État. La responsabilité est entre les mains de Votre Sainteté — mais je ne puis agir autrement ! »

La sincérité absolue qui régnait entre Pie XI et le cardinal Pacelli a sans doute contribué, de manière décisive, à l'harmonieuse collaboration de ces deux hommes aux natures, au fond, si différentes.

Malheureusement, les forces de Pie XI diminuaient à vue d'œil. Travail et audiences durent être réduits au minimum. Cependant, ni lui ni son entourage ne croyaient à une fin si rapide.

Le Saint-Père travaillait encore, par un effort de toute sa volonté, à une allocution destinée à l'ensemble de l'épiscopat italien. Sa clairvoyance et peut-être aussi déjà la vision de l'au-delà lui disaient qu'un très grave malheur attendait le monde. Rassemblant ses dernières forces, il voulait conjurer ce sombre avenir. Le 11 février, anniversaire de son couronnement, il aurait dû encore une fois se faire entendre du monde. Mais le Saint-Père ne devait pas voir ce jour... Dès le 8 février, son état était devenu très critique. Le cardinal était en grand souci. Lorsque, dans la nuit, la fièvre du malade monta, on sut que tout secours humain serait désormais voué à l'échec. Le Saint-Père reçut les derniers sacrements avec une parfaite lucidité et se prépara à mourir. Lorsque Son Éminence revint, tard le soir, du chevet du Pape mourant, existait encore une lueur d'espoir. Mais elle s'évanouit lorsque nous entendîmes le téléphone sonner à 1 heure du matin. Le cardinal qui, comme toujours à cette heure-là, était encore au travail, monta aussitôt. Nous, les religieuses, nous rendîmes à la chapelle, car nous redoutions que cet appel au milieu de la nuit ne puisse signifier que le pire. Ce n'est que vers 6 heures du matin que Son Éminence revint nous annoncer que le Saint-Père avait rendu son âme à Dieu.

Comme le départ de ce grand pape fut déploré dans le monde entier, en particulier par son fidèle cardinal secrétaire d'État Pacelli ! Lorsque celui-ci s'apprêta à célébrer la messe pour le pontife défunt, la douleur se lisait clairement sur son visage. Lui-même et toutes les personnes présentes pleuraient. — Se rendant, après la cérémonie, dans son appartement, le cardinal dit, en passant devant l'ascenseur : « Il y a exactement neuf ans aujourd'hui que j'ai emprunté cet ascenseur pour la première fois, afin de me rendre à ma première audience auprès du Saint-Père en tant que son secrétaire d'État. »

Le monde entier a aimé et vénéré le grand Pontife Pie XI. Les milliers de personnes qui défilèrent devant son catafalque en apportèrent le témoignage. Le cardinal ne cessait de dire : « Il a mérité cet hommage, il l'a parfaitement mérité ! » Et seuls ceux qui ont pu l'approcher chez lui, dans la solitude, ont pu vraiment voir à quel point il souffrit lui-même de cette perte.

On s'est très souvent demandé comment deux caractères aussi radicalement différents que Pie XI et son secrétaire d'État ont pu s'entendre si bien. Un jour, rassemblant mon courage, j'en fis la question à Son Éminence en personne. Le cardinal répondit : « Pie XI est un grand et saint pape. Là où l'intelligence humaine et le jugement personnel veulent prendre des voies qui divergent de la sienne, il faut savoir que le pape a une mission divine à remplir. Que de fois j'ai plaint le Saint-Père d'être toujours obligé de prendre aussitôt sa décision et de ne pas avoir la tâche aussi facile que moi. S'il m'arrive de ne pas être sûr de moi ou si je veux d'abord approfondir une affaire, j'ai toujours la ressource de pouvoir dire que j'en réfèrerai au plus haut niveau. Le Saint-Père ne le peut pas. Sur lui repose tout le poids de la responsabilité. Et l'on voudrait que je ne lui facilite pas ses fonctions, du mieux que je le peux ? »

5

Pastor angelicus

Le cardinal Pacelli n'était plus désormais secrétaire d'État, mais camerlingue de la sainte Église romaine. Pour lui qui aimait vraiment Pie XI de tout son cœur, quelles fonctions pénibles que celles-là précisément ! Lorsque le pape défunt fut porté dans la Chapelle Sixtine, le cardinal Pacelli marchait en tête derrière le cercueil. A le voir, on comprenait fort bien combien il lui en coûtait de faire ce chemin.

Nous, à la maison, n'avons pas vu grand-chose du travail du cardinal en tant que camerlingue, car il nous avait donné aussitôt l'ordre de tout mettre en caisses et de vider tout l'appartement. Lui-même profitait de chaque minute libre pour mettre en ordre tous ses papiers et documents et les étiqueter pour pouvoir les envoyer, parfaitement classés et rangés, à la secrétairerie d'État. Tout l'appartement était plein de caisses et de valises, car le cardinal voulait quitter le Vatican aussitôt après le conclave. Comme il était content chaque fois que, revenant de son travail de camerlingue, il trouvait de nouvelles caisses et valises prêtes à partir. Pour stimuler notre zèle, il nous laissait entrevoir le bonheur d'être très bientôt à *Stella Maris*, à Rorschach, et de pouvoir nous reposer.

« Vos passeports sont-ils en règle ? », nous dit-il un matin. — « Mais, Éminence, il sera encore temps de s'en occuper plus tard. » — « Non, non ! Le mien est déjà prêt », — Son Éminence y avait déjà fait apposer le visa suisse —, « il vaut mieux ne pas être obligé d'attendre quand le moment du départ sera venu. » Ainsi ne nous resta-t-il plus qu'à préparer aussi nos passeports.

Pendant le conclave, nous pûmes rester dans les lieux, car l'appartement du cardinal devint la *Cella n° 13*. « Quelle bénédiction de pouvoir rester seul, de pouvoir manger seul et de ne pas être obligé de perdre du temps à parler beaucoup ! », dit le cardinal lorsqu'il apprit cette décision.

A ses activités de camerlingue s'ajoutait une quantité énorme de travail. Les télégrammes et lettres de condoléances arrivaient par pleines corbeilles. Il fallait au moins donner une réponse personnelle aux grands de ce monde. Entre-temps, il fallut condamner tous les volets des fenêtres, petites et grandes, qui donnaient sur la place Saint-Pierre. Sous peine d'excommunication, il était interdit d'ouvrir quoi que ce soit. Cela ne nous dérangeait pas. Toutes ces pièces étaient de toute façon déjà vides, et tous les livres et autres objets bien rangés dans les caisses et les valises. Ces pièces ne servaient plus à Son Éminence que de passage pour se rendre à la Chapelle Sixtine.

Comme le cardinal fut content lorsqu'au soir du 1er mars 1939, après avoir achevé son travail de camerlingue, il put se rendre dans son appartement, y manger et y dormir, bien que toutes les pièces fussent complètement vides. Il y eut plus d'un moment de gaieté lorsqu'en cherchant quelque chose, l'on se souvenait soudain que c'était inutile, la chose en question étant depuis longtemps enfouie au fond d'une caisse. Son Éminence était cependant satisfait que tout fût déjà empaqueté et que — le conclave une fois passé — il n'y eût plus que les meubles à déménager (car ceux-ci lui appartenaient). Cette dernière soirée avant le jour de l'élection fut comme toutes les autres. Le chapelet récité en commun vint clore pour nous la journée, tandis que le cardinal continua à prier et travailler comme toujours jusqu'au petit matin.

Aux premières heures du 2 mars, nous attendions tous dans l'antichambre de la chapelle pour offrir à Son Éminence nos vœux d'anniversaire. Il n'aimait guère recevoir de félicitations, et ce jour-là se contenta de dire en faisant un geste amical : « Priez, priez, pour que tout se passe bien ! »

Puis ce fut la messe — ici, on avait l'impression que rien ne pouvait venir affliger le cardinal et qu'il faisait descendre Dieu sur terre. Après le petit déjeuner, il se rendit à la Chapelle Sixtine, comme il se rendait autrefois à l'audience du Saint-Père.

Nous, dans la *Cella n° 13* ne savions, n'entendions et ne voyions rien de la foule massée sur la place Saint-Pierre ; en effet, tous les volets et toutes les fenêtres étaient fermés. En outre, il était interdit d'y aller. Et puis, il y avait encore beaucoup à faire, car lorsque Son Éminence reviendrait, elle voudrait voir les dernières caisses et valises prêtes. Le gâteau d'anniversaire avec les 63 bougies devrait aussi être prêt, même si elle n'y touchait pas.

Le cardinal revint après le premier scrutin — calme et maître de lui comme toujours. La curiosité nous eût bien fait poser des questions, mais nous ne dîmes pas un mot devant le sérieux et la gravité répandus sur sa personne.

« Tout est prêt maintenant, sauf cette dernière caisse qui peut sûrement attendre jusqu'à demain, n'est-ce pas, Éminence ? », osai-je dire ; « en outre nous sommes aussi toutes très fatiguées. » — « Non, non, dit-il d'une voix calme et claire, il ne faut rien remettre à plus tard. Nous nous reposerons tous ensemble quand tout sera passé ! » J'étais déçue, mais je lus aussitôt dans les yeux du cardinal qu'il m'avait devinée.

Lorsque vint le moment de la promenade, le cardinal fut à l'heure pour sortir. « Aujourd'hui il me faudra tourner en rond autour de la cour Saint-Damase, il n'y a pas moyen de faire autrement », dit-il en quittant l'appartement, le bréviaire à la main. Au bout d'une heure exactement, Son Éminence revint pour se préparer à aller dans la Chapelle Sixtine. Tout ce qu'il faisait était comme d'ordinaire empreint de calme, de réflexion, d'équilibre, dépourvu du moindre signe d'énervement.

Il était environ 17 h 30. Nous étions encore tout à fait occupées à ranger et à faire les valises, lorsque, montant de la place Saint-Pierre, nous parvinrent des cris et des applaudissements prolongés. Mais personne n'eût osé aller à une fenêtre et personne ne vint nous dire quoi que ce soit. Nous attendîmes donc — jusqu'à ce que la porte du grand bureau s'ouvrît. Sur le seuil apparut la haute et mince silhouette familière — cette fois-ci vêtue de blanc —, entourée du maître des cérémonies et d'autres prélats, qui, toutefois, se retirèrent aussitôt. — Ce n'était plus le cardinal Pacelli, c'était le pape Pie XII, qui, de retour de la première adoration dans la Sixtine, revenait chez lui.

Qui pourrait oublier un pareil moment ? En pleurant, nous, trois religieuses nous agenouillâmes et baisâmes pour la première fois la main du Saint-Père. Le Saint-Père, lui aussi, avait les yeux humides. Se regardant, il dit simplement : « Voyez ce qu'on m'a fait... ! » Les mots manquaient — il n'y a pas de mots dans certaines situations —, et il n'y avait pas beaucoup de temps non plus, car déjà les prélats revenaient pour emmener le Saint-Père à la prochaine adoration.

Bientôt arrivèrent proches parents et amis intimes, qui voulaient féliciter le Saint-Père. On ne pouvait presque pas parler, pour la raison bien simple que la voix s'y refusait. Et l'on ne pouvait pas non plus retenir ses larmes. On ne savait si ce qui émouvait le cœur était douleur ou joie.

Le Saint-Père fut d'une extrême bonté envers tous ceux qu'il rencontra après son retour à l'appartement. Mais maintenant son visage blême montrait une très grande fatigue. Lorsqu'il put enfin se libérer, il se laissa tomber dans un fauteuil et pendant plusieurs minutes recouvrit son visage de ses deux mains. En toute hâte, nous ressortîmes des paquets ce qui était nécessaire, mais nous étions toutes trop émues pour pouvoir faire du bon travail. Lorsque le cardinal Faulhaber se présenta à la porte et demanda à me voir, je vis qu'il n'était pas dans un état fort différent. « *Madre,* se contenta-t-il de dire, sans avoir honte des larmes qui coulaient sur ses joues, « je reviendrai, quand nous pourrons parler tous les deux. » Et il referma la porte derrière lui.

La place Saint-Pierre tout entière était encore pleine de gens poussant des acclamations. C'est à ce moment-là seulement que quelqu'un eut l'idée d'ouvrir les volets et de regarder cette marée humaine au-dessus de laquelle avait retenti, il y a peu de temps, pour la première fois, la bénédiction du nouveau pontife. C'était comme si les gens ne pouvaient s'arracher à l'endroit où ils avaient entendu l'heureuse nouvelle. Sans cesse reprenaient les cris de : « *Viva il Papa, viva Pio XII. Viva, viva il Papa Romano di Roma !* »

C'étaient les Romains, tout particulièrement, qui étaient heureux de voir à nouveau, après tant de temps, l'un des leurs sur le trône de Pierre !

Il était temps de penser à une petite collation du soir ! Quant à changer de vêtements, le Saint-Père n'en avait pas besoin aujourd'hui, car il n'avait provisoirement qu'une seule soutane (qui ne lui allait d'ailleurs pas du tout). On entendait jusque dans la salle à manger les acclamations montant de la place Saint-Pierre. Après le dîner, auquel Pie XII toucha à peine, on se rendit, comme chaque jour, à la chapelle pour réciter le chapelet. Le seul à pouvoir prier sans s'arrêter, avec calme et recueillement, fut le Saint-Père. Nous autres devions sans cesse nous interrompre, parce que les larmes ne nous permettaient pas de continuer notre prière. Puis, pour la première fois, Sa Sainteté Pie XII nous donna la bénédiction du soir — celle-là même que, neuf années durant, nous avait donnée le cardinal Pacelli. Pour nous, la journée était terminée ; pour le Saint-Père, elle continua, même aujourd'hui, et ne s'acheva sans doute, comme à l'accoutumée, qu'à 2 h du matin, alors que nous avions déjà plusieurs heures de sommeil derrière nous.

3 mars ! « La messe a lieu comme les autres jours », avait-il été dit la veille. Aussi tout était-il prêt à 7 h 30, comme toujours. Le Saint-Père arriva à l'heure. Nous, les religieuses, avions ce bonheur de pouvoir assister à sa première messe de pape. La petite chapelle toute simple de l'ancien secrétaire d'État m'apparut ce matin semblable à une magnifique cathédrale où le Vicaire du Christ offrait au Père éternel son premier sacrifice pontifical, pour obtenir force et énergie de Celui qui lui avait imposé un fardeau indiciblement lourd. Rien n'était changé en cette heure matinale si calme et pourtant tout était différent. L'action de grâces, elle aussi, semblait ne plus vouloir finir.

Puis le Saint-Père retrouva la vie de tous les jours avec ses exigences et ses devoirs. Maintenant que les condoléances étaient passées, commençaient les félicitations. Il y en avait des milliers. Le Pape n'avait pas le droit de perdre une minute, afin de lire et parcourir lui-même au moins les plus représentatives et les plus importantes. C'est par grandes corbeilles que les télégrammes et lettres arrivaient, souvent trois fois par jour. Il fallait approuver ou corriger les réponses, accorder des audiences, recevoir les collaborateurs de la secrétairerie d'État — le travail s'accumulait vertigineusement. En outre, il fallait ressortir les documents les plus importants, qui étaient si bien entassés dans les caisses et les valises, et les remettre en place. « Cela, au moins, j'aurais pu me l'épargner », dit le Saint-Père lorsqu'il arriva à table, en retard et fourbu. « Et à vous aussi », ajouta-t-il en nous voyant penchées sur des caisses à demi-vides d'où nous sortions ce qui était le plus indispensable.

Le cardinal Pacelli avait toujours plaint Pie XI d'être obligé de faire sa promenade dans les jardins du Vatican. « Je ne voudrais pas de cela », disait-il souvent. « Tous ces jardins me font l'effet d'un cimetière. En plus, toujours marcher en rond — non, je ne pourrais pas faire cela ! » Lorsque Pie XII revint le premier jour de sa promenade, je lui demandai, pleine de compassion, comment cela s'était passé. « Oh, comme toujours », répondit-il amicalement. « Comme toujours ? », fis-je, étonnée. Alors, il se souvint et dit : « Maintenant, il faut bien qu'il en soit ainsi — s'il n'y avait rien de plus désagréable que cela... » C'était toujours ainsi. Tout ce qui le concernait personnellement, même si c'était contre son goût — il le surmontait avec autant de naturel que si cela n'eût pas existé. Pour lui, il n'y avait que Dieu, les âmes, son devoir, son travail, sa fonction, lui-même ne comptait pas. Plus tard, le Saint-Père a bien aimé les jardins du Vatican ; de toute façon, il n'y avait plus d'autre possibilité, et il lui fallait bien faire sa promenade.

Cette première journée fut claire et belle, mais pas chaude. Le tailleur n'avait pas encore apporté les vêtements; tout devait être blanc désormais. Nous avions déjà retiré les vêtements noirs des armoires. « Où est mon manteau noir ? » demanda le Saint-Père. « Mais, Saint-Père, vous ne pouvez plus porter de noir ! » « Croyez-vous que je veuille prendre froid pour autant ? Laissez aux gens le plaisir d'avoir quelque chose à dire. » Et le Saint-Père alla au jardin, le manteau noir passé sur sa soutane blanche. Vingt minutes ne s'étaient pas écoulées que le téléphone sonnait : « Qu'avez-vous fait ? »... « N'avez-vous pas vu que... » Et encore : « Pour l'amour du Ciel, faites donc attention... » Alors, nous pensâmes aux paroles du Saint-Père : « Laissez aux gens ce plaisir... » Mais le plus beau arriva au Saint-Père lui-même. Il raconta qu'un homme qui était en train de travailler derrière une haie, n'arrêtait pas de le fixer à travers le feuillage. Il s'avança finalement, s'agenouilla et dit : « Je ne voulais pas croire que c'était vous, Saint-Père ; un pape est vêtu de blanc, pas de noir et de blanc, ne le savez-vous pas encore ? » Pie XII répondit en riant qu'à l'avenir il s'en souviendrait.

Entre-temps nous avions à peu près remis la maison en ordre. Caisses et valises avaient disparu des pièces et des couloirs, lorsqu'approcha le jour du couronnement de Sa Sainteté. Dès le 4 mars, il avait, par son premier discours, retenu l'attention du monde entier. Désormais, il ne devait plus cesser d'étonner par sa sagesse toute imprégnée de Dieu et par la clarté de ses vues dans tous les domaines de la vie religieuse et sociale. Pour tous les hommes, il saura trouver le mot juste qui les encourage et les stimule. Il parlera à toutes les classes professionnelles, aux scientifiques, aux économistes, aux hommes politiques, mais aussi aux ouvriers, aux paysans et artisans, et tous se sentiront compris.

On avait dit au Saint-Père qu'il ne pourrait entrer dans l'*appartamento privato* que lorsque celui-ci serait rénové. Pie XI déjà, en particulier lors de sa dernière maladie, avait insisté auprès du cardinal Pacelli pour que son successeur fît rénover l'appartement de fond en comble. Pie XII voulut se persuader par lui-même de cette nécessité et monta avec deux messieurs à l'appartement. Nous aussi, nous eûmes le droit de pénétrer pour la première fois dans ces pièces. Cette inspection des lieux impressionna beaucoup le Saint-Père. L'appartement avait été déjà complètement vidé ; les fenêtres basses des grandes pièces créaient partout une atmosphère pesante ; je crus que c'était pour cela que le Saint-Père avait l'air abattu. Mais alors, nous l'entendîmes dire : « C'est ici que Pie XI m'a reçu pour la dernière fois » ; puis, entrant dans la chambre à coucher : « C'est là qu'il était étendu durant cette nuit inoubliable... ». Les yeux humides, il regagna la sortie sans accorder d'attention aux autres pièces. C'est là que nous avons vraiment compris combien le Saint-Père avait pu souffrir à la mort de Pie XI et combien il lui était proche. Le lendemain seulement, le Saint-Père demanda : « Que va devenir l'appartement du dessus ? » — « Ce que Votre Sainteté ordonnera ». Alors il chargea l'architecte de procéder dans l'appartement aux installations nécessaires, mais de façon toute simple, sans le moindre luxe. C'était bien là Pie XII : il ne souhaitait jamais rien pour lui-même. Tout lui suffisait. Malgré son sens marqué du beau et du délicat, il fallait que tout ce qui lui était destiné fût modeste et simple.

Le 12 mars approchait — c'était le jour du couronnement. La journée fut ensoleillée, un vrai jour de fête. Nous étions déjà allées de bonne heure à la messe, puisque le Saint-Père n'en célèbrerait pas à la maison. A notre retour, nous le trouvâmes dans la chapelle privée. Il était très pâle et semblait très fatigué. Que pouvait-il bien ressentir ce matin-là ? Par la suite, non plus, il n'arriva jamais à s'accoutumer à la fête du couronnement ; il disait souvent qu'il la supprimerait s'il le pouvait. Une messe, une canonisation ou une béatification, ou quelque autre cérémonie à Saint-Pierre, ou dans la Chapelle Sixtine — il acceptait tout cela. Mais la fête du couronnement en revanche, qui est tout entière consacrée à la personne du pape — c'en était vraiment trop pour sa modestie. Chaque année, il lui en coûtait un sacrifice renouvelé de subir cette fête et, quelques jours avant, on l'entendait déjà dire : « Voilà encore l'anniversaire du couronnement, on pourrait vraiment m'épargner cela. » Lorsqu'un jour, peu de temps avant cette fête, Mgr Tardini vint pour l'audience, je lui dis, au moment où il allait partir : « Excellence, ne pourriez-vous pas faire quelque chose, le Saint-Père veut tout simplement supprimer la fête du couronnement. » Mais Mgr

Tardini se montra fort mécontent : « Il ne convient pas de laisser tomber cette fête, et nous qui sommes ses proches, devrions tout faire pour l'en persuader. »

Mais lorsqu'en 1954, le Saint-Père fut gravement malade ce jour-là, il fut vraiment content que la fête du couronnement ne puisse avoir lieu ; et la dernière année de sa vie — en 1958 —, le triste procès contre l'évêque de Prato arriva fort à propos pour ne pas célébrer cette cérémonie.

Mais ce 12 mars, le Saint-Père dut subir cette fête, son propre couronnement, bon gré, mal gré. Ce fut un jour de fête, comme on ne peut en imaginer de plus radieux, ni de plus sublime. « Saint-Père, regardez donc la place Saint-Pierre », criions-nous, remplies d'enthousiasme. Il vint à la fenêtre pour ne pas nous décevoir, mais s'en détourna à nouveau rapidement. Sur la vaste place, ondulait une foule humaine innombrable, une féerie d'uniformes et de costumes pittoresques de toutes couleurs. Ici une dame distinguée, en robe de cérémonie, là un simple paysan. Jeunes et vieux, petits et grands, pauvres et riches — tous étaient venus rendre hommage au Vicaire du Christ qui devait recevoir aujourd'hui la triple couronne : la tiare. Et, par-dessus toute cette pompe et cette magnificence, retentissait ce cri repris à l'infini : « *Viva, viva, viva. Viva il Papa Pio XII, il Papa Romano di Roma !* »

Et la basilique Saint-Pierre, parée de tous ses atours, flamboyait, radieuse, au milieu d'un océan de lumière qui faisait étinceler dans toute leur beauté les riches et lourdes dorures de ses ornements. Tout était plein jusqu'à la dernière place. La foule immense bruissait et ondulait, attendant patiemment, depuis des heures, celui que tous connaissaient, aimaient et honoraient depuis des années, et qui devait aujourd'hui recevoir la plus haute dignité qui soit sur terre. Lorsque le Saint-Père eut quitté son appartement privé pour la Sala dei Paramenti, où on devait l'habiller pour la cérémonie, nous nous mîmes également en route pour Saint-Pierre. C'est de la Loggia San Longino, où nous avions déjà eu, durant toutes ces années, notre petite place secrète, que nous pûmes assister à la cérémonie. Peut-il y avoir chose plus belle sur cette terre ? Aucun de ceux qui ont eu le bonheur de participer à *ce* couronnement-*là*, ne pourra sans doute oublier cet événement impressionnant !

Déjà les trompettes d'argent annonçaient l'approche de celui qu'on attendait ! Une immense acclamation s'éleva, qui cependant retomba peu à peu, car, dans l'atrium se déroulait la première cérémonie d'hommage du chapitre de Saint-Pierre, dont Pie XII avait été l'archiprêtre durant de longues années.

Maintenant, il franchissait le seuil de Saint-Pierre, porté sur la sedia gestatoria. Que de fois il avait accueilli ici, en sa qualité d'archiprêtre, Pie XI, à qui il était attaché de tout son cœur et de toute son âme, et comment aurait-il pu s'empêcher aujourd'hui même de penser que Pie XI lui avait toujours prédit ce jour ! La chorale entonna dans l'allégresse : *Tu es Petrus*. Une tempête d'applaudissements se déchaîna : un tonnerre d'acclamations et de chants, une explosion de liesse tels qu'on eût cru que les murs allaient s'effondrer.

La longue procession s'était mise en mouvement. Le Prince héritier et la Princesse héritière d'Italie ouvraient le cortège des délégués, princes, nobles et ambassadeurs accourus de plus de cinquante pays ; tous les grands de ce monde, tous les peuples rendaient hommage au pape ! Tous ceux qui assistaient à ce spectacle grandiose, plein de dignité et de beauté, en étaient transportés d'enthousiasme.

Enfin le Saint-Père lui-même arriva. Le blanc de son long pluvial brodé d'or faisait encore paraître plus mince sa silhouette ascétique, et la mitre ornée de pierres précieuses accusait encore la pâleur de son visage aux traits fins. Ses belles et longues mains bénissaient et saluaient à droite et à gauche. A sa main droite qui bénissait, étincelait l'anneau du pêcheur. Tous les regards étaient tournés vers le Saint-Père, et c'est vers lui que montaient tous ces applaudissements — vers lui, représentant du Christ sur la terre.

A nouveau retentit le magnifique *Tu es Petrus*, cette fois-ci avec une telle puissance et une telle ampleur que les ovations diminuèrent un peu.

Puis le Saint-Père commença la messe du couronnement. Ceux qui avaient depuis des années le bonheur de pouvoir assister à sa messe, ne voyaient, aujourd'hui encore, au milieu de toute cette magnificence et de toute cette pompe extérieure, que le prêtre entièrement absorbé par le Saint Sacrifice et qui était pleinement conscient de ses fonctions sacrées. Avec quelle ferveur n'avait-il pas récité le *Confiteor*, entonné le *Credo* ! Quelle foi ardente animait le *Sursum Corda*, la *Préface* ! On put saisir chaque syllabe des paroles sacrées de la Consécration. Puis s'éleva le *Pater*. Jamais je n'oublierai son *Fiat voluntas tua*. (Je l'ai encore entendu très souvent le chanter, mais rarement, je crois, de façon plus émouvante que ce jour-là.)

Cette messe sublime s'acheva. A nouveau se déchaînèrent des tempêtes d'applaudissements qui ne voulaient pas s'arrêter. Tout le monde se hâta d'aller sur la place Saint-Pierre pour pouvoir être témoin du couronnement. Les milliers de gens qui n'avaient pas pu entrer dans la basilique, avaient attendu patiemment sur la place. Maintenant, tous les yeux se levaient vers la loggia décorée, où était dressé le trône du Saint-Père.

Nous rentrâmes à la maison, pour préparer le déjeuner du Saint-Père. Mais lorsque la musique militaire italienne attaqua l'hymne pontifical, nous allâmes à une fenêtre d'où l'on pouvait voir la loggia. Un enthousiasme indescriptible salua l'apparition de Pie XII. Il couvrait même les paroles lourdes de sens du rite du couronnement : « Reçois la tiare ornée de la triple couronne et sache que tu es le père des princes et des rois, le chef de l'univers, le vicaire de notre Rédempteur. A Lui l'honneur et la gloire pour les siècles des siècles ! » — L'allégresse se donna libre cours à travers l'hymne : « *Coronam auream super caput ejus...* » — Puis les bras du Saint-Père s'écartèrent largement en un geste inimitable, comme s'il voulait embrasser le monde entier, et les ondes portèrent, à travers l'éther, sa bénédiction *Urbi et Orbi* à tous les êtres humains. Longtemps encore Pie XII salua la foule qui l'acclamait. Rome avait-elle jamais vu pareille participation, pareille fête ?

Le Saint-Père était retourné dans son appartement privé, certainement très fatigué. Peu après — il était très tard entre-temps — il passa à table. Le silence s'était fait désormais autour du grand pape que le monde entier venait d'acclamer ; cette solitude sera la sienne pendant presque vingt ans, malgré toutes les grandes fêtes et cérémonies, dont ce pontificat béni sera jalonné.

Le moment de la solitude, qui vient sans doute pour chaque grand pape — ne pouvais-je m'empêcher de penser tandis que je le servais durant ce repas silencieux —, était déjà là : solide sans fuite possible. Le pape doit rester à son poste, qu'il aime la solitude ou non. Pie XII (j'ai pu observer cela durant près de quatre décennies) était de nature un homme gai et sérieux à la fois, mais enjoué et ouvert, et qui croyait toujours à la bonté humaine. Les longues et dures années de son pontificat ont peut-être, à l'extérieur, trop peu laissé paraître ce côté enjoué, mais je crois qu'elles l'ont aidé aussi à atteindre une communion totale et sereine avec Dieu !

Le Saint-Père était tellement taciturne que nous n'osions pas le féliciter. Un aimable hasard voulut que ce jour-là ses petits oiseaux lui fissent un concert de table particulièrement beau, si bien qu'il finit par interrompre son repas silencieux et alla leur ouvrir la cage. Se posant sur la table, les chaises et les autres meubles, les braves petits chanteurs lui tinrent un peu compagnie jusqu'à ce qu'avant de quitter la salle à manger, il les remette dans leur logis.

Même le jour du couronnement, il n'y eut qu'une demi-heure de sieste. Lorsqu'il revint de promenade, le Saint-Père avait quelque peu oublié le poids de cette journée. Nous, les religieuses, pûmes enfin le féliciter et lui dire combien la cérémonie avait été belle. Il fut heureux, parce que nous étions heureuses.

Tôt dans l'après-midi, le cardinal Faulhaber vint me voir et me demanda : « Vous souvenez-vous de la première messe du jeune nonce Pacelli, à laquelle j'avais, à l'époque, assisté à Munich, à l'occasion du Katholikentag ? Aujourd'hui pendant la cérémonie du couronnement, je revoyais sans cesse cette scène inoubliable : un Saint en train de célébrer la sainte messe. Ce sera sûrement l'un de nos plus grands papes, mais je sais aussi que ce pape est un saint ! »

A la porte se trouvaient des corbeilles pleines de télégrammes, des sacs pleins de courrier. Le Saint-Père ne laissa pas son ouvrage de côté, même le jour du couronnement, et travailla comme les autres jours. Il fallait encore dresser les listes des audiences pour les missions extérieures à recevoir, puis il travailla jusque tard dans la soirée — plus exactement jusqu'aux premières heures du jour suivant. Ces montagnes de courrier montraient l'immense intérêt pris par le monde entier à l'élection et au couronnement de Pie XII, pasteur suprême de l'Église. Cela le réjouissait certainement, bien que son humilité le rendît presque muet, lorsqu'on l'appelait « Saint-Père ».

Il apparaissait maintenant que le monde entier connaissait le Saint-Père. Tous les pays l'appelaient « leur » pape, car il avait sillonné presque le monde entier. Bien que le travail faillît l'écraser, il ne pouvait pourtant pas s'empêcher de rire quand on lui présentait des lettres de gens très simples le félicitant pour des fonctions où il pourrait se laisser aller, où il ne serait plus obligé de travailler autant qu'autrefois, quand il était encore en Allemagne et qu'il fallait toujours conclure des concordats. Tel autre paysan écrivait, dans sa simplicité : « Saint-Père, nous te félicitons tous très cordialement. Nous nous réjouissons tous que ce soit toi qui aies été élu pape, et nous savons maintenant pourquoi l'on dit "tu" au pape. C'est quelque chose qu'on ne dit qu'à quelqu'un qu'on aime vraiment bien, et le monde entier t'aime de tout cœur.» Une bonne petite vieille écrivait : « Saint-Père, je suis déjà très vieille, j'ai plus de 90 ans, mais j'ai toujours demandé au Bon Dieu de ne pas me laisser mourir avant de pouvoir te vénérer comme Vicaire du Christ, car j'étais sûre que tu deviendrais un jour pape. Maintenant je mourrai volontiers, car ma prière est exaucée. » [5]

Non seulement les enfants de l'Église, mais aussi des gens de l'extérieur se réjouissaient avec nous. De nombreux protestants et juifs témoignèrent par lettres la grande joie que leur donnait son élection.

Seuls ceux qui ont vécu ces jours-là, savent la somme de travail dont le Saint-Père eut à venir à bout les premiers temps de son pontificat. Il fallut de très nombreuses journées pour que les audiences et les montagnes de courrier diminuent un peu. Peut-être fut-ce une bonne chose que Pie XII à cette époque-là fût presque écrasé par son travail, car ainsi se dénoua plus facilement l'angoisse qui pesait, depuis le jour de son élection, sur son âme délicate. Comme il lui fallait, de par ses fonctions, jeter un coup d'œil sur la presse mondiale, il ne pouvait refuser de voir que l'impression faite sur le monde entier par son élection au pontificat suprême était exceptionnellement bonne. Tous les gens regardaient avec admiration cet homme qui connaissait leur langue et avait visité leur pays. L'Allemagne, pendant des années, avait connu les bienfaits de son action, et le peuple lui était attaché, le vénérait et l'aimait beaucoup (à l'exception de celui qui commandait ce peuple pour le moment et qui savait très exactement qu'il avait là, en face de lui, un ennemi déclaré). La France avait à plusieurs reprises reçu sa visite. Les Hongrois le considéraient, depuis le Congrès eucharistique, comme l'un des leurs ; l'Amérique était fière de lui parce qu'il était le premier pape qui ait posé le pied sur son sol et parcouru le pays entier. L'Espagne lui était bien connue, et l'Amérique du Sud ne lui était pas non plus étrangère. Par-dessus tout, il avait une réputation de très profonde piété et de haute autorité personnelle. *Pastor angelicus* : ainsi le nomme la prophétie des papes de Malachie. Comme ce nom va bien à Pie XII ! — Plusieurs années auparavant, à l'occasion d'un Katholikentag en Allemagne, un protestant l'avait déjà appelé *Angelus non Nuntius*.

5. Cet usage de tutoyer le pape n'est pas connu en France ; dans la suite, notre traduction n'en tiendra plus compte, sauf exception (N.d.T.).

Certes, la douceur, la simplicité et l'humanité, le silence plein de renoncement et l'intériorité de l'ascèse de Sa Sainteté Pie XII ont pu ne pas être du goût de tous, et peut-être que seuls pouvaient l'estimer pleinement ceux qui eurent le droit d'être toujours dans son entourage. Cependant tout le monde était obligé de reconnaître sa culture extraordinaire et vraiment universelle ainsi que sa supériorité intellectuelle — nonobstant toute sa simplicité, sa douceur et son amabilité. Plus il s'élevait, plus il semblait décroître par rapport à lui-même, et pourtant, aux yeux de ceux qui eurent le bonheur de toujours l'observer, il n'a cessé de grandir chaque jour davantage. Souvent me revenaient à l'esprit les paroles de Pie XI : «... ce serait une bénédiction infinie pour l'Église... ». Et Pie XII resta fidèle à lui-même durant les 20 années de son pontificat. Même maintenant, après son élévation à la dignité suprême, rien ne changea dans sa façon de vivre, modeste et simple. — Autant Pie XII était hostile à toute pompe, autant il savait cependant, là où c'était nécessaire, déployer aussi une véritable magnificence, quand ses éminentes fonctions et la dignité de sa position l'exigeaient.

Peu de jours après son élection, le Saint-Père me donna une somme d'argent assez importante. « Mettez cela dans le coffre-fort, dit-il, c'est Mgr Mariani qui me l'a donné, et c'est pour le budget domestique. » Mais bientôt, il réclama sur cette somme ceci et cela pour les pauvres et les nécessiteux, jusqu'à ce qu'il n'en restât plus rien, et les dépenses domestiques continuèrent d'être prélevées sur sa fortune personnelle, tout comme autrefois.

Durant les quelque 20 ans du pontificat de Pie XII, il en alla toujours ainsi. Toutes les dépenses domestiques et celles qui concernaient d'éventuels besoins personnels — d'ailleurs très modestes — furent financées sur ce qui lui appartenait en propre.

Avec les fonds de l'Église, le Saint-Père faisait preuve d'une grande économie. Il n'en était pas le maître, disait-il, seulement le gérant, et devrait un jour en rendre compte de manière stricte. Il en faisait de même avec les cadeaux, même s'ils lui étaient personnellement destinés.

Un seul fait, dont je me souviens particulièrement bien : peu après le début de la guerre, un prince de l'Église donna au Saint-Père une grosse somme d'argent avec la remarque expresse que celle-ci ne devait être utilisée que pour lui-même et pour des buts qui lui tenaient personnellement à cœur. Le cardinal mit cela par écrit, et le Saint-Père me remit, en même temps que cette lettre, l'importante somme en question pour qu'elle fût déposée dans le coffre-fort. Comme je connaissais le donateur, celui-ci me recommanda de faire bien attention à ce que cet argent fût vraiment utilisé pour le Saint-Père. Au bout de peu de semaines, il n'y avait plus que la lettre du Cardinal dans le coffre, sur laquelle le Saint-Père avait noté : pour deux chapelles dans la périphérie de Rome 50 millions, pour une école complètement détruite à X... 25 millions, pour le village bombardé de... 40 millions, etc. En un bref laps de temps, tout fut dépensé de ce don qui lui avait été expressément destiné en propre.

Semblables épisodes ne cessaient de se répéter, et jamais ces sommes ne furent utilisées autrement que pour soulager les détresses qui étaient les plus pressantes du moment.

Tout ce que l'on apportait d'autre au Saint-Père — sommes d'argent ou objets de valeur —, il le remettait immédiatement à la Secrétairerie d'État.

Autant Pie XII était soucieux de ne porter en rien atteinte aux biens de l'Église qui lui étaient confiés et d'éviter des dépenses non nécessaires — autant sa libéralité ne connaissait pas de limites quand il s'agissait de soulager une véritable détresse ; le monde entier a pu voir combien était grand et généreux le cœur du Père commun de la Chrétienté.

Augmenter sa fortune personnelle ne lui effleurait absolument pas l'esprit, au contraire : il ne savait pas du tout ce qu'il possédait, et on n'avait plus qu'à quémander sans cesse auprès des siens ce dont on avait besoin. C'est seulement quand il s'agissait de sommes assez grosses qu'il lui arrivait de demander : « Est-ce qu'il reste bien encore quelque chose ? » Dans ces cas-là, on avait affaire essentiellement à des demandes émanant de curés en faveur de leurs paroisses pauvres (ces demandes lui étaient présentées par la réserve personnelle) et en faveur des pauvres honteux. Aussi longtemps que sa cassette particulière avait quelque chose à donner, on pouvait être sûr de ne jamais essuyer de refus.

L'administration de sa fortune personnelle relevait, depuis la mort de son frère Francesco déjà, d'un vieux et fidèle fonctionnaire de l'*Administrazione Beni della Santa Sede*. Même lorsqu'il fut pape, Pie XII la lui laissa, car son neveu à qui il voulait la confier, demanda la permission de ne pas accepter. Le Commendatore Federici me demandait parfois : « Mais que faites-vous donc de l'argent du Saint-Père ? » Et une autre fois : « Vous dépensez tout, et il ne restera même plus assez pour acheter un cercueil. » Lorsque je racontai cela au Saint-Père, il dit en riant : « Dites au Commendatore Federici qu'il cherche quelqu'un pour m'offrir le cercueil, comme cela, il sera débarrassé de ce souci ! »

Après la mort de Federici, ce fut un fonctionnaire de la Secrétairerie d'État qui se chargea de l'administration, car Carlo, le neveu, réitéra sa demande d'être dispensé d'accepter.

C'est seulement lorsqu'on eut commencé les travaux dans l'appartement privé du Saint-Père qu'on s'aperçut qu'il y avait beaucoup plus à réparer et à faire qu'on n'avait cru d'abord. Comme la remise en état s'étalait sur un temps assez long, le Saint-Père partit s'installer à Castel Gandolfo. Il ne put revenir qu'à la fin de l'automne à Rome pour occuper son appartement entièrement rénové.

Celui-ci était tout à fait simple et sobre, mais élégant cependant. Pie XII n'avait pas eu le temps de s'occuper de la rénovation, mais faisait entièrement confiance à ceux qui se chargeaient du travail. Il n'en fut que plus heureux de son appartement, qu'il trouva installé à son goût. Il était l'ennemi de tout luxe et ne le supportait ni dans ses vêtements, ni dans son entourage. Il se contentait de lumière, d'air et de soleil, car cela lui semblait favoriser son travail. Il fut très heureux d'avoir largement de la place pour ses livres. Il possédait une très belle bibliothèque qui faisait sa grande joie. Dans le petit et dans le grand bureau se trouvaient les livres qu'il lui fallait toujours avoir sous la main pour son travail. La bibliothèque proprement dite comprenait cinq grandes salles, pleines de livres choisis. Il connaissait chacun d'eux et savait où était sa place. Le Père dont le travail essentiel était de s'occuper de la bibliothèque, se donnait beaucoup de peine pour que tout fût classé de manière aussi claire que possible, car, très souvent, le Saint-Père allait lui-même dans ces salles chercher les livres dont il avait besoin pour ses travaux du moment.

Comme sa bibliothèque augmentait à vue d'œil avec le temps, il fit installer des rayonnages métalliques supplémentaires au milieu des pièces, afin que ses livres soient en bonne place, bien classés. Parfois, il arrivait qu'on lui offrît les livres en double. Ces exemplaires-là avaient, eux aussi, une place particulière, et quand le Saint-Père connaissait quelqu'un à qui cela ferait plaisir, il les offrait en cadeau. Comme il maîtrisait toutes les langues importantes, il ne voulait utiliser les livres qu'en version originale. S'il s'agissait de vérifier une citation et si sa bibliothèque n'avait pas le livre en question dans la langue originale, il le faisait venir de la Bibliothèque Nationale ou d'une autre bibliothèque.

Un jour, on offrit au Saint-Père un ouvrage très important pour son travail ; c'était la version originale, mais sous reliure ordinaire : le livre fut mis immédiatement dans le grand bureau. Par la suite, on lui offrit le même livre, soigneusement relié en cuir, mais en traduction cette fois. Nous nous crûmes obligés de mettre l'ouvrage bien relié à la place d'honneur et l'autre avec les « *doppioni* », mais nous nous trompions. « Où sont passés les livres ? », demanda Pie XII. « Saint-Père, ceux-là sont non seulement les mêmes, mais encore bien mieux reliés. » Et lui de répondre : « La valeur d'un livre n'est pas dans sa reliure, et une traduction n'est jamais la même chose que l'original. » Il fallut sur-le-champ changer à nouveau les livres de place.

Pie XII était très soigneux de ses livres. Il était heureux que les plus beaux meubles de son appartement soient les bibliothèques. Il ne s'occupait pas du tout de ce qu'il fallait transporter chaque année à Castel Gandolfo ; mais, pour ce qui est de ses livres, il s'en chargeait personnellement, les choisissait et indiquait lesquels on devait emmener. Puis il recommandait d'être bien prudent et soigneux afin qu'aucun livre ne fût abîmé ni ne se perdît. Il fallait chaque année un plein camion pour entasser soigneusement tous les livres, car à Castel Gandolfo aussi, peu importait qu'il manquât quelque chose pourvu que ce ne fût pas un livre. Quelle que fût sa fatigue en arrivant le soir, le Saint-Père vérifiait d'abord si tous les livres étaient à leur place et s'il n'en manquait aucun. On ne tarda pas à savoir quel plaisir on pouvait faire à Pie XII en lui offrant un livre précieux et il « pleuvait » des livres de toute part, au point que la grande bibliothèque ne pouvait presque plus les contenir.

Un jour, un train de pèlerins étrangers apporta, en plus de toutes sortes de cadeaux pour les pauvres, une quantité assez importante de livres précieux. Nous portâmes ceux-ci dans une corbeille jusqu'à l'antichambre de la bibliothèque. Pie XII n'avait pas trouvé le temps, aussitôt l'audience finie, de regarder les livres, mais se souvenait très bien qu'il en était arrivé. Revenu de sa promenade, il se rendit aussitôt à la bibliothèque pour les voir, mais ne les trouva pas. Il finit par les découvrir dans l'antichambre. Dans l'intervalle arriva de la Secrétairerie d'État un appel téléphonique pour le Saint-Père. Nous le cherchâmes en vain dans tout l'appartement, dans les salles d'audience, dans la bibliothèque. Le Saint-Père ne pouvait tout de même pas être sorti ! Nous étions toutes inquiètes. Je m'apprêtais à prendre le petit ascenseur pour aller à la réserve, lorsque je vis de la lumière dans la petite antichambre. Le Saint-Père était à genoux sur le carrelage, les livres étalés autour de lui : il les avait regardés et classés avec soin...

« Saint-Père, quelle peur nous avons eue pour vous ! » « Pourquoi ? Vous arrivez à point. J'ai terminé. Montez ces livres : les autres sont pour le Père, pour qu'il les range. » Lorsque le cardinal secrétaire d'État, peu de temps après, téléphona à nouveau et demanda si nous avions trouvé le Saint-Père, je lui répondis : « Oui, au milieu de ses livres ! »

Lorsque, par la suite, arrivèrent toujours davantage de livres et que l'on ne sut pratiquement plus où les caser, je dis un jour : « Bon, maintenant, nous allons tous les descendre dans le Cortile San Damaso et nous y mettrons le feu. » « Comment, Madre, brûler les livres ? » nous dit-il, scandalisé. « Brûlez ce que vous voudrez, mais ne touchez pas à mes livres. »

Non seulement les livres, mais les documents aussi avaient une place privilégiée dans les cabinets de travail. Les armoires et tiroirs qui leur étaient destinés étaient toujours rangés avec le soin le plus méticuleux. Dans la journée, bureau, tables et chaises du cabinet de travail débordaient de lettres, de papiers et autres documents, si bien qu'il ne restait pas la moindre petite place de libre. Mais quand on arrivait le matin pour faire du rangement, tout était méticuleusement classé. Chaque chose était à sa place, en sorte qu'on ne perdait pas de temps à chercher. Tous les matins, était posé sur le dessus de la pile le gros dossier contenant les papiers pour la secrétairerie d'État (les premières années) ou pour telle section de la secrétairerie d'État en fonction de la première audience. Le Saint-Père n'allait jamais se coucher avant d'avoir préparé cela — quelle que puisse être l'heure tardive. Il préparait les audiences avec une précision extrême et attendait aussi la même chose de ceux qui venaient à l'audience. « Que de temps on pourrait économiser si l'on ne venait qu'avec une affaire qui a déjà été préparée et étudiée à fond », avait coutume de dire le Saint-Père. Il connaissait la valeur non seulement de son propre temps, mais aussi de celui des autres. Il savait tout de suite, quel que soit le fonctionnaire, si celui-ci s'était préparé ou non. Il connaissait celui qui se contentait de faire préparer le travail par les services compétents et de l'apporter à l'audience, et celui qui avait lui-même travaillé la question et était capable de répondre à toutes les objections. « Comme c'est beau de travailler avec quelqu'un qui travaille lui-même, et combien de choses peuvent se faire en une heure quand tout a déjà été étudié ! Mais, en revanche, comme elles sont pénibles, les audiences où toute question est nouvelle et où aucune objection ne reçoit de réponse ! » disait souvent le Saint-Père.

Le cardinal Faulhaber me raconta un jour après son audience auprès de Pie XI que le Saint-Père lui avait dit que les audiences avec son cardinal secrétaire d'État étaient toujours un plaisir, même lorsqu'il s'agissait de résoudre les questions les plus difficiles. Le cardinal, en effet, était non seulement très expert et rapide à comprendre les choses, mais il ne s'écartait jamais du sujet et était toujours tout entier à ce qu'il faisait. Il avait toujours tout préparé jusque dans les moindres détails, ce qui non seulement facilitait le travail, mais en faisait un véritable plaisir.

Ses discours et ses allocutions, Pie XII les écrivait toujours lui-même de sa belle écriture. Il insistait toujours sur le fait qu'ils ne lui restaient en mémoire que s'il les avait écrits lui-même. Les quinze premières années de son pontificat, le Saint-Père parla toujours sans notes, en quelque langue que dussent être faits les discours. Son excellente mémoire lui permit jusqu'à sa vieillesse de prononcer ses discours par cœur. Même s'ils faisaient quarante pages et plus, cette mémoire remarquable ne le trahissait pas. Mais il fallait qu'il eût lui-même travaillé et écrit ses discours. (Il s'agit ici de discours et d'allocutions, non pas d'encycliques ou de déclarations concernant l'Église ou la diplomatie — celles-là, il les envoyait avec ses indications aux services compétents et les reprenait ensuite avec soin, le texte une fois établi.)

A l'occasion de l'audience d'un ministre d'une province allemande, qui était venu à Rome avec une délégation, Pie XII lui dit : « Nous nous sommes déjà rencontrés. » « Oui, répondit le ministre, il y a de nombreuses années, Votre Sainteté. » Alors Pie XII réfléchit un moment et dit : « C'était il y a quinze ans, le 12 mars dans l'express Munich — Berlin. » — « Je ne fus pas peu étonné, déclara le ministre, mais mon étonnement grandit encore lorsque deux de mes collègues me racontèrent ensuite que Pie XII leur avait dit, à eux aussi, l'année, le jour et l'endroit où il les avait rencontrés. »

Quand il était nonce, il raconta une fois qu'il avait eu un camarade d'école, également doué d'une très bonne mémoire, mais ne supportant pas que quelqu'un fût meilleur que lui. Or un jour, pendant un cours d'histoire, ce fut au tour de ce camarade d'interroger la classe, devant le professeur qui écoutait. L'élève n'interrogea presque exclusivement qu'Eugenio Pacelli, et le professeur remarqua que l'interrogateur était vraiment fâché de voir que, même lorsqu'il se mit à poser des questions qui n'étaient absolument pas au programme, Pacelli lui donnât toujours des réponses exactes. Le professeur commença alors à demander lui aussi des choses hors programme, en s'adressant presque toujours à l'élève qui avait interrogé jusqu'alors : celui-ci, sans doute à cause de l'émotion et parce qu'il se voyait découvert, fit beaucoup d'erreurs. « Mais, quant à moi, j'eus désormais la paix », conclut le Nonce, « et nous devînmes bons camarades, car je lui dis qu'il n'y avait aucun mérite à avoir bonne mémoire, et que c'était, au contraire, un don que Dieu accorde comme il veut et à qui il veut. »

Pie XII travaillait avec beaucoup de minutie, et il n'aurait jamais employé une citation dans un discours sans s'être assuré de son exactitude. Il ne considérait jamais comme une perte de temps de tout vérifier par lui-même très exactement. S'il lui arrivait de demander à quelqu'un de le faire pour lui, il vérifiait toujours au bout du compte si aucune erreur ne s'était glissée. « Ce que l'on ne fait pas à fond, on a plus tard à le regretter », telle était la devise du nonce et du cardinal secrétaire d'État. Une fois pape, il s'y tint à plus forte raison, et l'on comprendra que cela n'était pas toujours simple pour ses collaborateurs. Cependant Pie XII faisait preuve de la plus grande des délicatesses et, tout en ne se pardonnant pas la moindre erreur à lui-même, il savait toujours se montrer compréhensif envers un autre qui se trompait. L'un de ses plus proches collaborateurs revint un jour de l'audience un peu accablé. Comme il voyait que je m'en étais aperçue, il me déclara : « Aujourd'hui, j'ai fait une grande sottise, et lorsque je l'ai avouée au Saint-Père, il s'est contenté de dire, pour m'excuser et en riant : " Monsignore, en Allemagne, on dit dans ce cas-là : *J'ai abattu un gros bouc.* Dommage que ce ne soit pas un bouc. Vous pourriez demain inviter à manger toute la secrétairerie d'État. " »

Si l'on demandait au Saint-Père de faire un discours à l'occasion d'un congrès ou en quelque autre circonstance, il commençait par examiner s'il était nécessaire et utile de répondre à cette demande. Si oui, il se faisait apporter toute la documentation spécialisée ou la demandait aux bibliothèques si la sienne ne la possédait pas. Puis il étudiait en détail la matière concernée et ébauchait son discours. S'il connaissait quelqu'un de compétent dans le domaine en question, le Saint-Père avait assez de modestie pour le consulter. Il recevait avec gratitude toutes les indications qu'on lui donnait, les vérifiait de manière approfondie et les utilisait dans la mesure où il les trouvait appropriées. Lorsque le plan du discours était établi dans ses grandes lignes, il mettait celui-ci au propre ; de nombreuses années durant, il fit cela à la main, plus tard aussi à la machine. Là, il travaillait encore beaucoup à polir, corriger et améliorer le texte. Puis il faisait revoir le travail par tel savant qu'il connaissait, et qui était compétent dans le domaine en question. S'il n'y avait rien à redire ou à corriger (ce qui était fréquent), il arrivait que le Saint-Père demande : « Croyez-vous que tout a été vraiment bien revu ? » Ici aussi, s'exprimait sans cesse sa modestie qui savait respecter et estimer le jugement des autres. Nul n'avait à s'inquiéter de perdre son crédit auprès de Pie XII à cause d'une objection faite. Au contraire ! Même si l'objection se révélait non fondée, cela ne changeait rien à la confiance du Saint-Père. Il se contentait alors de dire : « Tout le monde peut se tromper. L'essentiel, c'est que je puisse être sûr que le travail a été vu et étudié comme il faut et à fond. » Lorsqu'un discours important avait traversé toutes ces phases, il pouvait être remis à l'imprimeur. Il arrivait souvent qu'un discours, en particulier un message de Noël ou quelque chose du même genre, fût déjà imprimé avant d'être prononcé. C'était nécessaire, du fait que les traductions devaient paraître en même temps. Ces tirages aussi, le Saint-Père les relisait ; il avait pour cela un œil très attentif et il était très rare qu'il oubliât une faute. Évidemment, il arrivait qu'on demande à l'improviste à Pie XII de dire un mot : il ne pouvait alors pas se préparer spécialement. Ces petits (ou même assez longs) discours avaient, avec leur ton simple, naturel et cordial, un charme particulier. Non pas que ces qualités manquassent aux grands discours ! Mais ceux-ci étaient bien réfléchis et pesés, ce qui ne pouvait être le cas des allocutions de circonstance. Lorsque Pie XII revenait d'audiences de ce genre, où il avait dû prendre la parole à l'improviste, il prenait rapidement quelques brèves notes, en sorte qu'il savait toujours ce qu'il avait dit. Ces petites allocutions notées après coup, il avait l'intention — quand il trouverait le temps de les réviser soigneusement — de les faire imprimer avec les nombreux discours non publiés que l'on attendait toujours à la secrétairerie d'État. (Sa grande probité lui interdisait de se dessaisir de quelque chose qui n'avait pas été travaillé à fond.) Malheureusement, il ne trouva jamais le temps de faire cette révision, et c'est pourquoi toutes ces notes précieuses furent brûlées comme il l'avait ordonné.

Pie XI avait souvent dit, en se plaignant, à son secrétaire d'État : « Cardinal, si vous saviez quel mal me donnent ces nombreux discours ! » Et Pie XII ? Dans ses meilleures années, avec la santé qui était alors la sienne, il avait durant les premiers temps de son pontificat, gâté tout le monde en prononçant des allocutions concernant toutes les sciences religieuses et profanes. C'était devenu, avec le temps, une véritable habitude que tous les congrès se tenant à Rome entendent sa parole, sollicitent son jugement, apprennent ses directives. Le Saint-Père faisait tout, presque au-delà de la limite des forces humaines, pour satisfaire tout le monde.

Qui, parmi ces millions d'auditeurs, aurait pu se faire une idée de ce que coûtait au Saint-Père cette somme énorme de travail pour faire ses discours ! Seuls ceux qui vivaient auprès de lui pouvaient voir que Pie XII ne perdait pas une seule minute, qu'il ne s'accordait aucun moment de liberté, qu'il ne pensait jamais à lui et ne vivait que pour son devoir.

On a souvent soulevé la question suivante : comment est-il possible que le Saint-Père ait pu être au fait de tant de domaines divers ? La raison en est sûrement d'une part la haute intelligence de Pie XII, son aptitude à comprendre rapidement les choses et sa brillante capacité à retenir ce qu'il avait étudié. D'autre part, il était animé d'un zèle infatigable à toujours acquérir de nouvelles connaissances. Il n'y avait aucun domaine qui ne l'intéressât pas. A l'époque où il était nonce et secrétaire d'État, il avait déjà utilisé tous ses instants ; mais, dès l'instant où il fut pape, il n'y eut plus pour lui de repos ni de distraction du tout. Je me souviens très bien que lorsqu'on le priait de se reposer tout de même ne fût-ce qu'une fois, il répondait, amicalement mais fermement : « On a toute l'éternité pour se reposer ; ici-bas, il s'agit d'accomplir jusqu'au bout les tâches qu'on a reçues de Dieu. »

Plusieurs années plus tard, un évêque vint me voir ; il vénérait beaucoup Pie XII à qui il devait d'ailleurs sa nomination. Il posa beaucoup de questions et voulait toujours savoir de nouvelles choses sur sa vie. « Mais maintenant, dites-moi, demanda-t-il pour finir, n'y a-t-il vraiment jamais eu pour le nonce, le cardinal et enfin pour le pape, une heure de liberté sans prière, sans occupation, sans travail, tout simplement un vrai repos, un moment de farniente décontracté avec quelques amis, peut-être aussi un bon verre de vin ou quelque chose de ce genre ? » Je fus obligée de lui répondre : « Durant toutes ces longues années, *jamais* je n'ai connu cela. » « Mais, répliqua-t-il, ce n'est vraiment pas possible. Alors, c'était un homme hors du commun, un homme parfait — un saint. »

Comme le Saint-Père aimait la musique ! Et pourtant il aurait cru voler son plaisir s'il avait écouté de la belle musique à la radio en dehors de l'heure des repas ou de la pause d'un quart d'heure qui, dans les derniers temps, lui avait été imposée par le médecin après la promenade. Partout, c'était le devoir qui passait en premier. Il n'admettait pas que c'eût été aussi son devoir de surveiller un peu sa santé. Même pendant le quart d'heure où il se rasait, il écoutait *English by radio* ou une leçon de français. Le Saint-Père avait toujours besoin des langues et voulait rafraîchir ses connaissances en les écoutant constamment.

Ainsi arrive-t-on à peu près à comprendre comment Pie XII, en plus du travail immense que représente le gouvernement de l'Église universelle, a pu tenir ces magnifiques discours et allocutions qui étonnaient tout le monde. La sagesse et la science, le savoir universel et les réponses données à mille et une questions, toutes les mines d'or que renferment les 20 volumes de ses discours ne seront sans doute pas encore épuisées dans plusieurs décennies. Mais Pie XII entrera dans l'histoire de l'Église comme l'un de ses très grands hommes, comme quelqu'un qui s'est entièrement sacrifié et consumé au service de Dieu, de l'Église et des âmes.

Un noble et pieux prêtre (le père Mac Cormik), qui connaissait très bien Pie XII, me dit peu après le décès du Saint-Père : « Tout chez lui était héroïque ! Nul homme ordinaire ne pourrait supporter ce qu'il a supporté toute une vie durant. J'ai vu, de ma fenêtre, cette autre fenêtre qui restait éclairée jusqu'au petit matin. Et cela, pendant 20 ans ! Quand j'avais le bonheur d'être parfois appelé le soir, je voyais toujours la même image : le Saint-Père à son bureau, qu'il soit fatigué ou dispos, harassé ou en bonne santé, toujours avec le même sourire plein de bonté. Il demandait chaque fois qu'on l'excusât de déranger les autres ; il ne savait pas quel bonheur c'était pour moi que d'être appelé auprès de lui. Aujourd'hui plus que jamais, maintenant que le Saint-Père nous a quittés, il me faut penser à cet héroïsme. » Un autre saint prêtre (le père Capello) me dit : « Remerciez le Bon Dieu d'avoir pu servir quarante ans un si grand saint ! »

Pour Pie XII, il était évident de se sacrifier jusqu'au bout. « Le Bon Dieu m'a donné cette fonction et je dois faire ce qui est dans la mesure de mes forces. Un pape n'a pas le droit de penser à soi ! » telle était sa conviction, et il vivait et agissait en conséquence.

A l'occasion de ma première audience auprès du pape Jean XXIII, celui-ci parla beaucoup de Pie XII. Il loua la simplicité et distinction de l'ensemble de l'appartement avec ses meubles typiquement allemands, l'ordre impeccable qui régnait dans les armoires et les tiroirs et, en particulier, la belle chapelle, si accueillante. Le pape fit un tour avec moi à travers tout l'appartement et voulut savoir qui avait offert à Pie XII les splendides tableaux anciens et les diverses choses qu'il voyait, ce à quoi je pus très bien répondre. Puis il s'intéressa à la manière dont Pie XII passait à peu près sa journée ; je le lui racontai, en disant que le pape ne gaspillait jamais son temps. « Vous n'avez pas besoin de me le dire, dit le pape Jean, m'interrompant, j'ai vu à la secrétairerie d'État tous les dossiers qui contiennent les notes, discours, mémoires et lettres de Pie XII. C'est incroyable qu'un homme, en plus du travail qu'un pape doit effectuer chaque jour, soit capable d'accomplir de pareilles choses. Je ne peux m'expliquer cela que si Pie XII a travaillé jour et nuit. J'ai toujours ce travail gigantesque présent à l'esprit. Jamais je ne pourrais en faire autant. J'ai fait un discours à Venise, après son décès ; aujourd'hui, je sais que j'ai bien trop peu dit. Je vais faire orner la chapelle où il repose à Saint-Pierre de mosaïques et de deux autels. » Je me permis de dire : « Saint-Père, ce n'est pas nécessaire ; Pie XII aimait la simplicité et a insisté aussi là-dessus dans son testament. Mais si Votre Sainteté voulait bien faire quelque chose pour la cause de la béatification ! » Le Pape répondit : « Il est sûr, tout à fait sûr que je le ferai, mais je ne négligerai pas non plus l'autre chose. »

Il n'y avait pas que les livres et documents qui avaient occupé dans l'appartement du Saint-Père leur place privilégiée ; le reste aussi était rangé avec minutie. Jouxtant le petit cabinet de travail, se trouvait la chambre à coucher. Dans le coin en entrant se trouvait une grande table sur laquelle le Saint-Père posait chaque fois le discours qu'il avait à tenir le lendemain. On y trouvait aussi toute la documentation se rapportant au discours en question. Lorsque Pie XII, le discours une fois prononcé, revenait dans son appartement, on emportait tout ce qui concernait ce discours-ci et on préparait tout ce qu'il fallait pour le suivant. Dans le bureau lui-même se trouvaient ses papiers officiels et ses comptes rendus importants. C'est seulement une fois que tout le travail officiel avait été vu, effectué et préparé pour le lendemain matin, que le Saint-Père se mettait à ses discours.

Pie XII faisait chaque travail à fond. Une tâche en cours n'était jamais abandonnée avant d'avoir été accomplie et vérifiée dans ses moindres détails. Cela lui donnait, malgré l'énorme quantité de travail à faire, l'assurance que rien n'avait été oublié. En outre, il économisait du temps, puisqu'il n'était plus obligé de reprendre plus tard le document en question.

La grande et confortable chambre à coucher ne voyait malheureusement le Saint-Père que pour de brèves heures. Il disait souvent qu'elles lui suffiraient, si seulement il pouvait vraiment bien dormir. Il souffrait beaucoup d'insomnie, mais peut-être est-ce là la maladie de tous les grands penseurs. En outre, il avait une âme particulièrement sensible. Un gros souci — et quand donc le pape n'en avait-il pas ? —, quelque peine ou chagrin, une mauvaise nouvelle pouvaient lui donner aussitôt une nuit blanche. Mais même après une nuit d'insomnie, son entourage le trouvait toujours aussi plein de bonté, de sollicitude, d'amabilité, de compréhension.

A côté de la chambre à coucher se trouvait la salle de bains avec la pièce où le Saint-Père s'habillait. On a beaucoup parlé et écrit au sujet d'une gymnastique matinale. Le Saint-Père n'avait jamais de temps pour une pareille occupation. Sa gymnastique et son repos physique, c'était uniquement sa promenade d'une heure, qui lui était absolument nécessaire. Certes, il y avait à côté de la salle de bains une petite pièce avec le cheval électrique dont il a déjà été question, mais qui, durant toutes ces longues années, ne fut presque jamais utilisé.

De cette petite pièce, on gagnait un salon, renfermant un beau portrait d'Innocent XI. Après la béatification de ce grand pape, cette pièce reçut son nom.

La salle à manger était attenante au salon. Les meubles de belle facture, modèles d'ébénisterie allemande, plaisaient beaucoup au Saint-Père. Sur le buffet se trouvait la belle soupière d'argent qu'Hindenburg, alors président du Reich, avait offerte comme cadeau d'adieu au nonce Pacelli. La vaisselle choisie, l'argenterie, le cristal — tout était propriété personnelle de Pie XII. Ces objets sont venus presque exclusivement d'Allemagne à Rome.

Dans la salle à manger se trouvaient trois cages à oiseaux, avec les petits chanteurs que le Saint-Père aimait tant. En fait, c'était le cardinal O'Connel qui avait offert au secrétaire d'État Pacelli, à l'occasion de sa visite en Amérique, une cage avec deux canaris. Ils ornèrent désormais la salle à manger. Un jour, un verdier tombé du nid, fut recueilli à la maison ; on l'éleva, et son attachement envers le cardinal fit la joie de celui-ci ; c'est à partir de ce moment-là que les petits oiseaux devinrent ses compagnons inséparables.

Finalement, tout être humain a besoin de distraction, de détente. L'entourage de Pie XII, voyant qu'il ne s'accordait jamais rien, faisait tout pour lui rendre aussi agréable que possible sa petite pause en compagnie des oiseaux. Gretchen en particulier, la belle serine toute blanche, avait l'affection du Saint-Père. Au début, elle semblait ne pas prendre de forces dans son nid, aussi nous lui donnâmes un traitement spécial. Ce ne fut pas facile les premiers jours, car il fallait la nourrir avec soin toutes les deux heures. Ce n'est que peu à peu qu'elle devint familière. Quand le Saint-Père venait à table, le petit nid avec Gretchen était posé près de son assiette, et c'est lui, cette fois, qui lui donnait lui-même à manger. Puis Gretchen restait dans son nid et se mettait à piailler quand le Saint-Père s'en allait. Progressivement, elle fit ses premières tentatives pour voler et vint bientôt à la rencontre du Saint-Père, se posant sur ses mains, sa tête et ses épaules, allant se percher sur l'assiette et, évidemment, tombant une fois aussi — malgré toutes les précautions prises — dans la soupe chaude. Heureusement, ce ne fut pas trop grave ! Quelle joie que cette petite bête pour le Saint-Père ! L'oiseau connaissait exactement le bruit de son pas et allait à sa rencontre, quand il venait prendre son petit déjeuner ou son déjeuner. Il lui tirait les cheveux ou même l'oreille quand il arrivait au Saint-Père, plongé dans ses pensées, de ne pas faire du tout attention à lui. Il se posait sur sa main et lui chantait sa plus belle ritournelle. S'il avait soif, il allait se poser sur le verre à eau ou à vin. Il allait se mettre sur chaque plat qu'on apportait et posait sur la table, pour voir s'il n'y avait pas quelque chose qu'il aimait. Quand le Saint-Père le menaçait du doigt : « Gretchen, ce n'est pas pour toi », il se retirait, mais venait alors sur sa main pour voir si là, peut-être, il n'y aurait pas quelque chose. Après la promenade, nous laissions parfois l'oiseau voler dans le bureau. D'ordinaire, le Saint-Père était assis dans son fauteuil, près de la fenêtre, occupé par le travail qu'on apportait régulièrement de la secrétairerie d'État après le déjeuner. Alors, Gretchen allait se poser directement sur l'épaule du Saint-Père, et, de là, sur la feuille qu'il tenait dans la main, comme si elle voulait lire, elle aussi. Un jour, une feuille échappa à Pie XII et glissa jusqu'à la porte opposée. Rapide comme l'éclair, Gretchen s'y précipita et rapporta la feuille, qu'elle tirait de toutes ses forces avec son bec, jusqu'aux pieds du Pape. Elle aurait bien voulu la lui mettre sur les genoux, mais elle était trop faible pour y arriver. Aussi le Saint-Père souleva-t-il de terre et Gretchen et la feuille, et le petit oiseau s'ébroua de plaisir en entendant les compliments qu'il lui fit. Il y avait une chose que Gretchen ne pouvait souffrir : c'était de voir le Saint-Père écrire. Elle se mettait alors à l'endroit exact où il allait écrire et donnait des coups de bec à la plume, si bien qu'il lui était impossible de tracer le moindre mot. Si le Saint-Père décachetait une lettre, Gretchen se glissait aussitôt dans l'enveloppe ouverte pour voir ce qu'elle contenait.

Mais ces minutes dorées dans le cabinet de travail ne duraient pas longtemps, car le Saint-Père sonnait, et il fallait ramener Gretchen dans sa petite maison, le Pape n'ayant pas de temps à perdre. Le matin, à 6 h 15, on entendait dans la pièce où le Pape s'habillait le ronronnement du rasoir électrique. Dans sa cage, Gretchen n'y tenait plus. Bien que Pie XII écoutât à la radio un cours d'anglais ou de français, l'oiseau avait le droit d'aller le retrouver. Il se posait alors sur la main qui tenait le rasoir et se laissait bercer.

A Castel Gandolfo, un verdier entra un jour par la fenêtre et resta chez nous. Il devint bientôt l'animal le plus attachant qu'on pût imaginer, car il se comportait comme s'il avait toujours été chez nous. Il avait une préférence marquée pour Pie XII. Si le Pape montait l'escalier, l'oiseau ne l'accompagnait pas en volant, mais sautillait de marche en marche à ses côtés. Il courait derrière le Saint-Père de pièce en pièce, et il fallait faire attention ¡ de ne pas lui faire de mal. Comme il était si attachant, nous l'emmenâmes un matin sur la terrasse. Il y resta un moment, mais, ensuite, il s'envola haut dans les airs et disparut. Toute la journée, nous espérâmes le voir revenir, mais lorsqu'arriva le deuxième soir, nous abandonnâmes tout espoir. Pourtant, dans l'après-midi du lendemain, lorsque le Saint-Père, après sa promenade, revint à la maison et entra dans son cabinet de travail où les fenêtres étaient grandes ouvertes, notre petit Hans était posé sur le dossier du fauteuil et vint à lui à tire-d'aile, comme si de rien n'était. Familier comme auparavant, il resta désormais avec nous et fit longtemps la joie du Saint-Père.

Il faut encore que j'évoque notre beau bouvreuil. Un couple protestant d'Allemagne, qui vénérait beaucoup Pie XII et avait appris qu'il aimait les oiseaux, apporta lui-même le bouvreuil à Rome et au Vatican. D'abord, il ne voulut siffler ses airs que pour le Saint-Père et sembla ne connaître que lui. Mais, plus tard, il siffla aussi pour nous, dans la maison, les airs qu'il avait appris, même lorsqu'il était le matin seul dans sa cage sur la terrasse. En bas, dans la cour, les gens s'arrêtaient, écoutaient et se demandaient qui donc sifflait si bien. On avait peine à croire que ce fût un oiseau.

A la suite de la salle à manger se trouvait le bureau des téléphones. A côté, la cuisine, le garde-manger et le vestiaire. Cette partie de l'appartement pouvait être fermée par une grande porte, et on pouvait y parvenir aussi bien par l'escalier que par l'ascenseur. Par le corridor, on gagnait deux grandes pièces, dans la première desquelles était accroché au mur un très beau portrait représentant le Saint-Père en cardinal. C'est à l'occasion de son séjour en Amérique, lorsqu'il était secrétaire d'État, que ce tableau avait été exécuté par le célèbre artiste espagnol Bacca Flor. Les superbes meubles en acajou étaient, encore une fois, du bon travail allemand.

La pièce suivante renfermait un portrait à l'huile de Pie X. Ainsi que Pie XII nous l'avait raconté, il fut réalisé du vivant de ce saint. Pie X aurait dit à l'époque : « C'est bien ainsi que je suis ! »

Puis on arrivait dans le grand cabinet de travail, qui, avec ses quatre superbes meubles renfermant les livres, ressemblait davantage à une bibliothèque. Sur le bureau était apposée une petite plaque d'argent indiquant que cette pièce était un cadeau d'adieu des évêques allemands au Nonce. C'est ici que Pie XII reçut chaque soir durant des années ces Messieurs de la secrétairerie d'État. La grande et belle pièce était ornée de trois peintures à l'huile anciennes, dues au pinceau de maîtres allemands et hollandais ; elles aussi avaient été offertes au pape par des amis chers. Le sol était décoré des armes de Pie XII ; c'était un cadeau de la fabrique de mosaïques de Saint-Pierre. Le Saint-Père trouvait toujours que c'était trop pour lui et il l'eût volontiers fait enlever. Mais il ne trouva personne pour lui faire ce plaisir, car tout le monde était de l'avis contraire, et il n'insista plus.

Du grand cabinet de travail, une porte sur la droite menait à l'antichambre. De là, on gagnait la *Scala Papale* et la *Loggia*. Il était très rare que les visiteurs empruntent la *Scala Papale* pour monter à l'*Appartamento privato*, car Pie XII recevait presque exclusivement dans les salles officielles. En revanche, de la *Loggia* venaient régulièrement pour l'audience ces Messieurs de la secrétairerie d'État.

Une autre porte du grand cabinet de travail menait à gauche dans deux grandes pièces qui étaient remplies d'armoires et contenaient les cadeaux que l'on apportait au Saint-Père. Il aurait eu souvent l'occasion de faire ainsi plaisir à d'autres, mais, avec sa probité, c'est à peine s'il se considérait comme propriétaire de ces objets. Tous les dons qui pouvaient être utilisés pour des églises pauvres et pour les nécessiteux — et il y en avait beaucoup — étaient dirigés aussitôt vers la réserve personnelle pour être distribués. Des pièces en question, on gagnait la *Loggia* dont une partie était fermée par une grande porte vitrée. C'est ici que, pour Noël, nous préparions toujours le sapin et la crèche.

La belle chapelle, qui invitait à la prière et au recueillement, était le centre de l'appartement. Dès l'époque où il était cardinal, le Saint-Père avait décidé en personne de l'installation des lieux. Jamais il ne permettait qu'on y changeât quoi que ce fût. Quiconque y a vu le Saint-Père seul avec son Dieu, savait où il puisait le courage et la force nécessaires pour les sacrifices continuels et épuisants dont était faite sa vie. L'artiste avait à l'époque orné la chapelle non seulement des armes, mais encore du nom de Pie XII. Cela aussi était de trop pour le Saint-Père. Au bout de quelques années, il obtint que les lettres d'or fussent recouvertes de petites feuilles et rendues invisibles. Le nom de Pie XII ne redeviendra visible que si la chapelle a un jour besoin d'une rénovation. Comme le Saint-Père aimait beaucoup sa chapelle, nous faisions tout pour la décorer aussi bien que possible. Pour la messe, Pie XII utilisait généralement le calice que Pie XI lui avait laissé en souvenir et dans l'étui duquel se trouvait une petite carte, écrite de sa main et portant ces mots : « *Al mio carissimo Cardinale, con infinita gratitudine. Pius XI* ». (A mon très cher cardinal, avec mon infinie gratitude. Pie XI). Ce calice si beau, orné d'un gros brillant à l'extrémité du pied, est resté là-bas, comme tout le reste d'ailleurs.

Certes, le Saint-Père devait très souvent utiliser le calice que tel prêtre — souvent récemment ordonné — lui avait envoyé, directement ou par la secrétairerie d'État, en demandant que le Saint-Père s'en servît une fois pour sa messe. Personne, sur ce point, ne recevait de refus, même si la forme du calice ne plaisait pas toujours au pape.

Pie XII préférait être seul pour sa messe quotidienne. Seuls, les gens de la maison étaient présents. « Qu'on me laisse, au moins durant ce court moment, seul avec mon Dieu », avait-il coutume de dire. Ainsi pouvait-il prendre le temps qu'il voulait sans avoir, comme c'était sinon le cas, à tenir compte de tous et de tout.

Les premières années de son pontificat, les membres de sa famille eurent le droit de venir, la nuit de Noël, aux messes de minuit. Mais ce beau moment leur fut bientôt ravi, car le Saint-Père les célébra plus tard dans la *Capella Matilda*, en présence de tout le Corps diplomatique. D'une manière générale, d'ailleurs, les membres de la famille ne profitaient que très peu de leur éminent frère et oncle. Si leur part était déjà très réduite du temps où Pie XII était encore cardinal secrétaire d'État, il est certain qu'ils ne le virent pas plus souvent par la suite. J'entendais dire parfois que les journaux parlaient de népotisme ; or je peux dire, par expérience personnelle, qu'il est sans doute rare qu'un

pape s'occupe moins de ses parents que Pie XII. Si nous, les religieuses, n'avions pas chaque fois, pour Noël, lorsque nous préparions le
sapin et la crèche, arrangé aussi quelque chose — un quelconque petit
cadeau — pour eux « de la part du Petit Jésus », ils s'en seraient sûrement toujours retournés les mains vides. « Le Bon Dieu a donné aux
miens ce dont ils ont besoin », disait le Saint-Père, qui toutefois se
réjouissait de tout cœur lorsqu'ils lui témoignaient leur joie d'avoir
reçu ces petites marques d'attention. Les courts instants où ils
pouvaient être avec le Saint-Père représentaient pour eux tous tant de
bonheur et de joie que, pendant toute l'année, ils attendaient avec
impatience la Noël et le jour de sa fête. Nous, les religieuses, avons
toujours eu lieu de nous édifier devant la distinction et l'absence d'exigences de cette chère famille.

La sacristie attenante à la chapelle renfermait des ornements
choisis, que des amis chers et des instituts religieux ne cessaient d'offrir au pape. Le Saint-Père préférait les ornements légers, et les lourdes chasubles brodées d'or, après avoir servi une fois, restaient
presque toujours dans l'armoire.

Nous nous chargions de trouver aussi des aubes fines et légères.
Toutes ces choses devaient être belles et de qualité, car elles servaient
au Bien suprême. Le Saint-Père fit installer plus tard une grande
armoire où nous entretenions un riche assortiment de chasubles,
aubes et linges d'autel, afin que Pie XII pût à tout moment faire des
dons lorsque — ce qui n'était pas rare — des demandes lui étaient
faites en ce sens, lors des audiences, par des évêques de diocèses
pauvres.

Tout l'appartement du Pape était fonctionnel et digne. Comme il
avait changé à son avantage après la rénovation ! La hauteur des fenêtres avait augmenté de moitié — on les avait remises dans leur état
d'origine —, ce qui enlevait aux pièces tout ce qu'elles avaient de
pesant. L'une de ces fenêtres, « l'œil éveillé du Père de la Chrétienté »
— ainsi qu'on l'appelait —, est devenue célèbre dans le monde entier.
Jusqu'aux premières heures du matin, cette fenêtre était éclairée. Elle
témoignait du travail et des soins infatigables du Saint-Père qui se
consumait comme un cierge, là haut, au service de Dieu, de l'Église et
des âmes.

Lorsqu'après la guerre et l'effondrement de l'Allemagne, il fut
d'abord très difficile de venir à Rome, un officier américain se proposa
pour amener dans sa voiture le cardinal Faulhaber de Munich à

Rome. Ce fut un voyage pénible de plusieurs jours. « Lorsque nous arrivâmes enfin à Rome, me raconta le cardinal Faulhaber, il était déjà tard. Pourtant, je voulais voir d'abord Saint-Pierre et nous y allâmes. Saint-Pierre, le Vatican, les puissantes colonnades me parurent cette nuit-là plus impressionnants que jamais. Je ne les avais jamais vus ainsi. Puis, lorsque mon regard s'éleva, je vis, pareille à une étoile immobile et brillante, la fenêtre éclairée du cabinet de travail du Saint-Père. — Oh, cet œil du Père de la Chrétienté au-dessus de la ville endormie, au-dessus de l'univers, comme il m'a impressionné ! — L'officier regarda également vers le haut et me demanda qui donc pouvait encore veiller si longtemps. Je dis que c'était le Saint-Père. — Quand je repartirai de Rome ces jours-ci, je viendrai encore une fois, après minuit, sur la place Saint-Pierre pour m'imprégner une dernière fois de tout cela », conclut le cardinal.

Que de fois le Saint-Père avait-il donné sa bénédiction de cette fenêtre ! Bien qu'elle fût loin de la place Saint-Pierre, la foule massée en bas sentait d'instinct que Pie XII était au milieu d'eux et les bénissait, quand après l'ample mouvement de ses bras écartés, il prononçait, de sa voix claire et sonore : « *Benedictio Dei Omnipotentis...* » ; s'il m'arrivait de passer par là, je ne manquais jamais de me mêler aux gens qui attendaient la bénédiction. Je fus ainsi souvent témoin de scènes magnifiques. Un jour, la fenêtre venait de s'ouvrir lorsqu'une femme dit à ceux qui étaient agenouillés à côté d'elle : « J'aimerais savoir pourquoi il faudrait s'agenouiller ici, le pape n'est finalement qu'un homme comme les autres... » Mais déjà apparaissait le Saint-Père saluant la foule, les bras levés et envoyant à tous des signes d'affection. La femme fixa la fenêtre, comme hypnotisée, et, lentement, s'agenouilla... Nous nous étions déjà relevés depuis longtemps qu'elle était encore à genoux et pleurait, pleurait. Je finis par m'approcher d'elle et lui demandai si elle ne se sentait pas bien. Là-dessus, elle dit en sanglotant : « Oh non — mais maintenant je sais pourquoi l'on s'agenouille ici devant le Saint-Père : c'est Notre Seigneur Jésus sur la croix ! » — Quand Pie XII, les yeux levés vers le ciel, les bras largement écartés, donnait la bénédiction, il ressemblait vraiment à Notre Seigneur sur la croix.

Après une canonisation ou quelque autre grande fête comme, par exemple, celle des saints Apôtres Pierre et Paul, quand la place Saint-Pierre, le soir, resplendissant de mille lumières, semblait être le point de rassemblement de la ville tout entière, le Saint-Père, derrière sa fenêtre éclairée, ne pouvait pas avoir de repos. Sans cesse, il lui fallait l'ouvrir et bénir, bénir ! Sans cesse, la fenêtre s'ouvrait et la foule en liesse appelait le Père bien-aimé. Un jour, après le chapelet en commun dans la chapelle privée, nous allâmes, nous aussi, sur la place pour voir d'en bas le spectacle. Nous rencontrâmes le cardinal Faulhaber et son accompagnateur, qui se trouvaient justement à Rome : « Cela fait à peu près une heure que nous sommes ici, dit le cardinal, y a-t-il quelque chose de plus beau ! Je veux rester aussi longtemps que le Saint-Père donnera sa bénédiction. » Nous lui fîmes remarquer : « Mais ce sera minuit, alors. » « Si le Saint-Père peut donner sa bénédiction jusqu'à minuit, je peux bien attendre aussi longtemps », dit le cardinal, et il ajouta, un peu triste : « C'est sans doute la dernière fois que je peux venir à Rome, je suis vieux et malade. » Mais il revint encore quelquefois.

La patience de Pie XII n'était pas peu mise à l'épreuve, d'avoir ainsi à se lever sans cesse de son travail, à ouvrir la fenêtre et à donner la bénédiction. S'il lui arrivait de laisser passer plus de dix minutes, les autos commençaient à klaxonner, si bien que le bruit n'aurait pas pu lui permettre de continuer à travailler.

On disait souvent au Saint-Père qu'il gâtait trop les gens, mais son cœur paternel et plein de bonté ne pouvait se résoudre à rester sourd. « Le Bon Dieu fera jaillir aussi une bénédiction de ce sacrifice-là », répondait-il à ceux qui pensaient qu'il en faisait trop sur ce point.

Lorsque, pour les grandes fêtes religieuses à Saint-Pierre, les trompettes d'argent retentissaient et que le Saint-Père, drapé dans les ornements pontificaux, s'avançait, porté sur la sedia gestatoria, beaucoup pensaient sans doute que la vie du Pape ne devait être de bout en bout qu'une cérémonie très solennelle, loin des difficultés et des peines de l'existence quotidienne. Mais celui qui a pu participer de très près pendant des décennies à la journée de travail du Saint-Père, sait bien ce qu'elle représentait d'héroïsme silencieux, insoupçonné.

Regardons un peu la vie quotidienne du Saint-Père !

A 6 h 15, le réveil sonne, et bientôt on entend dans la salle de bains le bruit du rasoir électrique. La petite radio aussi est allumée, car à cette heure-là, il y a un quart d'heure d'enseignement dans l'une des langues principales que le Saint-Père maîtrise, mais dont il considère qu'il est utile de les réentendre. Son oiseau favori, posé sur la main qui tient le rasoir, ne le dérange pas. Il peut rester jusqu'à ce que le Saint-Père ait fini sa toilette. Alors il sait qu'il est congédié et qu'il

doit regagner sa cage. A 7 h, Pie XII se rend à la chapelle. Il s'agenouille sur le grand prie-Dieu, qui fait paraître sa haute silhouette
encore plus mince, et se prépare au Sacrifice divin. Puis il monte à
l'autel et revêt les saints ornements. Il prononce les prières prescrites
si distinctement que l'on peut en saisir chaque syllabe et, cependant,
ce n'est ni trop fort ni gênant. Alors commencent les prières au bas de
l'autel. Profondément incliné, avec lenteur, mettant pour ainsi dire
toute son âme au creux de chaque mot, il récite le *Confiteor*. Puis il
écarte largement les bras, lève les yeux et le visage vers le grand
crucifix d'ivoire et monte la marche de l'autel. L'introït de la messe
des saints docteurs de l'Église m'a toujours paru bien convenir à
Pie XII : « Dans l'Église, le Seigneur l'a chargé d'enseigner. Il l'a
pénétré de l'esprit de sagesse et d'intelligence. Il l'a revêtu d'un vêtement de gloire... » L'épître, le graduel, l'évangile, toutes les prières
magnifiques avaient dans la bouche du Saint-Père une dignité particulière. *Sursum Corda* ! Vient la préface. Peut-elle être récitée de manière plus belle, plus émouvante ? Puis il y a un moment de silence. Le
Saint-Père fait mémoire de ceux qui se sont recommandés à ses prières et comptent sur elles ; il prie pour tous ses enfants de par le vaste
monde. Un jour, je lui ai demandé pourquoi son memento durait si
longtemps ; il répondit : « Sans cesse, on me demande de prier. Le
Sacrifice divin est le moment où le Père éternel ne peut rien refuser, et
c'est pourquoi j'utilise cet instant de mon mieux. »

La messe approche de son sommet : avec un recueillement et un
abandon séraphiques, le Saint-Père prononce les paroles de la consécration, si doucement et pourtant si clairement, avec une foi si forte et
un amour si ardent que tous les assistants sont pris sous le charme
sacré. Du haut de la croix, le Grand-Prêtre éternel regarde son Vicaire
et lui accorde ce qu'il lui demande dans l'intimité de sa prière.
— Encore une longue pause ! Les chers défunts ne sont pas non plus
oubliés. La sainte Communion enfin représente l'union la plus intime
avec Celui dont il est appelé à suivre l'exemple et qu'il doit représenter
ici-bas.

Puis les bras s'écartent encore une fois tout larges vers le
Crucifié, et la bénédiction du Vicaire du Christ ne s'adresse pas seulement au petit nombre des présents, mais au monde entier. L'action de
grâces après la messe est longue et intense. Un prélat qui avait pu un
jour en être le témoin fortuit, en fut tellement saisi qu'il lui fallut longtemps avant de pouvoir paraître devant le Saint-Père. Il voulait abso-

lument fixer en image le pape en prière et revint pour cela le lendemain. La photo qui nous en est restée, a conservé l'expression de sérieux, de recueillement et de totale disponibilité du Saint-Père.

Un jour, après la messe, on téléphona de la secrétairerie d'État pour demander au Saint-Père de bien vouloir rappeler là-bas. Comme l'action de grâces durait particulièrement longtemps, il y eut un deuxième appel. On croyait que nous avions oublié de faire la commission ; je me hasardai donc à aller à la chapelle et à le dire au Saint-Père. Le buste droit, le regard levé vers le crucifix surmontant le tabernacle, le Saint-Père était agenouillé là, comme toujours. « Saint-Père, on vous prie... » Lentement, les mains jointes s'abaissèrent, mais le regard resta fixé sur la croix, et le Saint-Père dit : « Il est cloué là et ne peut se libérer. Il ne peut qu'endurer et souffrir — et il le fait sans se plaindre, par amour. Le pape, lui aussi, est cloué à son poste et n'en doit pas bouger. » — Le Saint-Père devait avoir un fort chagrin. Par la suite, il ne dit plus un mot sur ce sujet. Pour ma part, j'en fus très impressionnée. — D'ordinaire aussi, quand des injustices, d'amères déceptions, une conduite blessante, voire des calomnies atteignaient Pie XII de diverses parts, y compris du sein de son entourage — lui qui faisait tant de bien —, on ne le remarquait que si l'on se trouvait par hasard avec lui dans la chapelle où il pensait être seul pour dire sa peine au Seigneur présent au tabernacle. De tels épisodes étaient impossibles à oublier, car ils révélaient on ne peut plus clairement son état d'esprit.

Il me revient ici que Pie XII épargnait toujours les autres, même quand il savait exactement qu'ils avaient fauté. L'un de ses neveux lui avait parlé d'un mensonge évident, que Pie XII lui-même fut obligé de reconnaître comme tel. « Toi, dit-il à son neveu, ne mens jamais ! Ce que les autres font, tu n'en es pas responsable ! »

Après l'action de grâces vers 8 h 30, le Saint-Père prenait d'ordinaire le petit déjeuner. Ses oiseaux lui tenaient compagnie. Mais eux aussi savaient qu'il n'y en avait que pour 15 minutes. A 9 heures moins 6 exactement, l'ascenseur amenait Pie XII dans les salles d'audience situées un étage plus bas. En général, c'était le secrétaire d'État ou l'un des deux sous-secrétaires d'État qui étaient reçus d'abord. La plupart du temps, cette audience durait de une à deux heures. Puis venaient les « udienze di tabella » qui étaient toutes fixées d'avance. Il s'agissait ici en premier lieu des cardinaux préfets des différentes congrégations, qui venaient exposer leurs problèmes, soumettre leurs travaux et attendaient la décision du Pape. Beaucoup ignorent l'énorme travail que cela représente. Le Saint-Père était très scrupuleux et assurait tout le poids de cette responsabilité.

Lorsque des chefs d'État ou d'autres hautes personnalités étaient annoncées et devaient être reçues, la liste des audiences l'indiquait la veille. Ces audiences étaient suivies par les audiences privées de personnalités importantes : prêtres, hommes politiques, ambassadeurs, représentants de la culture. Suivant la durée des audiences privées, commençaient ensuite les audiences spéciales ; là, le Saint-Père allait de l'un à l'autre : chacun pouvait parler, chacun recevait une parole, un regard, un encouragement, qui souvent l'accompagnait pour la vie. De nombreuses personnes racontent qu'elles sont arrivées bien préparées à l'audience, mais qu'ensuite, en sa présence, saisies par l'incomparable bonté et la bienveillante compréhension qui rayonnaient de ses yeux, elles ont tout oublié, sont tombées à genoux, et n'ont rien pu faire d'autre que de baiser, en pleurant de bonheur, la main qu'il leur tendait. Ici, l'on s'exprimait dans toutes les langues, et c'est dans toutes les langues aussi qu'on recevait en retour un salut, une parole, une marque de compréhension.

Venait alors le tour des grandes audiences générales. A celles-là aussi Pie XII a donné une empreinte toute particulière. Par groupes, les gens arrivaient en priant et chantant dans la salle. La plus grande ne tarda guère à être trop petite ! Aussi ne resta-t-il plus que Saint-Pierre, et c'est dans la basilique que les pèlerins innombrables attendirent désormais le Saint-Père, but espéré de leur voyage à Rome. Pie XII était ponctuel, on le savait depuis longtemps. Naturellement, tout le monde voulait avoir les meilleures places, aussi venait-on à l'avance. Les grandes foules de pèlerins incarnaient vraiment la sainte Église catholique, universelle, globale. Les trompettes d'argent annonçaient l'apparition du Saint-Père. C'était un déchaînement sans fin de liesse et d'enthousiasme. Afin que tous pussent le voir, il se faisait porter bien haut sur la sedia. Son regard n'oubliait personne. Chacun pensait ensuite que le Saint-Père n'avait eu d'yeux que pour lui et l'avait tout particulièrement salué. La sedia s'arrêtait devant le trône. A pas légers, Pie XII montait les marches, et souriant amicalement à tout le monde, il attendait que les acclamations se fussent calmées. Alors commençait l'appel des groupes qui étaient venus. Il fallait que tous sachent que leur présence en ces lieux était connue du Saint-Père. Pour chaque groupe, il avait un mot particulier, une salutation particulière dans sa langue maternelle. Chacun avait le sentiment d'être ici chez lui.

Sa Sainteté Pie XII

Le jeune Eugenio Pacelli avec sa mère Virginia Pacelli.
Dessin de Casimira Dabrowska.

Le Nonce Pacelli quittant le Palais présidentiel
(Berlin, 1927)

Pie XI inaugure en 1930 le nouveau standard téléphonique du Vatican.
Troisième à partir de la gauche, le Cardinal Secrétaire d'État Pacelli.

Après l'élection

Le Pape Pie XII parmi les habitants de Rome
après un bombardement en août 1943

Le Cardinal Clemens August Comte von Galen,
en 1946 à Münster

Pie XII conversant avec le Cardinal Faulhaber

Pie XII en compagnie du prélat Kaas, de retour d'une visite des fouilles sous la basilique Saint-Pierre. Derrière eux (au centre), l'architecte des Palais Apostoliques, le Comte Enrico Galeazzi.

L'ami des enfants

Pie XII et son petit compagnon

Pie XII dans les jardins du Vatican

Sur la sedia gestatoria, au milieu des fidèles

Tapis floral réalisé pour le 80ᵉ anniversaire du Pape

Proclamation du dogme de l'Assomption de la Vierge Marie
le 1er novembre 1950

Pie XII donnant sa bénédiction à Castel Gandolfo

L'une des dernières audiences de Pie XII

Pie XII
baisant le Crucifix
du Collège Capranica.

Prière silencieuse
(dernière photographie
prise du vivant du Pape)

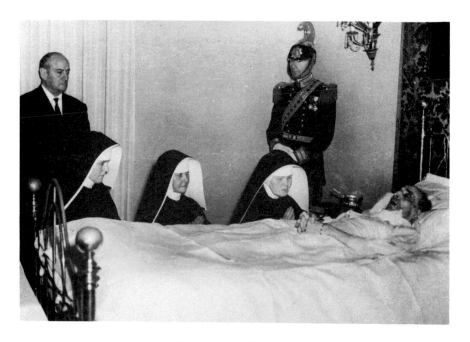

Le Pape sur son lit de mort.
(La religieuse devant le garde est Mère Pascalina.)

La tombe fleurie. L'autel, installé sur l'initiative de Mgr Tardini,
fut par la suite enlevé.

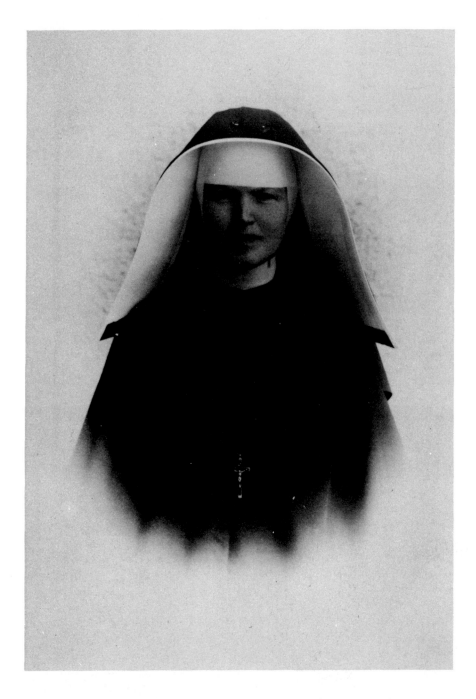

Sœur M. Pascalina Lehnert lors de son soixantième anniversaire

Ces audiences duraient d'ordinaire une à deux heures. Très souvent, des circonstances spéciales amenaient Pie XII à faire un discours assez long. Lorsqu'enfin plus personne n'avait été oublié et que tout avait été dit, le Saint-Père se levait et donnait sa bénédiction. Un tonnerre d'applaudissements se déchaînait. Les uns poussaient des acclamations, les autres pleuraient ; d'autres encore restaient silencieux et se demandaient si l'audience était vraiment terminée. Pie XII descendait les marches. Ici, beaucoup de gens l'attendaient encore, les uns avec un cadeau, les autres avec une requête. Ceux qui n'arrivaient pas à atteindre les mains du Pape essayaient de toucher sa soutane ou son manteau. Cela n'aurait jamais fini, si les camériers de service n'avaient pas enfin délivré le Saint-Père. De nouveau sur la sedia, Pie XII gagnait lentement la sortie où il se tournait encore une fois vers ses enfants et, les bras largement écartés, les yeux levés vers le ciel, il les bénissait une dernière fois.

Il arriva un jour que le Saint-Père qui — comme il le faisait si souvent — se penchait pour tendre la main du haut de la sedia, laissa tomber son *zucchetto* — sa calotte blanche. Tout le monde voulut avoir cette calotte, et Pie XII rentra chez lui sans *zucchetto*. C'est à partir de cet incident que se développa une coutume qui devait persister jusqu'à la dernière audience. Aussitôt que le Saint-Père apparaissait sur la sedia gestatoria, de nombreux bras se tendaient vers lui, tenant une calotte. Il lui fallait la mettre puis la rendre. Au cours d'une seule audience, ce furent une fois plus de cent calottes qu'il lui fallut prendre, coiffer puis rendre. Il faisait cela pour ne pas gâcher aux gens qui, avec le temps, se faisaient toujours plus pressants, la joie de posséder une calotte qu'il avait portée.

Lors de ces rencontres, il y avait toujours des gens qui confiaient au Père commun leurs soucis et leurs peines et espéraient son aide. Sans timidité, à haute voix, ils lui disaient ce qui les préoccupait. Un seul exemple parmi de nombreux cas semblables : Pie XII venait juste de passer à table après une longue audience, lorsque Mgr Montini annonça une femme qu'on n'arrivait absolument pas à renvoyer. Il fallait, disait-elle, qu'elle remercie le Saint-Père. Elle lui avait demandé durant la grande audience d'aider son enfant qui était gravement malade. Le médecin avait diagnostiqué une sinusite tuberculeuse et déclaré le mal incurable. La maladie en était déjà à un stade très avancé. Il y avait un mois que l'enfant ne pouvait plus se tenir debout ni marcher. Elle-même était veuve de guerre et n'avait que cet enfant. Le Saint-Père avait consolé cette femme, l'avait bénie à nouveau et lui avait dit d'avoir seulement une grande foi et une grande confiance, car tout était possible à Dieu. « Je suis rentrée chez moi, dit la femme, et dès l'escalier, ma fille est venue à ma rencontre en criant : Maman, je n'ai plus de douleurs et je peux marcher à nouveau ; je suis en bonne santé. »

D'ordinaire, le Saint-Père revenait de ces audiences très tard pour le déjeuner. Celui-ci était simple et bref. Le Pape écoutait en même temps la radio, qui donnait les dernières nouvelles, et ses oiseaux lui tenaient compagnie. C'était une bonne chose que Pie XII pût être seul à ce moment-là, car il eût été trop fatigué pour parler encore. Tout au plus lui fallait-il rétablir la paix entre Hansel et Gretel, qui se disputaient une feuille de salade, ou encore rappeler à Gretchen de ne pas toujours s'en prendre à ses cheveux quand elle voulait bâtir un nid.

La demi-heure était vite passée. Parfois, se présentait encore durant ce laps de temps quelqu'un de la secrétairerie d'État ou de l'antichambre pour donner une nouvelle importante ou pour demander une réponse.

Puis le Saint-Père faisait une demi-heure de sieste. Entre-temps était arrivé de la secrétairerie d'État un gros dossier rempli de comptes rendus et de nouvelles importantes. Pie XII les examinait et prenait avec lui ce qui lui paraissait pouvoir être fait pendant l'heure de la promenade. Que de fois, le médecin ne l'avait-il pas prié de ne pas travailler au moins pendant cette heure-là, de profiter de la nature et de laisser son esprit se reposer ! « Je ne peux pas me le permettre, sinon je ne viendrai pas à bout du travail » — telle était toujours la réponse —. Plusieurs années déjà avant d'être pape, il avait demandé aux médecins s'il n'y avait aucun moyen de supprimer cette promenade, naturellement pour gagner du temps. Aucun des médecins n'en connaissait. Et c'était bien ainsi, car la promenade était pour Pie XII — il souffrait d'une descente d'estomac — une nécessité absolue pour sa santé. Cette heure de marche rapide fut certainement une des raisons pour lesquelles il resta si alerte, jusqu'à un âge avancé, et à l'étonnement général. A 16 h, le Saint-Père était de retour chez lui. Après une visite à la chapelle, le travail reprenait. Et Pie XII travaillait sans s'accorder de pause. Tous les problèmes qui avaient été abordés dans la matinée aux « *udienze di tabella* », l'épais dossier de la secrétairerie d'État, le courrier du jour — une tâche immense — tout cela attendait d'être fait. Durant près de vingt ans, le Saint-Père a porté ce fardeau et accompli ce travail, avec ténacité et dévouement, sans jamais faiblir ni se lasser. A moins qu'une exception particulière ne l'exigeât, il n'y avait pas d'audiences l'après-midi. Ainsi, Pie XII pouvait-il consacrer ces heures-là au travail dans le calme. Si quelque chose ne pouvait être remis à plus tard et ne pouvait être réglé sur le téléphone secret qui reliait le Saint-Père à la secrétairerie d'État, le fonctionnaire en question était reçu en audience dans le cabinet de travail privé.

Dans l'intervalle, il était déjà 20 h. Plusieurs fois par semaine, Pie XII se faisait informer de tout ce qui concernait le gouvernement du Vatican, car il voulait être au courant de tout. Et il n'y avait aucun domaine qui ne l'eût pas intéressé. Souvent j'ai entendu dire ceci : « On arrive avec les problèmes les plus difficiles, et l'on ne voit pas de moyen d'en sortir. En quelques phrases, le Saint-Père a balayé tous les doutes et trouvé une solution pour toute chose. » A 20 h 30, le Saint-Père venait pour le dîner. Ce qu'il absorbait était très peu de chose. On se demandait comment un homme portant un tel fardeau pouvait tenir avec si peu, surtout que Pie XII, dans l'intervalle, ne mangeait ni ne buvait rien. — Ses oiseaux dormaient depuis longtemps, aussi n'écoutait-il que les nouvelles à la radio. A cette heure-là, il y aurait eu souvent la possibilité d'écouter de la belle musique (Pie XII l'aimait tant), mais ce n'est que très rarement qu'il s'accordait un quart d'heure pour cela.

De temps en temps, on apportait un film particulièrement beau, dont on souhaitait que le Saint-Père le vît. S'il n'était absolument pas possible de faire autrement, il venait alors peut-être pour 5 ou 10 minutes, mais certainement jamais plus. « Profitez-en et regardez-le, se contentait-il de dire, je ne peux pas m'offrir cela, mon travail ne le permet pas. »

Il n'a même pas vu en entier le magnifique film *Pastor Angelicus*, qui a déclenché en son temps un tel enthousiasme et a été vu par tant de spectateurs. Quelques messieurs dont il savait qu'ils lui donneraient sur le film un jugement exact et franc — car il s'agissait de sa personne — eurent le droit de venir ; lui-même trouvait que son travail l'appelait à son bureau.

Vers 21 h, le Saint-Père récitait le chapelet avec les gens de la maison, dans la chapelle. Puis il travaillait à nouveau jusqu'à 23 h. L'heure suivante, jusqu'à minuit, appartenait au Seigneur au tabernacle. Puis, travail à nouveau, jusqu'à 2 h. Alors enfin la journée de travail du Pape était achevée.

Tout là-haut, la fenêtre du Vatican s'éteignait, le Saint-Père était allé se reposer après une rude journée, bien remplie. Mais le jour suivant, qui ne tarderait pas à poindre, lui apporterait de nouvelles fatigues : il ne connut rien d'autre pendant presque 20 ans.

A ce propos, un épisode me revient à l'esprit : lorsque le Saint-Père alla à Castel Gandolfo, le médecin voulut obtenir de lui qu'il s'arrête, là-bas au moins, de travailler à minuit. Pie XII avait fini par céder plus ou moins à ses instances. Or une nuit, alors que tout le monde était profondément endormi et que personne ne pouvait contrôler à quelle heure il allait se reposer, on entendit soudain une sonnerie à 1 h 50. Aussitôt, nous autres, les trois religieuses, fûmes debout. Nous craignions que quelque chose fût arrivé, car la sonnerie ne voulait pas s'arrêter. Et qu'est-ce que nous vîmes ? En haut de l'escalier — nos chambres étaient à l'étage en dessous —, se tenait le Saint-Père qui hochait la tête en disant : « Je ne sais pas ce qui se passe, cela s'est mis à sonner tout seul et cela ne veut plus s'arrêter ! » Nous sûmes aussitôt de quoi il retournait. Sur la table de travail de Pie XII se trouvait une pendule de bureau, de petite taille et de forme ronde. Sans s'en apercevoir, il avait, en faisant du rangement, posé dessus un livre lourd, ce qui avait déclenché la pendule. — Maintenant, on avait découvert qu'il n'allait pas se coucher à minuit. Nous ne pûmes nous empêcher de le taquiner : « Saint-Père, nous croyions que vous étiez allé depuis longtemps vous reposer ! » Il comprit aussitôt. Mais la pendule, qui l'avait trahi, fut obligée de disparaître du bureau.

6

La tiare, couronne d'épines.
La Seconde Guerre mondiale

Pie XI déjà était, dans les derniers mois qui précédèrent sa mort, très préoccupé par le maintien de la paix dans le monde. Son successeur, oppressé par la même inquiétude, considérait comme sa tâche la plus haute d'œuvrer en faveur de la paix et d'éviter une guerre. Dès la première heure, il se sacrifia totalement et travailla à la tâche que Dieu lui avait fixée. Quand le déclenchement des hostilités eut ruiné tout espoir, il fit tout ce qui était en son pouvoir pour empêcher une extension de la guerre et faire parvenir toutes formes d'aide aux populations touchées par le conflit. Au début, cela ne fut pas facile. Mais la charité sut trouver assez de voies et de moyens pour parvenir au but. Rien en ce sens ne fut négligé.

Peu après le couronnement, Pie XII avait adressé au monde un appel à la paix, et à Pâques, il parla à Saint-Pierre sur ce même sujet. Il ne laissait passer aucune occasion d'exhorter à la réflexion et à la justice, et invitait les nonces à en faire autant. Pie XII, qui avait vécu et œuvré en Allemagne pendant près de treize ans, connaissait le peuple allemand. Aussi souffrit-il beaucoup avec lui lorsqu'il fut exposé sous le régime hitlérien à l'esclavage, à l'exploitation et surtout à la détresse sur le plan religieux.

Comme Pie XII fut heureux de voir s'achever la guerre civile espagnole, qui avait été pour ce pays la cause de tant de souffrances et de misère ! Il exhorta paternellement les catholiques espagnols à s'engager pour une juste politique de paix dans leur pays.

Dès le mois de mai, le Saint-Père appela à une croisade de prières pour la paix dans le monde. La pressante allocution radiophonique de Pie XII du 24 août 1939 est connue de tous : « Rien n'est perdu avec la paix. Tout peut l'être avec la guerre... » Le 31 août suivit un nouvel appel. Mais les puissants de ce monde étaient sourds à la voix de la raison et ne voyaient que leurs buts égoïstes. Ce n'étaient pas des paroles creuses que Pie XII adressait au monde. Avant qu'il ne dise ou n'écrive quelque chose, son âme délicate avait déjà tout évalué. Parvenu maintenant au poste le plus élevé, responsable du bonheur et du malheur de ses enfants, il souffrait encore deux et trois fois plus.

Comme je me souviens bien de la visite de Ribbentrop ! Comme nous étions, nous autres Allemandes, révoltées par l'arrogance de cet homme ! Aussi fus-je heureuse d'entendre cette remarque d'un camérier : « Il est tout de même sorti de l'audience bien plus petit qu'il n'y était entré ! »

A côté de toutes ses activités caritatives, le salut des âmes restait le souci principal de Pie XII. Il ne laissait passer aucune occasion, que ce soit lors de réceptions, de jubilés, de canonisations ou de béatifications, pour inviter les hommes à approfondir et intérioriser leur vie religieuse. Il exhortait les prêtres à un sacerdoce total, les religieux à un véritable esprit religieux. Il y voyait surtout la possibilité de détourner le fléau de Dieu : la guerre. Lui-même offrait à l'humanité un exemple qui confine à l'incroyable.

Il n'y avait pas de charbon pour le chauffage. Aussi ne chauffa-t-on pas au Vatican non plus, surtout pas dans l'appartement du Saint-Père. Beaucoup de personnes en voulaient à Pie XII pour cela, mais lui croyait devoir faire preuve envers lui-même d'une pareille dureté, car il voulait donner le bon exemple. Les grandes salles étaient terriblement froides en hiver, en particulier par temps de pluie. Pourtant, c'est tout juste s'il s'accordait à lui-même une bouillotte ou un coussin chauffant afin de se réchauffer les mains pour pouvoir écrire. Pour les jours très froids, nous nous procurions un poêle électrique que nous allumions dans l'appartement privé en l'absence du Saint-Père, et à son insu, afin du moins d'adoucir un peu la température de son bureau. Pour les grandes salles, c'était cependant tout à fait insuffisant ; en plus de cela, il ne fallait pas nous faire attraper ! Le Saint-Père souffrait vraiment du froid et avait les mains tout à fait glacées. Mais les soldats sur le front, les sinistrés, les réfugiés, tous les autres — est-ce qu'ils n'avaient pas bien plus d'épreuves à endurer ? Aussi le Saint-Père ne voulait-il pas être mieux nanti qu'eux —. Nous, dans la maison, nous nous donnions le plus de mouvement possible et nous activions le plus que nous pouvions ; le Saint-Père, par contre, n'ayant qu'un travail sédentaire, ressentait le froid bien davantage que nous.

Pie XII s'occupait beaucoup, et personnellement, de l'« *Ufficio Informazioni* » qu'il avait créé juste après le début de la guerre. Par ce moyen, on put venir en aide à plusieurs milliers de familles, ou du moins leur donner une lueur d'espoir. Le Saint-Père voulait sans cesse être informé du travail qui s'y faisait et se réjouissait de toute bonne nouvelle qui pouvait être transmise. Quelle joie que la sienne quand une mère écrivait que le service pontifical de recherches lui avait enfin fourni la preuve certaine que son fils était en vie ! A l'occasion d'une audience, un homme lança une fois au Saint-Père : « Il faut que je vous dise quelque chose, Saint-Père ; lisez cette lettre, s'il vous plaît ! » Sur ces mots, le pape se vit mettre une lettre entre les mains, dans laquelle père, mère, enfants et grands-parents d'un soldat se trouvant en captivité le remerciaient cordialement d'avoir reçu des nouvelles de l'absent. Ils racontaient aussi la joie de leur fils qui avait reçu des services d'aide pontificaux un paquet — le premier depuis qu'il était en captivité. « Saint-Père, écrivait l'heureux père à la fin de la lettre, les miens et moi souhaitons que tout le bonheur et toute la joie que vous avez apportés dans notre famille récompensent mille fois votre propre cœur. » Pie XII fit aussitôt écrire à la famille et envoyer un nouveau paquet, particulièrement bon, au prisonnier. — C'est là un exemple parmi beaucoup, beaucoup d'autres ! Que de souffrances furent ainsi adoucies, que de pleurs séchés, que de familles consolées et secourues !

Malheureusement les bienfaits du service de recherches n'atteignaient pas tout le monde. La Russie et l'Allemagne y mettaient autant d'obstacles qu'elles le pouvaient. Cependant on faisait tout ce qui était possible, et aucun sacrifice d'argent ou de temps ne fut épargné. Le bureau d'informations n'était qu'une petite partie des services d'aide pontificaux. Le Saint-Père tenait beaucoup à aider les pauvres prisonniers. Tous les pays encore aisés furent appelés à apporter leur contribution, et Dieu seul sait ce que les soldats et prisonniers purent recevoir comme vêtements chauds, vivres et médicaments. Et non seulement les prisonniers, mais tous les pays touchés par la guerre reçurent l'aide de Pie XII. En longues colonnes, les camions des services d'aide pontificaux emportaient leur chargement de dons. Le Saint-Père envoya des dons dans les différentes régions d'Italie, en France, en Allemagne, en Autriche, en Hongrie, etc. Alors qu'au début, seuls les camions étaient disponibles pour la distribution des colis, il s'y ajouta bientôt les wagons de chemin de fer, qui étaient sans cesse en route pour les différents pays, avec les dons destinés aux populations dans le malheur et le besoin.

Avec quel plaisir Pié XII n'accueilla-t-il pas la demande de Mgr Baldelli de créer la *Pontificia Commissione di Assistenza* ! Comme le Saint-Père s'y intéressa de près ! Elle reflétait tout à fait son idéal, car ses débuts modestes correspondaient à son penchant pour le bien accompli en secret. Toutefois, il ne tarda pas à se rendre compte qu'é-tant donné l'immense misère, un élargissement de cette organisation charitable était absolument nécessaire ; il lui apporta son soutien de toutes les manières possibles et ne cacha pas sa joie quand, à chaque nouveau cas de détresse qui se présentait, elle était la première à apporter de l'aide ! — Qui se souvient aujourd'hui des aventures glorieuses de cette Caritas autour de 1944 ? —

A côté de la grande *Pontificia Commissione,* il y avait aussi la réserve personnelle de Sa Sainteté, qui, après ses débuts minuscules, était devenue une gigantesque organisation charitable. D'abord destinée à satisfaire les nombreuses requêtes individuelles de tous les jours, elle fut peu à peu continuellement agrandie et élargie. Nous n'avions pas à craindre de déranger quand nous venions demander de l'aide au Saint-Père. Il se montrait toujours généreux. Lorsqu'ensuite arrivèrent les dons importants d'Amérique et d'autres pays, ce fut la réserve personnelle qui, avec l'aide de 30 à 40 communautés de religieuses, nettoya vêtements et linges, les reprisa et les repassa, afin de pouvoir réchauffer ceux qui avaient froid et de pouvoir vêtir ceux qui était nus.

Le Saint-Père envoya des représentants dans les camps de prison-niers, pour apporter à ces pauvres gens aide et consolation. La réserve personnelle leur fournissait des camions pleins de médicaments, de vivres, de vêtements, de linge et de chaussures, afin qu'ils n'aient pas à arriver les mains vides. Un haut dignitaire de l'Église, qui a beaucoup fait pour la réserve personnelle de Sa Sainteté, vint nous demander ce dont nous avions le plus besoin. Lorsque nous lui eûmes tout fait voir, il déclara : « Soyez assurées que je ferai ce que je pourrai. Le Saint-Père m'a, lors de mon audience, remercié si vivement et si chaleureu-sement que je me ferai volontiers mendiant pour lui . » Nous eûmes souvent l'occasion d'entendre de semblables propos de la part de cardinaux, d'évêques et de bienfaiteurs de tous les pays.

Un village proche de Rome avait été, une nuit, entièrement détruit par les bombes et avait besoin d'une aide immédiate. Rapidement, toute la réserve fut vidée, et avant même qu'on ait pu imaginer ce que l'on donnerait le lendemain en cas d'urgence, la Providence avait à nouveau rempli les locaux vides.

Bien que surchargé de travail, le Saint-Père prenait le temps de venir lui-même dans la réserve et de témoigner sa gratitude envers ceux qui, par leur zèle infatigable, lui permettaient de faire ses distributions. Il ne laissait passer aucune occasion de stimuler la charité, ni aucune occasion de remercier. Il voulait qu'on l'informe exactement de la provenance des dons, afin que surtout personne ne fût oublié dans les remerciements. Quand il en avait lui-même l'occasion en audience, il exprimait sa gratitude d'une manière si cordiale que tout le monde s'en retournait avec une joie de donner renouvelée.

Les allocutions radiophoniques aux enfants et aux adultes d'Amérique sont bien connues. Toutefois, il n'y eut pas que les USA à apporter leur aide : l'Espagne aussi, le Canada, le Mexique, l'Amérique du Sud, et d'autres pays encore le firent. Tous les États qui le pouvaient, rivalisaient de zèle pour donner au bon et noble Père de la Chrétienté, afin qu'il puisse, lui, distribuer à pleines mains.

Lors de l'audience d'un officier américain, le Saint-Père avait réussi à obtenir l'autorisation pour les wagons chargés de dons en provenance du Vatican d'être acheminés gratuitement vers l'Allemagne par trains militaires. Ce qui ne restait pas en Allemagne de l'Ouest pouvait être acheminé plus loin. C'est ainsi que beaucoup de choses arrivèrent aussi en zone Est, où il avait été presque impossible jusqu'à présent d'envoyer des dons, alors qu'ils y étaient justement si nécessaires.

Un jour, un prêtre de Thuringe réussit à venir à Rome. Il raconta au Saint-Père la misère inimaginable et l'abandon dans lesquels vivaient les prêtres là-bas. Nous venions justement de préparer un convoi de 17 wagons et fîmes alors en toute hâte environ 70 paquets individuels contenant chacun une soutane, du linge, des chaussures, du vin de messe, des hosties et quelques provisions, afin que ces pauvres prêtres reçoivent pour Noël une marque d'attention du Saint-Père. Nous nous demandions avec anxiété s'il serait possible de pénétrer dans la zone occupée par les Russes et de faire ce plaisir aux prêtres déjà victimes de tant de privations. L'ingénieux directeur de la Caritas avait tout parfaitement organisé, et l'on était encore dans la période de Noël que, déjà, arrivaient les premières lettres de remerciements de ceux dont le Saint-Père avait, dans sa bonté, pris un soin si affectueux. Un jour, un homme durant une grande audience mit une

lettre entre les mains de Pie XII. Lorsqu'il l'ouvrit à la maison, il lut :
« Saint-Père, je suis l'un des prêtres à qui vous avez envoyé ces
magnifiques paquets de Noël. Nous ne pouvons exprimer ce que nous
avons tous ressenti, mais soyez assuré que le fait de connaître l'amour
attentionné d'un père qui est proche de nous dans notre misère, nous
remplit tous d'un courage renouvelé, pour rester fidèles à notre vocation — jusqu'à la mort. »

« Saint Père, écrivait un autre prêtre du pays des Sudètes, il n'y a
pas de mots pour décrire ce que nous avons ressenti lorsque votre
paternelle bonté nous a envoyé ce colis qui nous a fait oublier toute
notre misère, dans la joie de savoir que vous pensez à nous et que
vous êtes proche de nous par votre prière, votre amour et votre
compréhension ! Il y avait si longtemps que nous souffrions amère-
ment de la faim ; non seulement dans nos corps, mais dans nos âmes
aussi nous étions à bout. Et votre colis est arrivé... ! »

Un prêtre de France écrivit un jour : « La plus belle chose que
nous ayons jamais reçue, c'est de vous que nous l'avons reçue, Saint-
Père ! On voyait que c'était l'amour même qui l'avait préparée et
empaquetée ! »

Chaque année, le Saint-Père recevait du Brésil un envoi de café.
A la suite d'une erreur qui ne fut éclaircie que plus tard, celui-ci resta
une fois très longtemps dans un entrepôt de Naples, et c'est ainsi
qu'arriva d'un seul coup une double livraison — à point nommé pour
pouvoir ajouter 25 sacs à un envoi qu'on venait de préparer. D'un
camp de France arriva plus tard une lettre disant : « Saint-Père,
pouvez-vous mesurer ce que votre café signifiait pour nous autres,
malades du cœur, affamés, exténués ? » — D'un hôpital militaire, quelqu'un écrivit : « Saint-Père, si seulement vous pouviez voir les visages
de nos malades, qui ne souriaient plus depuis des mois, et qui maintenant, avec leur petite tasse de café, sont rayonnants de joie et se
sentent tous bien mieux. Si seulement vous pouviez les entendre vous
bénir et vous remercier, vous remercier ! » Désormais, Pie XII ne
voulut plus boire de café ni en voir sur la table du petit déjeuner
— c'est à peine si, auparavant, il en avait pris une tasse, et encore,
seulement lorsqu'il avait à faire un assez long discours —, afin que
nous puissions en envoyer davantage aux soldats !

Ce ne sont là que quelques exemples parmi tous les témoignages
d'amour reconnaissant. Des milliers de lettres disaient la même chose,
et combien, sans doute, n'ont jamais atteint leur but !

Longtemps après la guerre, un prêtre de la réserve personnelle, qui avait été longtemps aumônier aux armées, me racontait encore qu'il avait assisté un soldat dans ses derniers instants. Lorsqu'il lui demanda s'il avait encore un ultime souhait à formuler, le soldat lui dit de mettre la main dans sa poche et d'en sortir le billet qui s'y trouvait. C'était la petite carte qui était jointe à tout envoi de paquets pour le front : « De la part du Saint-Père, avec la bénédiction apostolique ». Il fallut que le prêtre porte la carte à ses lèvres, pour qu'il puisse encore une fois les y appliquer, et c'est avec cette bénédiction qu'il voulut mourir.

Non moins que la détresse physique, la détresse spirituelle de ses enfants inquiétait le Saint-Père. D'innombrables églises et chapelles étaient en ruine, des milliers de catholiques sans la moindre assistance sacerdotale. On sait très bien comme il faut peu de temps aux gens pour perdre l'habitude de l'Église, dès qu'ils n'ont plus l'occasion d'aller aux offices et de recevoir un enseignement religieux.

A nouveau, ce fut le Saint-Père qui donna ce qu'il pouvait et sollicita les moyens nécessaires pour trois cents églises de fortune. La générosité des évêques américains (le cardinal Spellmann en tête) permit de venir en aide, ici aussi, à la détresse la plus criante. Jamais je n'oublierai avec quel bonheur Pie XII reçut cette aide importante et la remit le jour même, et combien sa gratitude fut profonde.

La réserve personnelle put ainsi livrer des centaines de calices, ciboires et vêtements sacerdotaux, ainsi que des linges d'autel, des aubes, des trousses d'extrême-onction et tout ce qui était nécessaire pour préparer un autel et orner une église de fortune. Chaque fois que tout avait été distribué, les armoires vides de la réserve se remplissaient à nouveau. Nous nous étonnions souvent de pouvoir toujours donner, alors que les demandes ne diminuaient pas. Un jour, une dame vint à la réserve et offrit le montant de cent ostensoirs, émettant seulement le vœu que son nom y fût gravé dans le socle — ce que nous lui accordâmes de grand cœur. Nous venions juste de distribuer le dernier ostensoir !

A l'exception d'un seul employé — qui accomplissait sa tâche avec une fidélité et un dévouement exemplaires —, il n'y avait que des volontaires pour faire tout le travail dans la réserve personnelle. Comme l'envoi des wagons était, lui aussi, assuré gratuitement par les Américains, tout pouvait absolument aller aux pauvres. Que de travail cela représenta, et comme il fut fait de bon cœur ! Les chères sœurs et les quelques hommes qui, jour après jour, faisaient ce gros travail avec moi, s'en acquittaient très volontiers. Tous savaient qu'il leur était ainsi donné de servir Dieu et le Saint-Père, dont l'amour des pauvres avait créé ce petit royaume de charité agissante où l'on pouvait faire tant de bien. Pie XII savait qu'il n'avait qu'à dire : « Envoyez ceci ici ou là ! » Il ne manquait jamais de rien dans la réserve. Bien des détresses inavouées et secrètes y furent soulagées. C'était pour le Saint-Père une joie particulière quand il en découvrait et qu'il pouvait les soulager, en silence et sans être remarqué. — Même s'il lui arrivait parfois de se plaindre en disant : « On est toujours obligé de vous chercher à la réserve », il ajoutait aussitôt : « Mais c'est tout de même bien que nous ayons une réserve. »

Aucun de ceux qui adressaient une demande à Pie XII n'était défavorisé par rapport aux autres, mais il lui tenait pourtant à cœur que Rome, et, surtout, les pauvres curés de banlieue soient richement pourvus. Tous ces curés ne tardèrent pas à connaître la réserve personnelle et y vinrent avec toutes leurs misères. Régulièrement, ils pouvaient s'approvisionner en vêtements, chaussures, linge et vivres pour les pauvres de leurs paroisses. Il ne manquait pas non plus de matériel d'écriture, de jeux et de friandises pour les enfants, et il y avait largement de quoi équiper les premiers communiants. Les prêtres pauvres étaient aussi très reconnaissants pour les demandes de messes que nous leur obtenions toujours. La réserve personnelle ne possédait pas d'argent, mais quand une grande misère apparaissait, nous savions ne jamais nous tromper en adressant notre demande au Saint-Père, car c'était sa cassette personnelle qui, de toute façon, couvrait toutes les dépenses restant éventuellement à régler. Ce sont des millions que le Saint-Père donna ainsi aux curés pauvres, tantôt pour une chapelle devenue absolument nécessaire, tantôt pour une salle de réunion, tantôt pour l'achat d'un terrain à bâtir ou d'un terrain de sport. Même si la guerre était finie et si la situation commençait à se normaliser, la détresse était encore inimaginable, et l'on savait (et l'on avait la possibilité de savoir) que le chemin qui menait au Saint-Père était celui d'un secours gratuit.

Souvent les curés pauvres de la banlieue se plaignaient de perdre presque une journée entière lorsqu'il leur fallait aller au vicariat ou dans quelque autre bureau. Comme ils auraient été heureux d'avoir une motocyclette ou une petite voiture ! Mais pareille chose était évidemment au-dessus de leurs moyens. Certes, il arrivait que l'on offrît au Saint-Père à l'occasion d'une audience, une motocyclette ou une bicyclette ; mais qu'est-ce que cela représentait vu leur nombre ?

Le président des usines Fiat venait de temps en temps voir le Saint-Père et, un jour, il vint aussi nous voir à la réserve. Bientôt, la première voiture, une *Giardinetta*, arriva dans la cour. L'un des curés de la banlieue put, dans l'après-midi, prendre livraison de sa petite voiture. Avant sa promenade dans le jardin, nous demandâmes au Saint-Père de la bénir. La lampe rouge de l'ascenseur indiqua qu'il était à l'heure. Le curé qui allait devenir l'heureux propriétaire était à genoux à côté de la *Giardinetta*. Pie XII bénit la voiture, s'avança vers le prêtre, lui tendit la main et parla un peu avec lui. Le prêtre pouvait à peine répondre, tellement il était heureux, et ne savait que regarder les yeux du Pape, posés sur lui avec tant de bonté. Devant la réserve, tout le personnel était agenouillé pour recevoir comme toujours la bénédiction et un geste amical. Pourtant, ce jour-là, le Saint-Père ne fit absolument pas attention à nous, ne regarda même pas autour de lui, et nous nous relevâmes sans bénédiction. Le curé, en revanche, était si heureux qu'il ne remarqua nullement notre déception. Il s'assit tout content au volant de sa voiture et démarra.

Ce soir-là, le Saint-Père me dit : « Comme j'ai eu honte devant le curé qui a reçu cette petite voiture — avec ma grosse voiture garée à côté ! » — « Saint-Père, répliquai-je, le curé n'aurait certainement pas voulu de la grosse vieille voiture que vous avez (cette voiture avait été en service durant tout le pontificat de Pie XI et avait sans doute 20 ans) ; il préfère mille fois sa petite auto neuve.» — « Est-ce vrai ? Oh, s'il en est ainsi, tout va bien », dit le Saint-Père visiblement soulagé. Maintenant, nous savions pourquoi le Saint-Père n'avait pas fait attention à nous ce jour-là — C'était bien là Pie XII ! Dans sa modestie, il était préoccupé d'avoir, lui, le Pape, une grande voiture, tandis que le curé de banlieue en avait une petite. Par la suite, Pie XII a béni encore souvent les petites *Fiat* neuves, avant que les curés ne les reçoivent.

Un jour que six d'entre elles se trouvaient alignées dans la cour, il demanda à l'un des ecclésiastiques qui devait devenir l'heureux propriétaire d'une des autos, s'il voulait l'échanger contre sa voiture. Celui-ci répondit très franchement : « Non, non, Saint-Père, cette vieille bagnole ne vaut plus rien ! » Alors seulement, Pie XII fut tout à fait satisfait ; désormais, il eut grande joie à bénir les quarante voitures et plus destinées aux curés. Quelques autos plus grosses purent être envoyées aussi dans des diocèses pauvres, car le généreux président des usines Fiat répondit toujours aux demandes de Pie XII.

C'est avec une profonde gratitude qu'il faut ici faire également mention du généreux fabricant de soie de Côme qui, pendant de nombreuses années, nous livra gratuitement soie, doublures et parements pour des milliers de chasubles. Une grande pièce de l'appartement privé fut transformée en atelier de couture. A côté de notre travail pour le Saint-Père et pour sa maison, nous, les religieuses, fabriquions de nombreuses chasubles. Quelques monastères aussi travaillaient constamment pour pouvoir subvenir aux nombreuses demandes de cet ordre. Il était fréquent, lors des grandes audiences, que le Saint-Père reçoive des ostensoirs, des calices, des ciboires, des croix d'autel, des encensoirs, des candélabres et autres objets du même genre. Lors des fêtes, des béatifications et canonisations, on demandait toujours ce que l'on pouvait offrir au Saint-Père. Son souhait était toujours le même : « Quelque chose pour mes églises pauvres. » — Un jour qu'un groupe de religieuses avait offert personnellement à Pie XII une chasuble magnifiquement brodée, nous n'eûmes pas de mots pour en vanter la beauté. Pie XII la regarda, mais ne dit rien. Puis, nous lui fîmes voir toutes les autres choses, chasubles, aubes, linges d'autel, etc... — que ces mêmes religieuses lui avaient offertes pour les églises pauvres. Alors seulement, Pie XII fut heureux. Lorsqu'il eut tout inspecté, il retourna vers la belle chasuble qui n'avait pris de valeur à ses yeux que parce que les églises pauvres avaient été si richement dotées. Il était toujours comme cela ! La joie de pouvoir distribuer primait toute joie personnelle.

Lorsqu'après la guerre, cardinaux et évêques de l'étranger purent peu à peu revenir à Rome et au Vatican, nous aussi reçûmes souvent leur visite à la réserve. Ils ne cessaient d'exprimer leur admiration devant le fait que le Saint-Père fût parfaitement au courant de ce que leurs diocèses avaient envoyé à la réserve personnelle, et ils nous assuraient qu'ils poursuivraient leur aide avec joie.

Il n'est pas besoin de citer les noms des généreux donateurs. Leurs noms sont inscrits dans le livre de Celui qui accorde ses divines récompenses, et le Père de la Chrétienté s'est souvenu d'eux tous les jours, à l'autel, avec la plus profonde des gratitudes.

Au cours d'une audience de ces messieurs de l'industrie, un fabricant de tissu trouva un jour que la soutane du Saint-Père était très usée, et il envoya une pièce d'étoffe fine. « C'est bien trop beau, dit le Saint-Père, est-ce que vous n'avez pas sans cesse besoin de tissu pour les premiers communiants ? » — « Oui, dis-je, mais... » — « Il n'y a pas de mais », dit le Saint-Père. Et lorsque, quelques semaines plus tard, un groupe d'enfants vinrent le voir dans leurs vêtements de première communion confectionnés dans ce tissu, il en fut très satisfait et se réjouit de tout cœur avec eux.

Lorsque les dures années de la guerre et de l'après-guerre furent enfin passées, nous crûmes que notre travail à la réserve personnelle était, lui aussi, terminé. Mais l'Italie ne se relevait que très difficilement des suites de la guerre et les demandes continuèrent d'affluer auprès du Saint-Père... Aussi continua-t-on à travailler et à distribuer. A chaque catastrophe — inondation, incendie ou autre — les appels à l'aide parvenaient à Pie XII. Nous nous estimions heureux d'être toujours prêts à intervenir, et nous nous efforcions de remplir la réserve quand tout avait été distribué.

Peu à peu, nous finissions d'ailleurs par savoir où nous pouvions nous adresser. Il était tenu rigoureusement compte des entrées et sorties de la réserve personnelle... Mais que signifient les chiffres seuls ? Il n'y a que le Bon Dieu pour savoir ce qu'il fallut de travail, de sueur et de peine, ce qu'il fallut de nuits blanches passées à l'ouvrage pour rassembler tout ce que, durant des années, la charité du Saint-Père redistribua aux nécessiteux. — Toutefois, ceux qui travaillaient en silence à la réserve trouvaient une récompense surabondante dans la conscience qu'ils avaient de pouvoir aider celui-ci dans sa grande œuvre caritative.

Après le départ subit de notre Saint-Père bien-aimé, nous dressâmes en toute hâte une liste sommaire de tout ce que contenaient les magasins personnels de Pie XII. Les chiffres élevés montraient que les distributions auraient encore pu durer longtemps.

Les audiences de soldats ! Il est impossible de donner ne fût-ce qu'une impression rapide de ce domaine auquel Pie XII consacra tant d'amour et de peine. Quel courage, quelle confiance, quelles consolations n'a-t-il pas donnés aux soldats sur le départ ! Aucun ne voulait partir au front ou pour un autre poste sans avoir vu le Saint-Père et avoir reçu sa bénédiction. Chaque jour nouveau le voyait au milieu de ses fils. Il partageait leurs souffrances et leurs craintes. Souvent, il revenait de ces audiences incapable de toucher à un plat, tant les soldats, mais aussi leurs pères et mères, femmes et enfants lui faisaient de peine. Souvent il pleurait avec l'un d'entre eux qui n'arrivait pas à comprendre pourquoi on l'envoyait au front. — Cela dura des années. Pie XII resta auprès de ses fils durement éprouvés et ne s'accorda pas de repos, même si les *baciamano* duraient des heures et si sa suite ne pouvait plus se tenir debout. On se demande comment le Saint-Père pouvait résister ! Quand il revenait de ces audiences à la maison, ruisselant de sueur et fatigué au point de ne plus tenir debout, jamais une plainte ne venait sur ses lèvres. Le lendemain, de nouveaux groupes de soldats pouvaient venir : ils trouvaient en lui le même père, toujours infatigable, débordant d'amour et de bonté. Il arrivait que tel ou tel soldat lui murmure à l'oreille qu'il voulait lui parler seul à seul ; alors il le prenait à part à la fin de l'audience, et les profondes niches des fenêtres des salles d'audience se transformaient en confessionnaux, où plus d'un soldat, avant de partir au front, soulageait sa conscience.

D'ordinaire aussi, quand Pie XII revenait parfois très tard des grandes audiences ou bien des *baciamano* et que nous lui disions, étonnées : « Mais Saint-Père, si tard ? », il se contentait de répondre : « Il faut bien de temps en temps que l'on soit aussi confesseur. »

Quand la guerre fut générale et provoqua tant de haines, on mit Pie XII en garde à plusieurs reprises de ne pas tant s'exposer à un danger éventuel en parcourant ainsi les longues files de soldats. On se heurta à un mur. Le Saint-Père voulait être proche de ses fils. Il comprenait ce que cela représentait pour un soldat de lui serrer la main, de baiser son anneau, de le voir de près et de pouvoir lui dire quelques mots. Qu'on lui salisse ses vêtements, et qu'on aille jusqu'à couper des petits morceaux de sa soutane et de son manteau, lui était égal. Mais il arrivait aussi que le Saint-Père revienne les doigts en sang, car ceux qui l'aimaient lui avaient tellement serré la main que l'anneau lui entrait dans la chair.

Un dimanche, un soldat américain nous demanda à Saint-Pierre s'il n'y avait vraiment plus aucune possibilité de voir le Saint-Père ce matin même ; il devait quitter Rome le soir. Ce dimanche-là, pour une raison quelconque, la grande audience des soldats avait été avancée. L'Américain nous assurait qu'il n'en avait rien su. Ses demandes étaient si pressantes que nous prîmes sur nous de téléphoner à l'antichambre. Nous obtînmes qu'il se joigne à un petit groupe. Ce n'est qu'après avoir obtenu cela qu'il nous raconta que c'était aujourd'hui sa 112ᵉ audience. Devant notre grand étonnement, il dit qu'il n'avait pas manqué un seul jour d'aller à l'audience. Il avait même assuré du service de nuit pour ses camarades, afin de se libérer pour l'heure de l'audience. Dès la première audience, le Saint-Père lui avait adressé la parole et lui avait demandé d'où il venait. Depuis, il n'avait plus trouvé de repos ; il avait suivi les cours pour convertis (il était protestant). Aujourd'hui, il avait eu le bonheur de faire sa première communion. Et maintenant, il souhaitait voir une dernière fois celui à qui il était redevable, après Dieu, de ce bonheur. Lorsque Pie XII revint pour le repas, très tard et complètement épuisé, nous lui racontâmes l'événement. Il se contenta de dire, avec un sourire de bonheur : « Je le sais, j'ai parlé moi-même avec ce soldat. A la grande audience de ce matin, il y avait un groupe de 21 personnes qui toutes, aujourd'hui, ont retrouvé le chemin de la sainte Église et ont fait leur première communion. Cette moisson d'âmes vaut tous les sacrifices ! »

Une chère religieuse assez âgée que nous connaissions bien, s'adressa à nous pour obtenir en faveur de ses deux neveux une place particulièrement bonne lors d'une audience. Depuis sa conversion et son entrée au couvent, elle n'avait plus jamais entendu parler de sa famille distinguée, parce que celle-ci non seulement désapprouvait sa démarche, mais encore la considérait comme une honte pour leur nom et avait rompu toute relation avec elle. Arrivèrent donc deux jeunes officiers qui l'appelaient *Aunt* et n'avaient qu'un seul souhait : *We would like to see the pope !* Question : Est-ce que les parents à la maison étaient au courant ? Réponse : Évidemment, ils ne se doutaient de rien, mais c'était le rêve de tous les soldats venant à Rome de voir le pape. Depuis si longtemps qu'elle était à Rome, la tante devait bien pouvoir leur procurer le privilège de voir le pape de très près et peut-être aussi de lui parler. — Les deux officiers obtinrent leur « assez bonne place » et Pie XII s'entretint aussi avec eux. La religieuse attendait avec curiosité le retour de ses neveux. Au bout de plus de huit jours, elle craignit qu'ils n'aient pas pu voir le pape et ne s'en soient retournés déçus. Mais au bout de 10 jours, les deux hommes revinrent, en compagnie d'un troisième, en l'occurrence l'aumônier militaire. Il les avait, sur leur demande, bien instruits et préparés à la conversion. Ils s'étaient déjà confessés : bientôt aurait lieu leur première communion. La religieuse ne fut pas peu étonnée, et lorsqu'elle demanda si l'on était au courant à la maison, l'un des neveux répondit : « Je suis majeur ; mon frère le sera bientôt également. Nous avons déjà écrit à la maison que la plus belle chose jusqu'à présent a été l'audience du pape et que nous y allons aussi souvent que possible. Après notre première communion, nous retournerons à l'audience. D'autres camarades viendront avec nous, qui se sont également convertis. »

C'était l'époque où Hitler avait interdit aux soldats allemands d'aller à l'audience du Pape. Mais on passait outre à cette interdiction chaque fois que cela était possible. Cependant, il ne fallait pas se faire prendre ; les officiers, en particulier, devaient faire attention. Or, un matin, deux officiers montèrent à l'audience par la Porte de Bronze. Deux yeux suspects les avaient suivis, et peu de temps après, quelqu'un demanda, comme par hasard, à l'un des gardes de service combien le Vatican avait d'issues. « Oh, à peu près trois », répondit le garde qui avait déjà l'habitude de cet espionnage. Là-dessus, deux indicateurs furent placés au Portone di Bronzo, deux à Sant'Anna et deux autres encore à l'Arco delle Campane. Entre-temps, les deux officiers avaient été immédiatement avertis et, l'audience finie, on les fit sortir du Vatican sans être vus, « par un autre chemin ». — Tard dans l'après-midi, l'un des indicateurs finit par demander au garde quand donc l'audience d'aujourd'hui se terminerait. D'un air malicieux, celui-ci répondit qu'il voulait sans doute dire : quand commencerait celle de demain ! Le lendemain, envoyé par les mouchards bernés, un soldat vint à l'audience et eut l'audace de demander au Saint-Père lui-même combien d'issues avait le Vatican. Pie XII, qui était au courant de l'événement, comprit aussitôt, et répliqua avec une pointe d'ironie : « Autant qu'il en faut, mon fils, pour égarer les grands malins ! »

On pourrait encore rapporter ici bien des choses, tant le Saint-Père en racontait lui-même. Il était heureux chaque fois qu'il entendait dire : « Maintenant nous repartons avec courage pour le front, la guerre et les dangers de toute sorte, car nous savons que votre bénédiction et votre prière nous accompagnent ! » Ces mots que l'on murmurait à son oreille : « J'ai reçu, au front, un paquet de vous », ou bien : « J'ai eu des nouvelles de mon père, de mon frère par votre *Ufficio Informazioni* » et d'autres encore, constituaient, pour le Saint-Père, la plus riche des récompenses pour les heures de *baciamano* de chaque jour.

Un jour, un soldat retint très longtemps la main du Saint-Père dans la sienne. Pie XII le regarda amicalement et fit le geste de la lui retirer. Alors l'homme dit en toute franchise : « Je voulais voir seulement si vous étiez vraiment en chair et en os !... »

Une autre fois, quelqu'un dit : « Saint-Père, j'ai une femme et des enfants à la maison. Si vous priez pour moi, je partirai consolé pour le front, parce que je sais qu'alors, rien ne m'arrivera. » Ou bien : « Saint-Père, c'est déjà la deuxième fois que je viens. Je suis sûr qu'avec votre bénédiction, je pourrai être tout à fait tranquille et en sûreté. » Des centaines de lettres et de billets que l'on mettait dans les mains de Pie XII disaient la même chose et témoignaient de ce que les soldats emportaient de ces audiences. Ils n'avaient pas honte de montrer leur admiration, ni de montrer leurs larmes non plus, qui coulaient sur leurs joues ; c'était une confiance illimitée qu'avaient ces hommes, dans leur détresse, envers cette silhouette vêtue de blanc, rayonnant de noblesse et de dignité, mais aussi d'humaine bonté, dans laquelle on vénérait et on aimait le Vicaire du Christ.

Comme elles étaient impressionnantes les audiences d'aveugles et d'invalides de guerre ! Nul ne pourra jamais oublier, s'il l'a vu, le spectacle de cette procession de misère traversant la place Saint-Pierre pour venir au Vatican. Conduits par des membres de leurs familles, des infirmiers et des infirmières, ils venaient vers le consolateur des affligés. Durant des heures, le Saint-Père parcourait les rangs, les encourageant, les aidant, les bénissant ! Il faisait naître un sourire, une expression de joie, un rayon de soleil sur ces innombrables visages. Certes, le monde voyait les milliers de soldats et d'affligés qui gravissaient chaque jour les marches du Vatican, il voyait les blessés, les aveugles et les invalides qui venaient à l'audience, mais il ne savait rien de l'océan de souffrance et d'amertume où ils laissaient ensuite le Saint-Père ; lui, que Dieu avait désigné et choisi pour être leur Père commun et qui partageait et supportait avec eux toute leur peine.

Aux horreurs de la guerre s'ajoutaient les cruelles persécutions ; les prisons et camps de concentration se remplissaient des meilleurs des prêtres et des laïcs. Toute profession de foi publique était devenue impossible, et se déclarer solidaire de ceux que l'on avait incarcérés sans raison signifiait partager le même sort qu'eux. Le pire était qu'on ne pouvait pas aider ces malheureux, car on entendait dire sans cesse que la moindre marque d'attention envers eux, si elle venait à être découverte, ne faisait qu'aggraver leur situation. Pour ces malheureux aussi, le Saint-Père a beaucoup fait en silence et discrètement, travaillant pas à pas avec opiniâtreté et persévérance. Il a sauvé plus d'une vie humaine, sans que personne n'en ait jamais rien su.

Pie XII n'avait rien négligé pour préserver l'Italie de la guerre, mais tout fut en vain ; aussi fallut-il prendre des mesures de défense. On avait préparé pour le Saint-Père aussi un abri contre les bombes, mais il n'y mit jamais les pieds. Quand il y avait une alerte de nuit, et qu'un bombardement commençait, le Saint-Père se rendait toujours à la chapelle pour y célébrer une messe. Au milieu du pire fracas, le

Saint-Père restait calme et recueilli, comme s'il n'entendait absolument pas. Avec ferveur, fixé en Dieu comme s'il se tenait tout à fait à l'écart de ce qui se passait en ce monde, il offrait le Très Saint Sacrifice. Mais une fois, peu avant minuit, le vacarme devint terrible. Pendant toute la messe, ce ne furent que grondements et craquements comme si le monde allait s'écrouler. Juste comme la sonnette retentissait, annonçant la consécration, il y eut une explosion qui fit trembler et vibrer les fenêtres. Involontairement, quelqu'un dans la chapelle poussa un cri. Mais cette fois-là non plus, rien ne put troubler la sérénité du célébrant. Nous ne pûmes nous empêcher de demander ensuite à Pie XII s'il était possible qu'il n'ait rien entendu. Il répondit calmement : « Il faut bien qu'il y ait un paratonnerre dans cette grande ville. »

Un soir, le palais du gouverneur fut bombardé ; l'un des Messieurs de la secrétairerie d'État se trouvait justement en audience auprès du Saint-Père. On remarquait aux explosions que les bombes tombaient très près, mais le Saint-Père continua tranquillement son travail, jusqu'à ce qu'on lui ait dit ce qui était arrivé et quels sévères dégâts elles avaient causés.

Une autre fois, Mgr Montini vint de la Secrétairerie d'État à l'appartement privé de Pie XII. Il me dit qu'on savait de façon certaine que, la nuit suivante, le Vatican serait bombardé. Il fallait dire au Saint-Père de se rendre dans la cave-abri dès la première alerte. Je réfléchis ; la meilleure solution me parut être de ne rien dire, mais de tout préparer pour, le moment venu, pouvoir descendre tout de suite. Pour n'éveiller aucun soupçon, j'allai me coucher avec les religieuses, puis je me relevai en silence et allai préparer dans l'abri tout ce qu'il fallait pour la messe.

L'ascenseur était prêt aussi pour pouvoir partir tout de suite si une alerte survenait. Vers 11 h, tout fut en ordre. Comme toujours, le Saint-Père était encore au travail dans le bureau. A 11 h précises, la porte s'ouvrit, et, traversant le petit corridor, Pie XII se rendit, comme il en avait l'habitude, à la chapelle. Comme la porte était restée ouverte derrière lui, je voyais sa haute silhouette agenouillée sur le grand prie-Dieu. Alors, toute peur me quitta définitivement, même lorsque le Saint-Père acheva sa prière, à minuit, pour reprendre son travail. Je pus me rendre à mon tour dans la chapelle, sans avoir à craindre d'y être surprise par le Saint-Père. Vers 2 h, la lumière du bureau s'éteignit, car l'heure de dormir était enfin venue pour Pie XII aussi. — Rien ne s'était encore passé. Je me réjouissais du fond du cœur de ne rien avoir dit et d'avoir épargné une nuit blanche à tout le monde. Il n'y eut, cette nuit-là, absolument aucune alerte. Lorsque le jour commença à poindre vers 4 h et demie, je me mis au lit sans faire de bruit et me relevai à 5 h avec les autres. Personne n'avait rien remarqué de çe que j'avais fait durant la nuit. S'était-il agi d'une fausse alerte, ou bien le Saint-Père, par sa prière silencieuse en présence de son Seigneur dans l'Eucharistie, avait-il pu à nouveau se faire le paratonnerre du Vatican et de la Ville éternelle ?

Mais alors arriva ce terrible 19 juillet 1943, que sans doute aucun de ceux qui l'ont passé à Rome ne pourra oublier. Le soleil dardait ses rayons d'après-midi du haut d'un ciel clair et sans nuages, quand soudain, avec une rapidité inouïe, les bombardiers vrombissants déversèrent la mort et la désolation sur Rome et ses habitants. Tout le monde était comme figé d'effroi.

Le Saint-Père était à la fenêtre et voyait les oiseaux de mort plonger sur sa ville. Il était très pâle lorsqu'il éleva sa main qui, maintenant, tremblait, pour donner sa bénédiction. De sa fenêtre, on avait l'impression que c'était le quartier de Sainte-Marie-Majeure qui brûlait. Il se précipita au téléphone, mais personne ne savait rien de précis. « Faites avancer immédiatement ma voiture » ordonna Pie XII. « Pour l'amour de Dieu, Saint-Père, vous ne pouvez tout de même pas quitter la maison maintenant ! » Mais il n'écouta aucune objection. On appela le chauffeur. Pie XII prit sur lui tout l'argent qui se trouvait à la maison et fut prêt à partir en un clin d'œil.

Il se trouvait déjà dans le Cortile San Damaso, lorsque je parvins avec peine à joindre Mgr Montini, afin qu'au moins le Saint-Père ne sortît pas tout seul. Le chauffeur, n'ayant pas idée de l'endroit où aller, se tenait à côté de la voiture qui emmenait d'ordinaire Pie XII au jardin, et s'entendit donner l'ordre d'aller sur les lieux de mort. On ne savait pas encore si le quartier en flammes était celui de Sainte-Marie-Majeure ou celui de Saint-Laurent. Au Vatican, on ne savait pas du tout que le Saint-Père était parti. De la fenêtre, nous vîmes la voiture de Pie XII traverser la place. Je courus au téléphone pour annoncer au cardinal secrétaire d'État que le Saint-Père était parti. « Che cosa ? non, non, il ne peut partir maintenant, en aucun cas ! » — « Mais il est déjà parti depuis quelques minutes, Éminence, il est parti, sans qu'on puisse l'arrêter ! »

Bientôt la nouvelle se répandit comme une traînée de poudre à travers le Vatican et à travers la ville : « Le Saint-Père ! Le Saint-Père !... » Mais lui était déjà au milieu des foules éperdues, parmi les ruines fumantes des maisons écroulées, près de la basilique détruite de Saint-Laurent-hors-les-murs. Le pauvre peuple entourait son pasteur et père, qui était le premier à venir à lui, pour lui apporter réconfort et aide. Comme des grappes, les gens s'agglutinaient au marchepied de sa voiture ; ils montaient sur le capot et sur le toit. Soudain, la voiture s'immobilisa ; impossible de la faire avancer davantage. Le Saint-Père descendit et se mêla à ses fils et ses filles, les réconforta et s'agenouilla enfin pour prier sur le tas de décombres fumants devant la basilique. Le peuple priait et pleurait avec lui. Puis Pie XII distribua tout ce qu'il avait apporté. C'était déjà le soir quand il revint au Vatican dans une petite auto, car sa voiture ne marchait plus. Il arriva les vêtements salis, tachés de sang, mais heureux, malgré toutes les souffrances, d'avoir apporté à ses enfants éprouvés par le malheur un peu de réconfort et d'aide. — Quelqu'un lui ayant fait reproche de s'être exposé à un tel danger, Pie XII lui répondit sans détours : « Je le referais aussitôt, si — que Dieu nous en préserve — la ville devait être à nouveau bombardée. »

Lorsque le Saint-Père, ce soir-là, comme toujours après le chapelet, bénit sa ville bien-aimée d'une des fenêtres de son appartement, de chaudes larmes coulaient sur ses joues. On voyait qu'il revivait et endurait toutes les souffrances de cet après-midi.

A partir de ce jour-là, les colonnades de Saint-Pierre furent jour et nuit le refuge de la population des quartiers périphériques, tremblant de peur à la pensée d'une nouvelle attaque. Chaque alerte voyait de grandes masses humaines affluer vers la place Saint-Pierre et la basilique.

Le monde entier sait ce que Pie XII entreprit pour éviter un nouveau malheur. Pourtant, Rome fut encore une fois bombardée et le peuple le revit à nouveau au milieu de lui, pour lui redonner courage et le consoler.

Que n'a pas fait Pie XII pour les juifs persécutés, dont l'extermination, comme on le sait, avait été dès le départ, le but d'Hitler ! De toutes les manières possibles et imaginables, on leur procura des refuges ; le pape en aida des milliers à émigrer outre-mer ; on rassembla l'or nécessaire à racheter les otages. Pie XII qui, pour la réputation et l'honneur de l'Église, était obligé de faire en public ce qui certainement se serait sans cela réalisé en silence, était toujours heureux de pouvoir faire du bien discrètement, sans le crier sur les toits. On pourrait raconter bien des choses, si l'on ne savait pas qu'en le faisant, on aille à l'encontre de la volonté du grand pontife. Ce n'est pas en vain que l'ex-rabbin de Rome, qui, plus tard, touché par la grâce et édifié par le bon exemple des chrétiens, se convertit au catholicisme, a écrit ces lignes : « Aucun héros de l'histoire n'a commandé armée plus vaillante, plus attaquée, plus héroïque que Pie XII au nom de la charité chrétienne. »

C'est avec horreur que l'on se souvient de ce matin d'août 1942, où les journaux, en larges manchettes, rapportèrent l'horrible nouvelle que la protestation officielle des évêques hollandais contre la persécution inhumaine des juifs avait amené Hitler à faire arrêter dans la nuit 40 000 juifs et à les faire gazer. Parmi eux, se trouvait aussi la célèbre philosophe et carmélite Edith Stein, dont Pie XII avait suivi la destinée avec beaucoup de sympathie. On apporta les journaux du matin dans le cabinet de travail du Saint-Père qui s'apprêtait à se rendre aux audiences. Il lut le titre seulement et devint blanc comme un linge. De retour des audiences (il était déjà 13 h ; c'était le moment de déjeuner), avant de passer dans la salle à manger, le Saint-Père, tenant à la main deux grandes feuilles couvertes d'une écriture serrée, vint dans la cuisine (où se trouvait la seule possibilité de faire brûler quelque chose au feu) et dit : « Je voudrais brûler ces feuilles, c'est ma protestation contre l'affreuse persécution des juifs. Elle devait paraître ce soir dans l'*Osservatore Romano*. Mais si la lettre des évêques hollandais a coûté 40 000 vies humaines, ma protestation en coûterait peut-être 200 000. Je ne dois ni ne peux prendre cette responsabilité. Aussi vaut-il mieux se taire en public et faire en silence, comme auparavant, tout ce qu'il est possible de faire pour ces pauvres gens. » — « Saint-Père, me permis-je d'objecter, n'est-il pas dommage de brûler ce que vous avez préparé là ? On pourrait peut-être en avoir besoin un jour. » — « Moi aussi, j'y ai pensé, répondit Pie XII, mais si, comme on le répète sans cesse, on entre ici de force et trouve ces feuilles — et ma protestation est faite sur un ton bien plus tranchant que la protestation hollandaise —, qu'adviendra-t-il des catholiques et des juifs sous la coupe allemande ? Non, il vaut mieux la détruire. » — Le Saint-Père attendit, pour quitter la cuisine, que les deux grandes feuilles aient complètement brûlé.

« Il est cloué sur la croix et ne peut se libérer, il ne peut qu'endurer et souffrir... Le pape, lui aussi, est cloué à son poste et doit se taire. » Qui donc pourrait, plus intensément que Pie XII, avoir éprouvé ce que c'est que d'être le Vicaire du Christ ?

Dans son discours du 30 janvier 1939, au Reichstag, Hitler avait prophétisé : « Si jamais la juiverie internationale de la finance à l'intérieur et à l'extérieur de l'Europe réussit à précipiter une fois encore les peuples dans une guerre mondiale, le résultat ne sera pas la bolchevisation de la terre et, par là, la victoire de la juiverie, mais au contraire la destruction de la race juive en Europe. » Le monde put alors entendre son plan criminel de sa propre bouche. Sans parler du tout du fait que son livre *Mein Kampf* fourmille déjà de semblables couplets haineux. Mais, parmi les hommes d'État responsables, personne n'avait mis un terme à cette évolution funeste. Seul Pie XII, le souverain désarmé, avait prévu l'horreur infinie et s'était jeté contre elle de toutes ses forces. Mais la haine et l'égoïsme national couvrirent la voix de la justice, qui ne s'appuyait évidemment sur aucune armée. La guerre ne pouvait être empêchée.

Un regard jeté aux journaux allemands de ces années-là nous montre aujourd'hui encore que l'assassinat des juifs — même s'il se situe moralement, sur un autre plan — ne pourrait être séparé des autres événements de la guerre. Pour Hitler et ses partisans, les juifs étaient « notre malheur » et « l'ennemi universel n° 1 », ainsi que le proclamaient sans cesse les publications national-socialistes. La destruction des juifs était l'un des buts principaux d'Hitler, et il était décidé, comme son intervention en Hollande le montre, à le réaliser avec un cynisme que les protestations ne faisaient que rendre plus brutal. Les persécutés eux-mêmes ne cessaient de conjurer le Saint-Père de ne les aider qu'en secret.

Dans le discours cité plus haut, Hitler avait déclaré publiquement :

« Il semble qu'à l'étranger règne dans certains milieux l'opinion que le fait de manifester à haute voix sa sympathie pour des éléments qui, en Allemagne, sont entrés en conflit avec la loi, pourrait entraîner un adoucissement de la situation de ceux-ci. Peut-être a-t-on l'espoir par certains moyens publicitaires, de pouvoir exercer en ce sens sur le gouvernement de l'Allemagne une influence terroriste. Cette opinion repose sur une erreur capitale. Dans le soutien apporté par l'étranger à certaines entreprises dirigées contre l'État, nous voyons l'ultime confirmation de leur caractère de haute trahison !... Ce soutien ne paraît donc être destiné qu'à ceux qui projettent d'anéantir le Reich Allemand. C'est la raison pour laquelle, nous ne verrons, dans chaque cas particulier, qu'une raison impérative de renforcer les mesures à prendre de notre côté. »

Ces déclarations ne disent-elles pas clairement et sans détours que Pie XII, dont l'intelligence faisait qu'il commençait toujours par examiner d'abord les conséquences de ses actes, eut raison d'accomplir tout ce qu'il imagina et fit pour sauver les juifs, en secret et sans éclat, afin de ne pas attirer sur eux de nouveau malheur, au lieu de l'aide et du sauvetage espérés ?

10 septembre 1943 ! Qui ne se souvient de ce jour où les Allemands entrèrent dans Rome ? La chute de Mussolini et l'armistice ne signifiaient pas pour autant la fin de l'horreur. Deux jours durant, les portes de Saint-Pierre restèrent fermées. Les Romains barricadaient leurs maisons, leurs magasins, tout. La peur, l'effroi recouvrait d'une chape de plomb les habitants de la ville tout entière. Quiconque séjournait à Rome à ce moment-là, sait que l'on ne quittait son domicile qu'en cas de nécessité absolue et que l'on rentrait chez soi le plus vite possible. Mais tout le monde avait les yeux fixés sur Saint-Pierre. Comme on enviait ceux qui pouvaient résider à l'intérieur de la cité du Vatican. Pourtant, on savait exactement que le Pasteur, le Père veillait sur la ville et prenait soin d'elle, et tous n'attendaient leur salut que de lui. La cité du Vatican elle aussi, avait désormais, après l'occupation de Rome, une frontière commune avec l'Allemagne d'Hitler. L'ancienne alliée de l'Italie s'était transformée en une puissance ennemie d'occupation, et à l'entrée même de la place Saint-Pierre, les Allemands avaient planté leur tente, sous les yeux du Palais Apostolique, demeure du Saint-Père. On craignait pour lui, certes, mais dans leur crainte, les gens disaient encore plus fort : « Ne vous en allez pas, sinon nous sommes perdus ! » S'ils avaient su combien l'idée de s'en aller était étrangère à Pie XII ! Son souci permanent de jour comme de nuit, c'était son diocèse bien-aimé, sa ville de Rome, tous ses enfants dont il savait qu'étant donné la rareté des vivres disponibles, ils souffriraient bientôt de la famine. Depuis longtemps déjà, on avait tout fait pour ne pas rester les mains vides au cas où se produirait l'occupation tant redoutée. Mais on voyait clairement que ces réserves ne pourraient suffire longtemps, et il fallait trouver un moyen de s'en tirer. Hors de Rome, on pouvait encore trouver des vivres, mais on avait besoin de l'autorisation des Allemands pour pouvoir sortir. Les neveux de Pie XII ainsi que le général des Salvatoriens, le père Pankratius Pfeiffer, ainsi que plusieurs autres, contribuèrent à la réussite de l'entreprise. Tôt le matin, tous les camions qu'il était possible de trouver quittaient le Vatican et traversaient la place Saint-Pierre, pour aller porter du pain aux affamés. Comme la ville se trouvait de plus en plus encer-

clée par les Alliés, cette œuvre charitable n'allait pas sans de nombreux sacrifices, ni sans grand danger. Plus d'un conducteur fut bombardé, bien que les camions fussent peints de blanc et jaune et surmontés du drapeau pontifical. Un conducteur trouva d'ailleurs la mort en accomplissant cette tâche charitable.

Mais ce n'était pas seulement la faim qui régnait à Rome. La puissance occupante ennemie pratiquait ouvertement et sans retenue la chasse à l'homme. La peur d'être arrêté et déporté dans un camp de concentration était telle qu'on ne peut plus aujourd'hui s'en faire aucune idée. On essayait de se cacher de toutes les manières possibles et imaginables, et là encore, c'était le Saint-Père qui faisait s'ouvrir les portes. Le Vatican, les nombreux monastères, les collèges, tout devint lieu d'asile, pour ceux qui étaient traqués et persécutés. Lui-même aida à ravitailler les clandestins et à leur rendre leur logement supportable. Et tout devait se passer dans le plus grand secret, car il arrivait sans cesse de nouveaux fugitifs, et ceux qui étaient déjà en sûreté ne devaient pas être mis en danger. Pie XII voulait aider, aider tous ceux qui étaient en détresse. On ne faisait pas de différence, on accueillit même des personnes qui payèrent le Pape d'ingratitude, voire de calomnies. Malheur s'il avait appris qu'on avait émis des réserves pour accueillir telle personne ayant trop mauvaise réputation ! Il voulait toujours tout savoir et être informé de tout ce qu'on avait fait et de tout ce qui restait encore à faire, et il ne se lassait jamais de donner.

Quand la détresse et la misère devinrent toujours plus grandes parmi la population qui souffrait tant de la guerre et des raids aériens, et que le Saint-Père vit que les moyens dont il disposait étaient de loin insuffisants pour aider autant qu'il l'eût souhaité et qu'il eût été nécessaire, il se renseigna pour savoir s'il n'y avait pas des objets de valeur qu'on pût vendre. Il voulait aussi faire enlever les pierres précieuses des tiares et des mitres et les remplacer par des pierres sans valeur. On fit venir un joaillier pour une estimation des objets, mais le profit eût été si peu élevé que le Saint-Père se rendit compte de l'inutilité de la chose. Alors il pensa aux trésors des musées et aux statues des galeries. Il fallut toute la persuasion de quelques experts pour le retenir de donner tous ces joyaux. D'ailleurs, où aurait-on pu trouver acheteur à cette époque-là ? Et puis, il eût été impossible de les envoyer à l'étranger. Et que n'eussent pas dit les gens mal intentionnés si l'on avait vendu ces objets ? Toutefois Pie XII disait : « On aura toujours quelque chose à redire, et on peut toujours mal interpréter la chose la meilleure et la mieux intentionnée qui soit. » Il ne se souciait pas de ce qu'on disait. Ce qu'il voulait, c'était aider sa ville, aider tout le monde, partout où il le pouvait. Même les sentinelles allemandes à l'entrée de la place Saint-Pierre n'étaient pas exclues de cette bonté. Quand celles-ci, même lorsqu'il pleuvait à verse, y faisaient les cent pas, il lui arrivait de dire en riant : « Pauvres gars, vous pouvez aller dans votre guérite, soyez sûrs que le Pape ne s'échappera pas ! »

Pie XII savait très bien qui était celui qu'on recherchait le plus. Il ne craignait pas que les sbires, au cas où ils pénètreraient dans ses appartements, pussent y trouver des choses de valeur — celles-ci n'existaient que dans l'imagination des journalistes. Mais c'étaient les papiers qu'il fallait mettre en lieu sûr, et l'on trouva pour eux une excellente cachette. Les travaux de mise à l'abri durèrent plusieurs jours ; ils se firent sans aide extérieure et sans que personne ne les remarquât. Tout semblait en paix et en ordre. On aurait pu croire que le Saint-Père n'était nullement affecté de savoir que les voix qui réclamaient son départ de Rome et sa déportation en Allemagne, se faisaient entendre toujours plus fort — en Allemagne où, à ce qu'on disait, tout était déjà préparé pour le loger. Il se contenta de faire savoir très clairement qu'il ne partirait jamais volontairement et qu'il ne cèderait qu'à la violence même si cela devait lui coûter la vie. Les Romains savaient qu'ils pouvaient compter sur Pie XII et que c'était par lui seulement que le plus effroyable pouvait être évité.

Des frayeurs, il y en avait assez de toutes parts. Quelques petits épisodes seulement. Une nuit, on sonna à la porte d'un couvent. La maison, qui pouvait héberger environ 50 personnes, était presque bourrée à craquer d'« hôtes ». Dans un mauvais italien, l'un des trois soldats (c'étaient des Allemands) qui se tenaient à la porte, dit : « Nous venons pour prendre les matelas de cette maison. » — « Dans ce cas, nous ne pouvons rien pour vous, répondit la religieuse en tremblant un peu, nous n'avons que des paillasses. » — « Et vous voulez que je vous croie ? », dit le soldat. « Eh bien, venez ! » répondit la sœur, en ouvrant la première porte de l'ancien parloir qui contenait environ 15 châlits, avec des paillasses recouvertes de draps et de couvertures propres. « Nous ne voulons pas de ces trucs-là, vous pouvez vous les garder », s'écria l'un des soldats en s'en retournant, et la sœur lui ouvrit aimablement la porte, le cœur soulagé. Mais elle s'empressa d'aller au téléphone pour informer les maisons voisines, au cas où, elles aussi, auraient « de la visite ».

Les choses ne se passaient pas toujours aussi bien. Ailleurs, ils cherchaient des couvertures de laine et des draps de lit, et les pauvres

139

« hôtes » durent quitter leurs lits pour satisfaire aux besoins de ces êtres insatiables. Pourtant on acceptait volontiers d'avoir froid pour une nuit, pourvu qu'on ne fût pas découvert. Beaucoup dormaient revêtus de bures, en habits de religieuses ou en soutane, afin de ne pas être reconnus en cas de razzia nocturne, comme on en avait souvent. Beaucoup changeaient sans arrêt de cachette, pour échapper à toute recherche. Mais s'il arrivait que l'on trouve quelqu'un et qu'on l'emmène, c'était le Saint-Père qui en était le plus affecté.

Quoi d'étonnant (après l'occupation allemande de Rome et après que le Saint-Siège eut appris qu'Hitler voulait faire déporter Pie XII) à la consternation qui s'empara de tout le monde au Vatican quand on sut que le Saint-Père, à la demande du Père Pankratius Pfeiffer, recevait en tête-à-tête un officier supérieur allemand qui, sous le sceau du secret le plus absolu, avait sollicité une audience ? Les révélations qu'il fit étaient toutefois de nature à convaincre Pie XII que ceux qui s'étaient inquiétés au sujet de sa vie et de sa sécurité, avaient bien raison. Car le Pape apprit clairement et ouvertement de la bouche de cet officier ce qu'on projetait de faire contre lui.

Mais quelle valeur pouvait-on accorder aux affirmations d'un tel informateur ? Une chose est sûre : Pie XII avait dit à cet officier qu'il demandait la grâce de deux jeunes gens qui avaient été condamnés à mort et devaient être fusillés dès le lendemain matin. Le Saint-Père reçut là-dessus la nouvelle que tous deux avaient été remis en liberté et qu'ils pouvaient retourner dans leurs familles. Ce n'est que plusieurs années plus tard que j'ai su que cet officier supérieur allemand était le général Wolff.

Même après avoir été exactement informé de ce qu'Hitler avait projeté contre lui, le Saint-Père ne changea rien à ses habitudes. On ne cessait de lui faire remarquer que sa promenade dans les jardins du Vatican était observée d'en haut et qu'il était très risqué de se rendre au jardin toujours à la même heure. Mais c'était inutile : « Je ne sors pas par plaisir, mais seulement parce qu'autrement je ne peux pas travailler, et je ne peux choisir l'heure à ma guise. » Il n'avait nullement peur pour sa propre personne. Malgré la certitude — qui lui avait été désormais confirmée — qu'Hitler ne reculait pas même devant une décision extrême, Pie XII ne cessa d'élever une voix toujours plus suppliante pour dire clairement aux belligérants quel crime terrible ils endosseraient en détruisant Rome. En outre, par un travail minutieux et difficile, on luttait sur le plan diplomatique, pour sauver la Ville éternelle, mais tout effort semblait vain.

La terreur augmentait. Déjà on disait que les Allemands avaient pris toutes dispositions pour faire sauter l'ensemble des ponts du Tibre. Si les Alliés entraient dans Rome, la mort et la désolation menaceraient toute la ville.

Ici, je me vois encore obligée de dire que Pie XII, sur le moment, ne sut absolument rien de l'arrestation des otages et de leur cruelle exécution aux Fosses Ardéatines. Il eût sinon, sans aucun doute, entrepris tout ce qui eût été humainement possible pour éviter cet acte horrible.

En cette heure grave entre toutes, le Saint-Père, lança un appel à celle que les Romains vénèrent comme le « Salut du peuple romain » : Marie ! Il convia tout le monde à prier avec lui. La prière ne fut pas longue à être exaucée. Que s'était-il passé ? Hier encore, les soldats allemands, fiers et autoritaires, arpentaient les rues de la ville ; et voilà qu'aujourd'hui, en ce dimanche matin du 4 juin 1944, tout le poids de ces années de guerre semblait s'être posé sur leurs seules épaules. Ils se traînaient, haletant sous ce poids, en petites ou grandes colonnes, avec leurs véhicules, pour quitter la ville encore endormie. Tous les préparatifs faits en vue de détruire celle-ci, semblaient oubliés. Partir, partir à tout prix ! Telle était la consigne.

Le Saint-Père, sur le point de se rendre à la chapelle pour y offrir le Saint Sacrifice, jeta un regard sur la rue et vit le tableau qui avait complètement changé par rapport à la veille. Un « Dieu soit loué », qui venait du fond de l'âme, témoigna de son soulagement, et, entrant dans la chapelle, il entonna joyeusement le *Magnificat*. En l'église Saint-Ignace, aux pieds de la Madone du divin Amour — qui, de son sanctuaire situé hors de Rome, avait été apportée ici —, devait aujourd'hui s'achever la neuvaine de prières pour la sauvegarde de la ville, en présence du Saint-Père. Et Pie XII vint. Le chemin qui allait du Vatican à Saint-Ignace menait à travers une colonne de voitures et de gens telle que Rome n'en a pas souvent vu. Dans l'église bondée, on priait, on chantait, on rendait grâces. Marie, « Salut du peuple romain », avait récompensé la confiance de ses enfants. Après le sermon et la bénédiction du Très Saint Sacrement, le Saint-Père entonna le *Te Deum* qui retentit comme un cri d'allégresse sous les vastes voûtes. La Reine du ciel avait protégé la ville où vit le Vicaire de son Fils.

Le jour suivant, tout Rome se rassembla sur la place Saint-Pierre, pour remercier le Saint-Père, c'était à lui seul que la ville devait d'avoir été sauvegardée. Pie XII reçut du peuple, à juste titre, le nom de *Defensor Civitatis*. Pour l'éternité, il restera dans l'histoire comme le sauveur de Rome.

Mais la guerre n'était pas encore finie ; la peine continuait. Ce n'est qu'à ce moment-là qu'on put voir clairement qui avait trouvé refuge et accueil au Vatican, dans les bâtiments extra-territoriaux, dans les couvents et instituts, et avec quelle générosité Pie XII s'était occupé de tout.

Mais qui donc pourrait aujourd'hui se faire encore une idée de cette époque de terreur, d'angoisse et d'incertitude perpétuelle, une idée de la misère et de la détresse de ces semaines et de ces mois-là ? Ce qu'on lit là-dessus aujourd'hui, paraît si simple, si naturel. Mais seuls ceux qui ont vécu cela et en ont souffert peuvent mesurer ce que cela signifiait de vivre dans une continuelle tension nerveuse ; car personne ne savait ce que l'heure suivante apporterait.

Lorsqu'enfin s'acheva cette terrible guerre, on put voir quelles blessures affreuses elle avait provoquées, quelles destructions elle avait causées, quel horrible malheur elle avait apporté au monde entier. Alors, une tâche nouvelle et harassante commença pour Pie XII, qui n'était pas seulement le Père des vainqueurs, mais aussi celui des vaincus. Il voyait naître de la dureté et de l'inflexibilité des vainqueurs une haine nouvelle. Aussi entreprit-il avec une patience inlassable et une totale abnégation toutes les démarches humainement possibles pour obtenir des conditions de paix acceptables et rapprocher les peuples.

A peine les Alliés avaient-ils franchi les portes de Rome que tout le monde se dirigea vers Saint-Pierre. Chacun voulait voir le Pape qui avait tant fait pour le peuple. Le Saint-Père ne se ménageait pas. Malgré sa taille plus que mince, et sa constitution délicate, il était extrêmement résistant. Jamais il ne se plaignait d'être fatigué. Les foules innombrables le voyaient passer dans leurs rangs, redressant sa haute silhouette et fascinant tout le monde par sa bonté et son amabilité.

Les énormes efforts spirituels et physiques qui menaçaient de miner la santé de Pie XII amenèrent son confesseur à lui conseiller de se ménager : il ne fallait vraiment pas qu'il fasse une allocution particulière pour chaque petit groupe de pèlerins, quelques mots suffiraient bien. Que dit alors Pie XII ? « Non, mon Père, sur ce point je ne suis pas de votre avis ; songez que c'est toujours le pape qui parle. Toute parole du pape doit être digne de ses fonctions ! »

Alors qu'il ne se faisait aucune concession à lui même, Pie XII accordait de grand cœur aux autres tout le repos, toutes les joies, tous les délassements qu'ils voulaient. « Vous, vous pouvez le faire ; moi, par contre, je n'y ai plus droit, depuis que le Bon Dieu m'a confié cette tâche ! » — Telle était sa conviction et nul ne pouvait l'en faire bouger.

Le monde connaît, en partie, toutes les notes, lettres, allocutions, encycliques et prières que Pie XII a écrites et promulguées durant les années de son pontificat, mais on sait rarement le labeur, les soucis, la peine, les jours de tracas et les nuits passées à veiller et à travailler que tout cela a coûtés.

Pie XII a accompli une œuvre immense durant les années de guerre et d'après-guerre. C'est là qu'il s'est manifesté au monde comme un grand pape et l'un des plus grands bienfaiteurs de l'humanité.

Après la guerre, le cardinal Faulhaber me raconta comment il avait été reçu en son temps par Hitler à Berchtesgaden. Comme l'on sait, Hitler s'était fait construire un ascenseur dans le roc et une demeure en haut de la montagne. C'est ici qu'il reçut le Cardinal, qui lorsqu'il descendit de sa voiture, dut se laisser bander les yeux pour ne pas voir l'entrée de l'ascenseur. Le Cardinal me raconta son entretien très pénible et désagréable avec Hitler.

On a beaucoup parlé du « *grande papa politico* ». Certes, la politique en tant que science le captivait — il n'y avait absolument aucun domaine qui n'eût pas intéressé Pie XII —, mais il était toujours heureux quand, à la suite d'une grève, il n'avait pas de journaux à lire. Son être droit, sensible, était diamétralement opposé à la politique, telle qu'elle se présentait dans la réalité quotidienne. Mais là où la politique s'en prenait à l'Église, aux évêques, aux prêtres, au troupeau du Christ, à ce qu'il y a de plus sacré pour les hommes, Pie XII considérait comme son devoir de faire entendre sa voix et de mettre clairement en lumière les fondements juridiques sans lesquels aucune politique ne peut durer. Il se taisait même si on le critiquait injustement — et même si on le calomniait et le tournait en dérision. Comme il souffrait des viles attaques que lançaient contre lui de mauvais journaux ! Cependant il considérait qu'il était de son devoir de les lire. Que de fois n'avons-nous pas tenté — lorsque nous apprenions par hasard, ou lorsque quelqu'un nous faisait remarquer que tel ou tel journal lançait une basse attaque de ce genre — de soustraire le journal à son attention ! Mais nous n'y réussissions que très rarement.

Qui ne se souvient des élections de 1948 ! Au terme d'une guerre perdue, alors que régnaient partout la destruction, la pauvreté, la misère et la détresse ; alors que la passion et la haine divisaient les cœurs, c'était tâche facile pour les ennemis de Dieu et de l'Église d'influencer les gens, de semer la discorde et la désunion et d'exciter encore plus le peuple qui était déjà en ébullition. Quelles ne furent pas alors les prières du Saint-Père, ses sacrifices, ses audaces, ses travaux ! Que de réflexion, que de préparatifs ! Le public n'en a su que peu de chose. Ceux qui ont pu prier avec lui dans le silence de la chapelle privée et le voir, à chaque messe, offrir spécialement cette grande intention, savent ce que son âme généreuse a traversé de souffrances et de sacrifices.

Dans ce contexte, me revient à l'esprit une rédaction d'Eugenio Pacelli alors âgé de 17 ans : *I miei nemici* — « Mes ennemis » ! Lui qui, comme il le dit ici lui-même, était bien plus porté à aimer qu'à haïr et, par conséquent, n'a pas connu non plus d'inimitié sérieuse, essaie dans ce texte de se représenter ses ennemis futurs. Qu'il ait un jour des ennemis, voilà qui est clair pour lui, car quelques-unes de ses idées, dont il est convaincu de la bonté au plus profond de lui-même, ne plairont probablement pas à tout le monde. Cependant, il les proclamera clairement et à haute voix :

« [...] Quoi qu'il en soit, il est certain que je n'ai jamais cherché et ne chercherai jamais à me faire de tous des amis par une prudence poussée jusqu'à la stupidité, par de viles flatteries et les plus basses hypocrisies — bref, en m'adaptant entièrement à cette vie d'actes, de paroles et de phrases conventionnelles exigées pour conserver les amitiés qu'on ne sent pas du cœur. Pas moi ! Certes, j'essaierai pour ma part [...] d'aimer autant de personnes que je le pourrai, et de me faire le moins d'ennemis possible, mais je ne m'abandonnerai jamais à certaines bassesses, dussé-je me rendre par là odieux au monde entier et m'exposer à mille persécutions. Celui qui voudra me haïr dans ces conditions, qu'il me haïsse donc ; moi, je ferai joyeusement le sacrifice du cœur, pour garder la noblesse de mon esprit. »

Dans un journal, j'ai lu un jour que Pie XII avait tout voulu faire lui-même, qu'il n'avait jamais écouté personne, etc. Je montrai cet article à Mgr Tardini, qui, ce soir-là, venait à l'audience. Monseigneur le lut et éclata de rire. « Vous voyez », dit-il, « comme on est peu au courant, et comme on connaît peu le Saint-Père. Oui, il fait beaucoup de choses lui-même, mais tout est exactement, longuement et minutieusement pesé, réfléchi, médité dans la prière. Il se renseigne, il interroge, il analyse sous tous les angles, il prend l'avis de ceux dont il est convaincu qu'ils comprennent la question et sont capables de rendre un jugement, et alors seulement le nouveau document est rendu public. Ce que j'admire toujours le plus chez Pie XII, c'est sa sagacité. Même pour les innovations qu'il introduit et a déjà introduites, rien ne voit le jour avant d'avoir traversé toutes les phases d'un strict examen contradictoire. Je pourrais vous dire encore bien des choses là-dessus, car nous qui sommes ses proches connaissons sa méthode de travail. »

Un religieux connu, que Pie XII consultait souvent, me dit un jour après son audience : « Remerciez le Bon Dieu d'avoir ainsi prodigué au Saint-Père sagesse, prudence et intuition. On remarque à toutes ses décisions que c'est vraiment l'Esprit-Saint qui le guide. »

Je me rappelle très bien ce que le Saint-Père dit à Mgr Tardini, avant que celui-ci prît congé de lui après l'audience du soir : « Et maintenant, Monseigneur, il faudra vingt ans de préparation intensive pour pouvoir commencer. Et d'ici-là, il y aura longtemps que je ne vivrai plus, et vous non plus, peut-être. » Monseigneur rit de bon cœur et quitta le Saint-Père. J'avais entendu ces dernières paroles, parce que Pie XII avait sonné pour que je reconduise Monseigneur hors de la pièce ; je demandai avec étonnement : « Excellence, pour quoi faudra-t-il donc 20 ans de préparation ? » Et il me répondit : « Le Saint-Père parlait d'un concile à venir qu'il est en train de préparer, et il croit que, pour faire cela vraiment bien, il est nécessaire de travailler encore beaucoup et intensément. Vous savez d'ailleurs que Pie XII veut que tout soit absolument parfait. »

Quand le Saint-Père appelait quelqu'un et que la personne en question le faisait attendre une demi-heure ou plus, il restait toujours d'humeur égale, reprenait son travail et attendait. Je ne connais qu'un seul cas où il s'était écoulé bien plus d'une heure, sans que la personne appelée se fût montrée. Alors le Saint-Père sonna et dit : « Dites, s'il vous plaît, que maintenant je n'ai plus le temps. » Autant Pie XII était avare de son temps et ne perdait pas une minute, autant sa patience n'avait pas de limites envers les autres.

Lorsqu'un jour, l'un de ces Messieurs sortit très tard et tout pensif de l'audience, je me hasardai à lui demander : « Excellence, j'espère que vous n'avez pas ôté au Saint-Père sa tranquillité nocturne par des problèmes trop graves ? » « Non », dit-il, « je ne crois pas, je m'étonne seulement de voir avec quel naturel le Saint-Père sait toujours prendre sur lui la responsabilité d'une faute qui visiblement ne lui incombe pas, afin d'épargner le coupable. »

Toutefois, Pie XII en tant que pape dut aussi parfois se montrer sévère, là où, en tant qu'homme, il aurait volontiers fermé les yeux sur une erreur ou un manquement.

Lorsqu'après sa mort, Hochhuth mit en scène sa triste caricature de Pie XII, on dit que Mgr Hudal lui en aurait fourni le matériel adéquat. J'ignore si c'est vrai. Mais au départ de ce bruit il y a sans doute le fait que Hudal ne put jamais supporter que le Saint-Père lui ait fait comprendre d'avoir à se démettre de son poste de recteur de l'Anima. Naturellement, Pie XII ne fit pas cela seulement de son propre mouvement, mais il y fut contraint par les plaintes constantes qu'il reçut de la part de cardinaux, d'évêques, et de prêtres et qu'il lui fallut, après une enquête minutieuse, considérer comme justifiées. Mgr Hudal ne put jamais surmonter cela.

7

Vers l'Année Sainte de 1950

La première année de son pontificat, Pie XII se vit contraint d'aller, peu après son élection, à Castel Gandolfo, parce que l'appartement pontifical du Vatican devait d'abord être complètement remis à neuf. Il lui eût d'ailleurs été impossible de rester dans l'appartement du cardinal secrétaire d'État, car le bruit que causait la réfection des lieux eût trop perturbé le travail et les audiences. La meilleure solution était d'aller à la résidence d'été. Nous nous donnâmes beaucoup de mal pour tout préparer à Castel, afin que le Saint-Père ait aussitôt tout ce qu'il fallait sous la main.

A l'arrivée à Castel, ce fut d'abord l'accueil du pape par les habitants de la petite ville. Puis il fallut s'accoutumer aux lieux. Pie XII, en effet, ne connaissait la résidence que par ses audiences auprès de Pie XI. Il n'avait jamais visité le palais, ni les jardins. Bientôt, il s'attacha à tous ces lieux, même si cela lui prit du temps pour s'y retrouver tout à fait. Ici aussi, il prit ses dispositions pour que son travail n'ait surtout pas à pâtir de la situation.

Le seul repos du Saint-Père à Castel Gandolfo consistait à se faire conduire au jardin quand les audiences se terminaient à l'heure. On avait construit une petite verrière, protégée par un parasol, dans un endroit ombragé et abrité du vent. Une petite table avec une simple chaise et un support pour poser les papiers représentaient toute l'installation. C'est ici que travaillait le Saint-Père pendant ce qu'il restait de temps jusqu'au déjeuner. Ainsi, il avait au moins de l'air. Nous aurions aimé lui embellir et arranger un peu ce petit coin, mais il ne voulait pas. « Il me faut seulement un endroit pour travailler, pas quelque chose pour mon confort », disait-il. A Castel aussi, Pie XII ne s'accordait qu'une demi-heure de sieste. Puis il faisait sa promenade... Il parcourait toujours le même chemin sous les magnifiques chênes verts qui, sans doute, arrêtaient les rayons brûlants du soleil, mais pas la fraîche brise marine. En automne, Pie XII empruntait le prolongement de cette allée, qui était ensoleillé et agréable. Même si, pendant cette heure-là, il ne s'accordait pas une détente complète, ce qu'il lui arrivait de nous raconter témoignait pourtant de son grand amour de la nature et des animaux. Il connaissait chaque arbre, prenait plaisir à voir que tout était si bien entretenu, et lorsqu'il vit un jour deux coqs se battre au sang, il appela un homme qui travaillait dans le jardin et lui demanda de s'assurer que les deux bêtes ne se soient pas entretuées. Il lui arriva aussi de trouver un jeune renard qui se régalait d'un poulet dérobé, et il le signala au jardinier.

Les jours de pluie, le Saint-Père avait une allée couverte, car la promenade en plein air n'était jamais supprimée, quel que fût le temps. De retour chez lui, il se remettait aussitôt au travail.

Malheureusement, on n'a jamais réussi à faire prendre à Pie XII un véritable repos. Chaque année, on prévoyait au moins 15 jours sans audiences et au calme complet. Chaque année, ils tombaient à l'eau. Seule l'« *udienza di tabella* » était supprimée pour quelque temps, mais les autres audiences continuaient. L'horaire de travail à Castel était strictement respecté et, comme au Vatican, la journée s'achevait à 2 heures du matin.

Le premier séjour à Castel fut assombri par les terribles événements qui, en dépit des exhortations et des avertissements de Pie XII, devaient conduire à la plus horrible des guerres. Aussi y eut-il beaucoup de peine et de soucis. Mais l'équilibre et la sérénité du Saint-Père restèrent toujours les mêmes.

Au début, il n'y avait pas tant d'audiences générales, car Pie XI s'était accordé plus de calme à Castel Gandolfo. Bientôt, Pie XII attira les gens toujours davantage sous son charme, de sorte que les audiences se firent toujours plus fréquentes. L'ordre du jour était le même qu'au Vatican, à cette seule différence que le Saint-Père simplifia là-bas tout ce qu'il était possible de simplifier. Pour les audiences, le Maestro di Camera et le camérier de service étaient présents. Les audiences passées, ceux-ci quittaient la résidence et retournaient à Rome. S'il y avait une audience particulière, pour laquelle la Garde noble et d'autres membres du personnel étaient nécessaires, ceux-ci venaient spécialement pour ces occasions. On n'avait de gardes suisses et de gendarmes que ce qu'exigeait le maintien de l'ordre.

Pour lui-même, Pie XII n'avait qu'un employé, qui était à la fois Aiutante di Camera, chauffeur et domestique. Avec quel dévouement et quelle profonde vénération cet homme était-il attaché au Saint-Père ! On ne demandait jamais rien de trop à Mario. On pouvait l'appeler à n'importe quelle heure du jour ou de la nuit — si cela avait été nécessaire —, et il était toujours content de paraître devant celui qu'il voyait lui-même travailler avec un zèle infatigable au bien de tous.

Au cours de la vingtaine d'années que dura le pontificat de Pie XII, des millions de personnes ont vu, soit à l'occasion de fêtes à l'intérieur de Saint-Pierre ou sur le vaste parvis, soit à l'occasion de visites de souverains ou d'audiences les plus diverses, le Saint-Père revêtu des ornements pontificaux, sur la sedia gestatoria ou se mêlant à la foule en toute simplicité — ces millions de gens se sont-ils doutés de l'humilité et de la modestie de ce grand pape ?

Pendant sept ans, Pie XII ne s'est même plus accordé ce petit changement d'air que lui offrait Castel Gandolfo. « Les autres gens non plus ne peuvent rien s'offrir en cette dure période ; je ne veux pas être mieux nanti qu'eux ! » C'est par ces mots qu'il écartait tout conseil venant du médecin, toute prière venant de son entourage et de nombreuses personnes bien intentionnées. Durant ces années-là, le Saint-Père resta à Rome et c'est seulement lorsqu'il ne pesa plus que 58 kilos pour sa taille d'un mètre quatre-vingt-deux, qu'il se rendit compte lui-même que cela ne pouvait continuer ainsi.

On approchait de l'Année Sainte de 1950 ! Il est presque impossible de dire quels efforts énormes cela représenta pour Pie XII. En fait, il se refusait à aller à Castel Gandolfo cette année-là, mais il finit par céder aux instances du médecin et de son entourage. Régulièrement, le Saint-Père devait aller deux fois par semaine à Saint-Pierre, pour les audiences, ainsi que trois ou même quatre fois au Vatican.

A Castel, il n'eût pas été possible de caser des milliers de pèlerins. Mais les pèlerins de l'Année Sainte ne se contentaient pas de voir une seule fois leur Saint-Père bien-aimé : ils revenaient chaque jour à Castel et « organisaient » une audience supplémentaire. Ils prenaient position devant le palais et commençaient à chanter, à prier, à crier, et rien ne pouvait les faire bouger de là tant qu'on n'était pas allé le dire au Saint-Père. Les gens, en effet, ne pouvaient pas savoir que les chambres du pape se trouvaient de l'autre côté de la maison et qu'ainsi leurs cris ne pouvaient lui parvenir. Finalement, il ne restait plus d'autre solution que d'aller dire au Saint-Père qu'une grande foule de gens voulait le voir ; et Pie XII venait, les bénissait et leur parlait. Les pèlerins se retiraient tout heureux. Ce qui avait réussi hier, ne pouvait rater aujourd'hui ; aussi les gens venaient-ils chaque jour, et c'est ainsi que commencèrent les fameuses audiences dans le cortile du palais : sans cartes d'entrée, sans personnel, sans antichambre, sans cérémonial. Comme les gens aimaient ces audiences ! Dans le cortile, il n'y avait ni première, ni dernière place ; tous étaient égaux. Chacun de ceux qui chantaient ici et poussaient des acclamations, gesticulaient et agitaient la main, pouvait ensuite affirmer que le Saint-Père l'avait tout particulièrement regardé, salué et béni.

Chacun était convaincu que les yeux pénétrants du pape avaient su lire au fond de son âme, et qu'il pourrait, avec sa bénédiction, prendre sans inquiétude le chemin du retour. Bientôt, le cortile ne suffit plus à contenir la foule, même lorsque le toit fut muni de tribunes et que le cortile se fut rempli deux, trois, quatre fois par jour. On dut, pour finir, prendre des mesures, car les pèlerins devenaient insatiables. Le pauvre pape, harcelé, n'aurait plus pu travailler du tout, les pèlerins ayant fini par venir à n'importe quelle heure de la journée. Si c'était justement l'heure des audiences privées, il était impossible d'aller prévenir le Saint-Père. C'était l'affaire des camériers, et ceux-ci faisaient encore plus la sourde oreille que nous ! Mais dans l'après-midi, les « *famigliari* » n'avaient d'autre ressource que d'aller sans cesse déranger le Saint-Père. Bien que ce ne fût pas rien pour lui d'avoir à interrompre sans arrêt son travail urgent, il aurait pu se montrer très fâché s'il lui était venu aux oreilles que nous ayons laissé partir les gens sans bénédiction.

Il faut dire que parfois, c'était un peu trop fort. Arriva par exemple à la tombée du soir un groupe qui se mit à chanter et à crier et qu'on ne parvenait pas à renvoyer. « Demain, nous ne serons plus ici, nous sommes venus de loin », tous les prétextes étaient bons. Mais personne qui se laissât attendrir par le fait que le Saint-Père, cet après-midi-là, avait déjà donné cinq fois sa bénédiction à des groupes toujours différents ! Entre-temps, l'heure était venue pour Pie XII d'aller dîner. Il entendit les cris et fit aussitôt venir les gens dans la cour. La liesse de ces jeunes fut indescriptible. Ils ne trouvaient pas assez de mots de remerciements, et le Saint-Père eut joie à voir cette jeunesse fraîche et gaie.

Le lendemain matin, il me fallait partir tôt pour Rome, et je rencontrai en chemin un groupe de jeunes gens qui marchaient, priant et chantant. L'autobus vide les précédait. Étonnée, je demandai pourquoi ils allaient à pied puisqu'ils avaient un véhicule, et j'obtins pour réponse que le Saint-Père, la veille au soir, leur avait recommandé, avec une grande insistance, prière et sacrifice ; alors ils voulaient faire le trajet à pied et prier à ses intentions... Lorsque je racontai cela au Saint-Père à mon retour, il en fut complètement muet de joie. Une autre fois, lorsqu'on dit à un groupe qu'il était trop tard pour faire sortir le pape, ces gens répondirent tout simplement : « Alors, nous resterons ici toute la nuit. » Lorsqu'on se rendit compte que les gens le disaient sérieusement, il n'y eut plus, à nouveau, d'autre solution que d'aller avertir Pie XII. Il vint aussitôt. Dès que les acclamations se furent apaisées, il leur demanda : « Alors vous vouliez attendre ici toute la nuit ? » Ils étaient tous un peu surpris que le Saint-Père fût au courant de leurs propos. Alors un homme d'un certain âge s'avança et dit avec une profonde émotion : « Saint-Père, pour vous voir et recevoir votre bénédiction, ce ne serait certainement pas trop d'attendre ici toute la nuit ! »

Il faut encore évoquer ici l'audience des quarante marins de Goa, en Inde. Ils étaient descendus à terre à Naples vers 16 heures et devaient réembarquer tôt le lendemain matin. Aussi étaient-ils obligés de repartir pour Naples le soir même avec leurs omnibus. Il était 20 h 30 lorsqu'ils arrivèrent à Castel. Un père de la specula (Observatoire), qui parlait anglais, les introduisit. Sans dire un mot, ils se mirent aussitôt à genoux et baisèrent le sol. Ils restèrent agenouillés en attendant le Saint-Père, qui apparut aussitôt au balcon. Prosternés à terre, ils écoutèrent ses paroles et ne levèrent le visage que lorsque Pie XII eut fini de parler. Bien qu'il les eût invités en leur langue à se relever, ils restèrent à genoux jusqu'à ce qu'après la bénédiction et quelques paroles cordiales, il se fût retiré en les saluant de la main. Ils ne se relevèrent que lorsque la lumière du balcon s'éteignit. Les yeux brillants, ils reçurent les médailles et chapelets que le Saint-Père leur fit distribuer, et, aussi muets qu'à leur arrivée, ils quittèrent le cortile dans l'attitude du plus profond respect. C'était si émouvant que nous tous, qui avions été témoins de cette audience singulière, en avions les yeux humides.

De quoi cette cour de Castel Gandolfo n'a-t-elle pas été le témoin ! Ici avaient lieu les audiences solennelles avec les grands de ce monde, avec les scientifiques et les savants. Des congressistes de toutes sortes s'y rassemblaient. Le cortile se transformait en salle du trône, ou bien en simple lieu de rencontre d'un père aimant et de ses enfants. C'était le point de rendez-vous de toutes les classes sociales et de toutes les nations. Pie XII adressait la parole à ses fils et ses filles en six langues différentes et plus. Chacun devait entendre sa langue maternelle et se sentir chez lui auprès du Père commun. Quelles conversations délicieuses en résultaient, ici ou là ! Presque toujours, ces audiences duraient plus d'une heure, et, la bénédiction donnée, c'étaient des salutations et des gestes d'amitié à n'en plus finir. Une fois, un père éleva son enfant en l'air, pour que le Pape le bénisse spécialement. La fine main du Pasteur Angélique traça le signe de la croix, tandis qu'il se penchait vers eux. Le bambin, ravi, battit des mains, et son père, tout heureux le serra sur son cœur.

Une autre fois, une jeune mère arrive avec ses cinq enfants et s'arrange pour avoir un banc contre le mur du bâtiment : elle y installe ses petits par rang de taille ; tous se mettent à appeler et à faire des signes. Et voilà que le Saint-Père, qui les a tout de suite aperçus, leur sourit, les bénit et les salue, et la maman se sent soulagée de son fardeau. Mais elle doit promettre aux petits à plusieurs reprises de revenir ici le lendemain.

Un jour, Pie XII recevait un prélat ; lorsqu'on lui annonça que c'était l'heure de l'audience, il prit avec son visiteur le chemin de la véranda d'où il parlait aux pèlerins. Le prélat, entendant les chants, dit en riant : « Vous entendez, Saint-Père, aujourd'hui la maison est encore une fois pleine de gloire. » (C'était le cantique allemand que chantaient les pèlerins : « Ein Haus voll Glorie schauet weit über alle Land... »). Pie XII aimait tant ce cantique, qui glorifie la sainte Église ! Il dit au prélat : « Je suis toujours heureux d'entendre les pèlerins chanter la sainte Église avec tant d'enthousiasme ! Du moment qu'ils emportent chez eux un grand amour de notre Mère l'Église, leur pèlerinage n'aura pas été inutile. » Pie XII donnait, en toutes circonstances, de magnifiques témoignages de son profond amour envers l'Église, l'Épouse mystique du Christ. Quand il s'agissait de la glorifier, nulle tâche n'était de trop, nul sacrifice n'était trop grand, et de même que, dans son testament, il appelle l'Église sa « mère très aimante », ainsi fut-il, quant à lui, son fils très fidèle et très dévoué.

De nombreuses personnes appartenant à d'autres religions ont sans doute, pour avoir participé à ces audiences, pu comprendre, pendant ces heures-là, ce qu'est la papauté. — Des foules innombrables ont vu ces audiences et s'en sont retournées plus heureuses, plus riches — Qui donc a jamais réfléchi à ce que cela pouvait représenter pour le Saint-Père d'être toujours là pour tout le monde ; d'avoir toujours un visage souriant et gai, où se lisaient sa sympathie, sa bonté, sa compréhension ; d'être toujours obligé de se dépenser sans compter — lui qui était déjà surchargé de soucis et de peines pour toute l'Église de Dieu ? — Car, en définitive, les faits rapportés ici ne sont que quelques indications de ce qui se passait tout au long de l'année.

Castel Gandolfo est très agréable aussi pour son paysage. Le soir, le spectacle exaltant d'un coucher de soleil plus splendide que les autres faisait parfois que nous osions aller trouver le Saint-Père dans son bureau, pour le prier de regarder ce magnifique tableau. Mais même cette petite joie était une distraction qu'il s'accordait rarement.

Pie XII s'était toujours beaucoup intéressé à l'astronomie. Mais je ne crois pas que, durant toutes ces années, il ait pris plus de trois ou quatre fois le temps de monter à la specula pour admirer la voûte étoilée.

A Castel, on sut rapidement que ce qui plaisait le plus au Saint-Père, c'était de pouvoir travailler au calme, sans être dérangé. Le directeur et son personnel s'appliquaient, d'ailleurs, de manière exemplaire, à satisfaire ses désirs, et tant au jardin qu'à la maison, tout était toujours arrangé de telle sorte qu'en dehors des heures d'audience, rien ne vînt troubler l'atmosphère harmonieuse de ces lieux.

Le séjour dans la résidence d'été tirait à sa fin, et Pie XII s'apprêtait à retourner au Vatican — « Saint-Père, tous ces mois-ci, vous ne vous êtes pas accordé un seul moment de liberté, pendant que les gens racontent que le Pape revient de vacances... ! » Pie XII qui avait déjà son chapeau à la main, se tenait devant la fenêtre grande ouverte d'où l'on jouissait d'une vue magnifique sur la campagne dorée par les rayons du couchant ; il dit, comme en se parlant à lui-même : « Qu'il est beau tout de même, ce petit coin de terre ! » — « Oui, Saint-Père, qu'il est beau ! Et, pendant toutes ces semaines, vous n'en avez rien vu. » — « Quand donc en aurais-je eu le temps ? », répondit-il, presque avec tristesse, « un pape n'a plus de droits sur lui-même. » Et, comme s'il s'était déjà trop concédé, il se détourna rapidement de la fenêtre et se dirigea vers la sortie, où une foule en liesse était venue saluer son départ.

Voici encore un épisode qui s'est déroulé après le premier séjour de Pie XII à Castel, lorsqu'il prit possession, au Vatican de l'appartement pontifical remis à neuf. Comme on l'a déjà dit, il ne connaissait pas les lieux en détail, et après les transformations, ils lui étaient à plus forte raison tout à fait étrangers. Toute l'installation, meubles, tapis, tableaux, bref, tout ce qu'il avait dans son appartement de secrétaire d'État lui était, certes, familier, puisque c'était sa propriété, mais tout se trouvait maintenant dans un cadre nouveau, et Pie XII dut d'abord s'y habituer.

Il était arrivé tard le soir de Castel et, comme toujours, son premier travail fut de ranger ses documents et ses papiers ; il n'avait pas encore fait le tour de son appartement. Aussi ignorait-il qu'un escalier menait de son bureau à sa bibliothèque. Cherchant le commutateur, il fit une chute jusqu'au bas de l'escalier. Le domestique, qui voulait justement le prier de passer à table, vit la scène et en resta comme paralysé d'effroi. Nous nous précipitâmes enfin vers l'escalier. Le Saint-Père se tenait debout, au bas des marches et nous regardait gentiment. Que s'était-il passé ? Il nous raconta qu'il avait aussitôt remarqué son erreur, mais que, ne pouvant se retenir à quoi que ce soit, il avait supplié Marie : «*Madonna mia, salvami !*» Et il s'était retrouvé sur ses deux pieds au bas de l'escalier, sans s'être fait le moindre mal ; au contraire, la douleur qu'il ressentait dans la jambe droite depuis plus d'une semaine, à la suite d'une entorse, avait disparu. Nous nous rendîmes tous à la chapelle pour dire un *Magnificat* en remerciement. Pendant près de vingt ans, le Saint-Père a utilisé cet escalier pour aller retrouver ses chers livres, sans qu'il lui arrive désormais d'accident.

Lorsque commença l'Année Sainte, Pie XII avait déjà gouverné l'Église de Dieu pendant plus de dix ans. Ses forces étaient encore intactes, il était frais et presque juvénile malgré ses 73 ans. De toute son âme et avec un dévouement infatigable, il se consacra à toutes les personnes qui voulaient profiter des grâces de l'Année Sainte, et souhaitaient le voir et recevoir sa bénédiction. (Or toutes ses autres tâches l'attendaient aussi.) Que de choses les basiliques et églises de Rome, et surtout Saint-Pierre n'ont-elles pas vues, durant cette période ! Plus l'année avançait, plus les salles d'audience du Vatican et de Castel Gandolfo se remplissaient. Le Saint-Père ne se contentait pas de se montrer, il se mêlait aux siens ; il acceptait qu'on le presse de toutes parts, qu'on le pousse et le tire en tous sens, ainsi que le font les pèlerins en de tels rassemblements de foules. S'il revenait alors à la maison, trempé de sueur, fatigué, les vêtements salis et froissés, et que l'on se risquât à dire qu'il devrait se ménager, il se contentait de répondre : « Je ne veux pas être mieux nanti que tous ceux qui viennent ici. » Il est impossible de décrire toutes ces magnifiques rencontres entre le Père de la Chrétienté et ses enfants.

Un jour, le Recteur d'un grand collège de garçons arriva avec environ cinq cents élèves. Ce n'est pas rien de diriger une si grande troupe de jeunes de 10 à 18 ans. Car en plus d'obtenir l'indulgence du jubilé, ils voulaient aussi voir toute la ville de Rome. Ces garçons étaient insatiables ! Ils voulaient sans cesse découvrir de nouvelles splendeurs de la Ville éternelle, si bien que le Recteur et ses adjoints pouvaient à peine tenir debout, le soir, tant ils étaient fatigués. Or le lendemain devait avoir lieu l'audience pontificale. On avait d'abord demandé et obtenu pour eux une « spéciale », mais, pour une raison quelconque, cela n'avait plus été possible. Ce fut une grosse déception pour les garçons. Ils obtinrent du moins de fort bonnes places pour la grande audience à Saint-Pierre. Le Saint-Père arriva ! Ce fut un tonnerre d'applaudissements, d'acclamations, de cris et de chants sur tous les tons et dans toutes les langues. Les garçons en oublièrent complètement leur déception et leurs yeux, brillants de joie, se tournèrent tous vers lui, tandis qu'il faisait son entrée sur la sedia gestatoria, d'où aucun de ceux qui lui faisaient signe n'échappait à son attention. Lorsqu'il arriva près d'eux, ils virent qu'il était au courant et les connaissait. Il comprit aussi ce qu'ils voulaient lui dire, car avant même qu'il ne gravisse les marches du trône, il leur fit signe et les salua tout spécialement : son charme les avait tous conquis. Lorsque les acclamations se furent apaisées, le Saint-Père commença à parler — en s'adressant d'abord à eux ! Les jeunes gens ouvraient des yeux de plus en plus grands. Ils n'arrivaient pas à réaliser qu'eux, qui n'étaient tout de même qu'un petit groupe dans cette grande et vaste église, aient droit à un discours personnel, ne s'adressant qu'à eux, une parole entièrement étudiée et adaptée — pour eux seuls, exclusivement. Ils en oublièrent presque de remercier le Saint-Père lorsqu'il en eut fini avec eux et adressa encore un mot aux nombreux autres assistants.

Lorsqu'enfin tout le monde eut reçu une marque d'attention et que personne ne fut oublié, plus d'une heure s'était écoulée ! Après la bénédiction, Pie XII descendit les marches du trône, se dirigea d'abord vers les garçons, salua le Recteur, s'informa de ceci et de cela, puis se mêla aux jeunes, s'entretint avec eux et répondit à leurs questions. Ensuite seulement, il alla vers toutes les autres personnes qui l'attendaient. A nouveau sur la sedia, il salua de multiples fois dans toutes les directions et, accompagné par les acclamations de la foule, quitta la basilique, en distribuant sa bénédiction. Il fallut un moment avant de pouvoir sortir de la basilique, qui était bondée. Lorsque le Recteur descendit les escaliers de Saint-Pierre, il n'arrêtait pas de se retourner pour voir si tous étaient bien là. Mais qu'était donc devenue sa bruyante et bavarde troupe de garçons ? Personne ne disait mot. Lorsque le Recteur s'informa du programme de la journée, tous lui dirent d'une seule voix : « Nous n'en avons pas, Père Recteur ! Nous ne voulons plus rien voir ; ce serait profaner l'expérience que nous venons de vivre. Rentrons chez nous ! » Le Recteur vit se tourner vers lui plus d'un regard humide de larmes, mais heureux. Le lendemain matin, il leur annonça qu'il avait tout de même un programme pour eux : ils iraient à Castel Gandolfo voir encore une fois le Saint-Père avant leur retour au pays. L'allégresse de tous ces jeunes fut indescriptible.

L'un de ces garçons de Saint-Pierre fit plus tard cette description très juste : « Comme ce fut magnifique, quand le Saint-Père à la fin de cette audience que nous n'oublierons plus de toute notre vie, descendit les marches du trône et se dirigea vers nous — non, il faudrait dire se jeta au milieu de la foule comme nous nous jetons à l'eau pour nager. Autour de lui, c'était une marée déferlante et lui se laissait pousser et tirer — et son visage était radieux ! Une pensée me revenait sans cesse : il est vraiment Père, — un Père rayonnant de bonheur, et nous sommes ses fils. Puis lorsqu'il eut serré toutes les mains, répondu à toutes les questions, écouté et exaucé toutes les demandes et qu'il put enfin se libérer de nous pour aller vers les milliers d'autres personnes qui l'attendaient également, ce fut la même chose : on le tirait par les vêtements, on le poussait, on s'agrippait à lui — et rien ne semblait plaire davantage à Pie XII que ces « mauvais traitements », car son visage radieux n'exprimait qu'une infinie bonté paternelle. C'est ici seulement que j'ai compris pourquoi l'on appelle le pape « Saint-Père » ! Pie XII a, en tout cas, mérité ce nom dans le plein sens du mot ! »

Le couronnement et le point culminant de l'Année Sainte fut la proclamation du dogme de l'Assomption. C'était le 30 octobre. Lorsque Pie XII revint de sa promenade dans les jardins du Vatican, il raconta que, venant à lever les yeux de son travail, il avait vu un spectacle surprenant : le soleil qui était encore assez haut dans le ciel, apparut comme une sphère sombre, d'un jaune pâle, entourée d'une lueur éclatante. Un petit nuage, léger et clair, flottait devant lui. La sphère sombre se déplaçait légèrement vers l'extérieur, soit qu'elle tournât autour de son axe, soit qu'elle s'éloignât à droite et à gauche de sa trajectoire, pour y revenir ensuite. A l'intérieur de la sphère, on voyait très nettement et continuellement se produire de forts mouvements. L'ensemble avait été un spectacle merveilleux ; sans être ébloui, son regard pouvait fixer attentivement le soleil.

Le lendemain était un dimanche. Pleines d'attente, nous allâmes, nous aussi, dans les jardins, espérant voir également le spectacle ; mais nous revînmes déçues à la maison. Le Saint-Père nous demanda aussitôt : « L'avez-vous vu ? Aujourd'hui, c'était exactement comme hier ! » Le jour de la proclamation du dogme également, le Saint-Père revit le phénomène ; puis encore une fois, le jour de l'octave de la fête. Nous aurions aussi aimé le voir, mais nous n'y eûmes pas droit... Pie XII fit demander des renseignements à la specula, mais là non plus, on ne savait rien et l'on n'avait rien vu. On prit, à la demande du Saint-Père, des informations à l'extérieur — également sans succès.

Premier novembre 1950 — 5 heures du matin ! Le regard se promène sur la vaste place Saint-Pierre... Elle était encore dans la pénombre du jour naissant qu'elle commençait déjà à s'animer. Mais qu'arrivait-il au ciel ? Était-ce une journée de mai pour s'annoncer si pure et si claire, ou était-ce vraiment le 1er novembre ? Une allégresse secrète traversa l'âme : Ave Maria ! Le jour grandit, et la tranquille place se transforma en un immense océan où se déversaient sans discontinuer de nouveaux fleuves humains. Il arrivait toujours plus de monde ; il y avait là, chantant et priant, le visage rayonnant de joie, des représentants de tous les peuples, de toutes les races, de toutes les nations. Une foule ondoyante et compacte, qui bruissait, murmurait, jubilait ! Déjà, toutes les rues d'accès étaient noires de monde, mais la vaste place les absorbait toutes ; les fleuves humains s'y perdaient, en bon ordre et dans le calme, et l'œil étonné constatait qu'il restait toujours une petite place pour les retardataires. Les chants et les prières des différents groupes de toutes langues et de toutes nations se mêlaient les uns aux autres, comme dirigés par un seul chef d'orchestre. Et ce ciel ! Clair, radieux, pur, éclatant, il étalait sa voûte au-dessus d'un tableau chatoyant d'une splendeur indescriptible.

Déjà l'on entendait ronronner le rasoir électrique dans la chambre du Saint-Père, mais les volets étaient encore clos. « Saint-Père, cela ne vous intéresse-t-il donc pas de savoir quel temps il fait aujourd'hui ? » — « Qu'il ferait beau aujourd'hui, je le savais déjà, répondit-il, hier j'ai dit à la Mère de Dieu : " Voilà, j'ai fait tout ce qu'il fallait pour votre glorification, maintenant faites votre part ! Où pourrais-je mettre tous ces gens que j'ai convoqués du monde entier pour votre gloire ? Il n'y a que la grande place Saint-Pierre, et pour être belle, il faut qu'elle soit ensoleillée ! " » Puis le Saint-Père alla à la fenêtre et embrassa du regard la vaste place inondée par le soleil levant. Alors, il dit tout heureux : « *Deo gratias* ! Notre-Dame a tenu parole ! »

Que de fois n'avions-nous pas vu Pie XII se rendre de son appartement aux fêtes diverses et cérémonies, mais aujourd'hui, c'était particulier. C'était en son honneur à Elle, la Reine du Ciel et de la Terre, que, revêtu de ses plus beaux ornements, et redressant sa haute silhouette, il traversait les salles pour se rendre sur les lieux de la fête. Il l'aimait, sa Dame et sa Reine, et cette fête, sans doute la plus belle, la plus splendide qu'ait jamais vue la place Saint-Pierre — cette fête était en son honneur ! Quel spectacle offrait maintenant, vue d'en haut, la grande place, remplie de monde ! Pourtant, il n'y avait pas de temps à perdre, si nous voulions rejoindre nos places sur la loggia. Déjà, les applaudissements crépitaient, la foule lançait des acclamations, car à la Porte de Bronze s'ébranlait la blanche procession des évêques, revêtus de leurs chapes et coiffés de leurs mitres ; elle était suivie au milieu d'une liesse immense, par la sedia gestatoria du Saint-Père. Puis venait une nouvelle file interminable de cardinaux et d'évêques. Quelle image unique de l'Église du Christ sur la terre ! Le Père de la Chrétienté, avec les cardinaux et évêques du monde entier, au milieu des fidèles venus de tous les horizons ! O sainte Église, que tu es grande et sublime, magnifique et puissante ! Comme tous les cœurs doivent exulter de joie à la pensée de pouvoir se dire enfants de cette Église qui survit aux royaumes et aux empires, et demeure ferme et inébranlable parmi les bouleversements de l'histoire du monde !

La procession était maintenant devant la basilique. Le Saint-Père s'agenouilla au pied du trône pour prier, et l'immense place, avec les cardinaux, les évêques, les prêtres et la foule innombrable, se joignit à la prière du Pasteur suprême pour demander l'aide du Saint-Esprit. Tous se sentaient unis au Saint-Père lorsqu'il proclama solennellement le dogme de l'Assomption de Marie au Ciel.

Le monde entier, qui recevait par les ondes de la radio l'heureuse nouvelle, exultait à l'unisson de la marée humaine sur la place Saint-Pierre. Quelle image extraordinaire d'unité et de solidarité ! J'entendis une pèlerine, noyée dans l'enthousiasme général, dire à côté de moi : « Je crois que la Sainte Vierge devrait apparaître, en ce jour magnifique ! »

Il faisait complètement jour. Au-dessus de la coupole de Saint-Pierre, le ciel était d'un bleu profond. A côté du soleil, on voyait aussi le croissant de la lune, juste au-dessus de la croix de la coupole ! Comment donc était-ce possible ? Les autres aussi le virent et furent pris d'étonnement. « *Quae est ista... pulchra ut luna, electa ut sol... !* » lisait-on ce jour-là, à l'office de prime. Déjà cette journée chaude et claire était une rare exception ; mais le croissant de lune au-dessus de la coupole de Michel-Ange était, en cette heure solennelle, comme un symbole merveilleux.

Sur l'immense place, la cérémonie se poursuivait. Le Saint-Père nous adressa, après la « définition », des paroles où il exprimait sa profonde compréhension, sa sympathie, sa totale union avec ses enfants du monde entier. Puis il récita la prière à la Sainte Vierge qu'il avait lui-même composée, et que tous nous continuons depuis lors à réciter. Il pénétra avec son immense cortège à l'intérieur de la basilique. Ceux qui étaient obligés de rester dehors, parce que Saint-Pierre ne pouvait contenir une telle foule, demeuraient unis à lui grâce aux haut-parleurs qui retransmettaient sur la place les chants et les prières du Saint Sacrifice.

Saint-Pierre offrait aujourd'hui un tout autre spectacle que d'habitude, car la basilique n'avait jusqu'ici presque jamais reçu en ses murs autant d'évêques. En union intime avec le célébrant, nous participâmes pour la première fois à la messe de la Sainte Vierge selon le nouveau rite solennel. Une liesse immense, à l'intérieur et à l'extérieur des murs, accueillit le Saint-Père qui avait aujourd'hui ajouté un nouveau et magnifique joyau au diadème de la Mère de Dieu. Après la cérémonie, la foule qui se pressait à l'extérieur de Saint-Pierre voulut voir encore une fois son Pasteur suprême, et le Saint-Père, infatigable, se montra à plusieurs reprises pour bénir et saluer les gens. Les cloches, qui avaient sonné aujourd'hui pendant des heures dans toutes les églises de la ville, s'étaient tues depuis longtemps, quand la foule commença à se disperser lentement.

Ce jour-là, le calme ne dura pas longtemps. Dès trois heures, la vaste place retrouva son animation ; on eût dit que les gens ne pouvaient se séparer de cet endroit où ils avaient vécu aujourd'hui un événement merveilleux qu'ils n'oublieraient jamais. L'intérieur de Saint-Pierre resplendissait de lumière et ceux qui entraient et sortaient s'étonnaient et se réjouissaient de voir une telle splendeur. Un vieil homme, tenant sa femme par la main pour ne pas la perdre, s'écriait à haute voix : « Regarde, Anna, regarde, c'est le ciel, le ciel ! »

Cette belle journée eut, elle aussi, un soir. Mais alors commença dans toute la ville une activité fébrile, car chacun voulait avoir la plus belle illumination en l'honneur de Notre-Dame. Rome devint une ville de lumière, dont l'éclat et la splendeur firent la joie de tous. Alors, on se promena à travers les rues de la ville — on n'en finissait pas de regarder et d'admirer ! Chacun voulait avoir vu ce qu'il y avait de plus beau dans tout cela : la place Saint-Pierre qui, avec ses illuminations magnifiques, était le point d'attraction où tout convergeait. Vraiment, tout le monde se retrouvait une fois de plus réuni sur cette place ; l'on entendait, comme cela avait été le cas le matin, parler toutes les langues et l'on voyait des gens de toutes classes et de toutes nations. Personne ne quittait les lieux avant que, dans le grand Palais, tout en haut à droite, une fenêtre ne se fût ouverte — combien de fois déjà ! — et que n'y fût apparue une silhouette blanche qui, sans cesse, étendait les bras pour bénir. C'était comme une vision, et pourtant c'était la réalité : Pie XII donna sa bénédiction jusque tard dans la nuit, parce que la foule n'arrêtait pas de l'appeler. Si l'on fermait la fenêtre, une marée humaine quittait la vaste esplanade pour laisser la place à une autre. Tous voulaient être bénis encore une fois avant que cette magnifique journée ne s'achève. En vérité, ce fut un jour que le Seigneur avait fait pour la gloire de sa Très Sainte Mère !

On a beaucoup écrit et raconté de choses sur les audiences papales durant l'Année Sainte de 1950. Si l'on réfléchit au nombre des pèlerins, qui laissa loin derrière lui tous les calculs et prévisions ; à l'engagement physique et spirituel inimaginable que cela exigeait du chef de l'Église, on est en droit de se demander si un pape s'est jamais autant consacré aux pèlerins et aussi totalement dépensé et sacrifié pour eux que Pie XII.

En tout premier lieu, viennent — difficilement égalables — les immenses audiences de masse dans la basilique Saint-Pierre. Celui qui a connu la liesse et l'enthousiasme qui accueillaient le Gardien des clefs du Seigneur ; qui a vu pleurer des milliers de personnes ; qui a pu voir les regards radieux des enfants, la joie et la vénération des jeunes et des vieux ; qui a vu, dans les premières heures de la journée, le parvis de Saint-Pierre se transformer en une mer mouvante ; qui a eu l'occasion de se mêler au flot des pèlerins, lorsque, pour ne pas arriver trop tard, ils grimpaient — pour ne pas dire prenaient d'assaut — le grand escalier de la basilique — celui-là est certainement d'accord avec beaucoup d'autres pour dire : « Rarement sans doute un pape, même sans tenir compte de la sainteté et de la dignité de ses fonctions, fut pour lui-même aussi aimé, aussi vénéré que Pie XII. »

En second lieu, il faut citer les « *udienze del cortile* ». Ce qu'il y a de spécial et d'unique dans leur cas, c'est que, jusqu'à aujourd'hui, il n'est pas encore possible de dire de façon certaine qui les a organisées et programmées. Au lieu d'emprunter normalement la « voie des requêtes » passant par le Maestro di Camera, les pèlerins se laissèrent guider par leur instinct et choisirent de leur propre initiative la « voie des visites » [6], en faisant directement appel au cœur et à la bonté de leur Père, convaincus qu'ils étaient qu'à celui qui frappe, la porte ne resterait pas fermée. Telle fut la réalité, et c'est ainsi que les choses se passèrent ! Castel Gandolfo devint tout naturellement le but désiré de tous les pèlerins. Les masses sont venues, ont vu, ont vaincu ! Elles venaient dans la cour de la villa papale, et chantaient, appelaient, envahissaient les lieux, insistaient jusqu'à ce que le Saint-Père se montre au balcon et commence avec ses enfants un dialogue si simple et si naturel, si modeste et si franc, si ravissant et si exaltant que les mots sont incapables de le décrire. Il faut avoir vu et entendu ces dialogues pour pouvoir en goûter et en apprécier tout le charme fascinant et la cordiale spontanéité. Ce que l'on a pu écrire là-dessus n'en offre qu'une pâle idée face à la solennité et à la suavité de l'expérience directe.

Mais il y avait encore une autre espèce d'audiences, dont on n'a pas encore parlé, des audiences d'un genre tout particulier. Se déroulant hors de toute organisation ou prévision, elles ressemblaient à celles du cortile de la résidence d'été. Mais, plus encore que ces dernières, elles surgissaient spontanément des circonstances du moment, étant le fruit de ce don d'improvisation perspicace que les Romains ont dans le sang et où ils sont inégalables.

Je les appellerais « *udienze di passagio* » — les audiences de passage. Elles virent le jour pour ainsi dire d'elles-mêmes, durant les mois de vacances de l'Année Sainte, lorsque Pie XII devait se rendre deux fois par semaine et davantage à sa « Rome d'été ». Comme c'était à moi de fermer l'appartement, je partais d'ordinaire en dernier, et je roulais seule derrière le cortège ; c'est ainsi que j'ai pu être témoin de tout ce qui se passait durant le trajet.

Les Romains et les pèlerins, qui sont des observateurs attentifs et de bons calculateurs, eurent tôt fait de savoir quand le Saint-Père, à la fin des audiences dans la basilique ou après d'autres cérémonies, avait

6. En allemand, jeu de mots entre « *Gesuch* » (requête) et *Besuch* » (visite) (N.d.T.).

coutume de retourner à Castel. Tout naturellement on se mit à chercher le moyen d'exploiter « stratégiquement » ce trajet du retour. Les foules de pèlerins s'écoulant de Saint-Pierre voyaient à la sortie de la Via della Sagrestia et sur la Piazza del Santo Uffizio, derrière la colonnade, un fort contingent de soldats chargés de maintenir libre la sortie du Vatican... Pour eux et pour les nombreuses personnes qui n'avaient pu être admises à l'audience dans la basilique, c'en était assez pour savoir comment trouver leur compte sans billet d'entrée, comment voir le Saint-Père en dehors du programme et recevoir sa bénédiction.

Tenaces et patients, ils attendent le moment tant désiré. Une automobile précède la voiture du Pape, elle-même suivie d'une autre auto. En tête, une escorte de huit motocyclistes. La voiture du milieu est éclairée. La silhouette blanche à l'intérieur se penche à droite et à gauche, bénit, salue. La voiture ne se fraie un chemin que lentement. Il faut au chauffeur un regard perçant, une main souple et des nerfs d'acier pour rouler au milieu d'une foule si enthousiaste sans mettre en danger la vie d'admirateurs trop hardis.

Bientôt, on s'engage dans le tunnel qui mène au Tibre. L'escorte de motocyclistes accélère l'allure. Mais ici aussi, il faut satisfaire ceux à qui justement ce goulot d'étranglement semble être l'endroit propice pour parvenir à leurs fins loin de la grande foule : voir le Pape face à face et recevoir sa bénédiction. Ils s'agenouillent sur le sol froid et humide, et à les voir se signer dévotement, le visage rayonnant de bonheur, on sait qu'ils sont entièrement satisfaits du résultat de leur « tactique du tunnel ».

La sortie du tunnel est toujours un peu périlleuse. Le service d'ordre y est moins nombreux et moins efficace, et, bien que les hommes se tiennent par la main pour contenir l'élan de la foule, leur cordon se rompt ici ou là, et plus d'une personne parvient à se glisser directement jusqu'à la voiture du Saint-Père, pour saisir au passage un regard, un sourire, une bénédiction. Et il n'y a pas que la jeunesse à être audacieuse. Aussitôt passé l'hospice des pèlerins du Palazzo Salviati, les rangs de la foule s'éclaircissent un peu, mais ce n'est que pour quelques courts instants. Dès que commence Trastevere, le silence relatif fait place à une nouvelle tempête. Quand apparaît la silhouette blanche dans la deuxième voiture, les gens se mettent à s'agiter. C'est à qui surpassera son voisin en criant sa joie plus fort que lui, durant le court instant où le cortège papal traverse sa rue.

Je voyais toujours au même coin de rue une vénérable vieille dame, s'appuyant au bras de sa fille. Chaque fois apparaissait le même sourire de bonheur sur son visage ridé par les ans, quand la main du Pape se levait pour les bénir.

Une fois, au bord même de la chaussée, une mère était agenouillée avec ses trois enfants. Les deux fillettes, tranquilles et obéissantes, restent à genoux à côté de la maman. Le garçon est moins docile, il se lève d'un bond, court vers la voiture, crie quelques mots à l'intérieur, et, le visage radieux, la regarde s'éloigner. Arrive là-dessus, comme souvent, un encombrement imprévu, et c'est ainsi que j'entends la mère dire d'un ton sévère et plein de reproche : « Parce que tu n'es pas resté à genoux, tu n'as pas reçu la bénédiction ! » Et l'enfant de répondre : « *Nient' affatto ! La benedizione e anche un sorriso !* » (Pas du tout ! J'ai reçu la bénédiction, et un sourire en plus !)

Maintenant, nous nous dirigeons de Trastevere vers le Tibre. Sur le Ponte Palatino, le chauffeur accélère. Mais, à la sortie du pont, attend à nouveau une foule importante. Nouvel arrêt. Laissant sur notre gauche Santa Maria in Cosmedin, nous passons devant la maison générale des Sœurs de Sainte Antida Thouret. Là, avec de nombreuses personnes habitant le beau quartier de l'Aventin, il y a des sœurs, des novices et des postulantes qui attendent Pie XII (à qui elles doivent la statue de leur fondatrice à Saint-Pierre), pour le saluer et recevoir sa bénédiction.

Passant devant le majestueux Palatin, nous tournons à l'obélisque d'Axum, pour prendre la Passeggiata Archeologica. Ici, on a un peu plus de silence. Sous les chênes verts pourtant, il y a toujours quelques personnes ou groupes isolés qui attendent, à genoux, le passage et la bénédiction du Saint-Père. A la sortie de la rue nous attend une grande troupe d'enfants accompagnés de religieuses. Leurs cris d'enthousiasme durent jusqu'à ce qu'ils aient perdu de vue la dernière voiture du cortège. Devant les villas qui jalonnent la route, les habitants eux aussi, sont toujours là. A l'entrée d'un jardin se tient un vieillard avec un grand mouchoir blanc. Il fait de grands gestes de salut et la joie est écrite sur son visage radieux : « Il m'a vu » dit-il, « et il m'a béni ! »

Derrière la Porta San Sebastiano, nouvel attroupement. Un gamin d'à peine huit ans a escaladé une fontaine et son « Viva il Papa » couvre les cris des autres gens. Après le passage de la voiture du Pape, il lance à la foule, d'un ton victorieux : « C'est moi qu'il a le mieux vu et béni ! »

163

Au carrefour près de San Sebastiano, c'est un tableau véritablement biblique qui s'offre à nous : des mères portant leurs enfants sur les bras, ravies d'avoir parmi elles, ici, dans la banlieue romaine, le Vicaire du divin Ami des enfants, et de recevoir sa bénédiction pour elles et ce qu'elles ont de plus cher au monde.

La tranquille Via Appia Pignatelli nous accueille. Les motos s'apprêtent à accélérer, mais quelqu'un de plus fort qu'elles les oblige à freiner ! Nouvelles acclamations, nouveaux mouchoirs qui s'agitent.

On se demande d'où viennent les gens, pour recevoir du Père commun le tribut de son amour et de sa bénédiction. Un jeune père de famille soulève de terre son plus jeune enfant et le tend au Pape : « Padre Santo, benedici tutti, tutti — tutta la mia casa ! » Et le voyage continue.

Vers la fin de la Via Appia Pignatelli, est sorti de terre, l'an dernier, un petit lotissement. Ses modestes maisonnettes sont un peu éloignées de la rue. Au carrefour de la Via Appia Nuova, leurs habitants se rassemblent pour ne pas manquer le passage du Père de la Chrétienté. Encore une fois, la voiture du Pape s'arrête, encore une fois la main paternelle se lève, encore une fois sa bénédiction s'élève comme une prière du soir, au-dessus des têtes des grands et des petits, qui se courbent devant lui avec un profond respect.

Sur la large voie Appia Nuova, nous croisent de longues files de voitures se dirigeant vers Rome. Les passagers des autocars bondés — pèlerins ou autres, se rendant à Rome — saluent, appellent et sont heureux de recevoir cette bénédiction inattendue. La plupart de ceux qui l'ont reconnu à temps s'arrêtent. Ils descendent du véhicule et s'agenouillent pour recevoir la bénédiction. D'autres, de leurs voitures, font des signes et appellent le Pape qui les croise. Tous y trouvent leur compte, car la silhouette blanche, dans la voiture du milieu, n'a finalement plus éteint la lumière et répond à chaque appel. (Après cela, toutefois, j'entends le Saint-Père regretter un peu — avec indulgence — que son chapelet, qu'il récite toujours sur le chemin du retour, doive être interrompu si souvent par ces « audiences de passage ».)

Aussitôt après les *Frattocchie*, les voitures s'engagent sur l'imposante route qui, à travers les collines, mène à Castel Gandolfo. Ici, enfin, le chauffeur du Pape peut faire donner à plein son moteur. En quelques minutes, durant lesquelles nous regardons avec ravissement le ciel étoilé qui s'étend sur les Monts Albains, nous sommes dans la rue du village. De part et d'autre de l'entrée de la villa papale, se pressent en masse les habitants du village, dont surtout les jeunes ne veulent pas manquer l'instant du retour du Saint-Père. L'enthousiasme méridional de la foule, bruyant et démonstratif, prouve combien ces gens sont heureux et fiers d'avoir à nouveau parmi eux leur « premier concitoyen ».

La voiture de Pie XII disparaît derrière le grand portail de fer, et la pétarade des motocyclettes qui regagnent leur caserne se fond dans les acclamations de la foule enthousiaste, qui ne décroissent que lentement. Nous venons de vivre un moment simple, mais délicieux d'originalité de cette Année Sainte. Loin du grand public, loin des grandioses cérémonies officielles, qui jalonnent comme un collier de perles cette Année Sainte inoubliable, cette expérience nous a permis d'en découvrir un aspect plus secret.

L'amour de celui que Dieu a choisi pour être leur Père dans le Christ vient à nouveau de célébrer, avec les fils et les filles qui lui sont unis dans la foi et la fidélité, l'une de ces rencontres qui ne sont pas de ce monde et dont la grâce portera du fruit dans bien des âmes — longtemps après que le bourdon de Saint-Pierre aura sonné la fin de l'Année Sainte de 1950.

Vint la fermeture de la *Porta Santa*, et avec elle, la fin de l'Année Sainte. Après son audience d'adieu, qui suivit la proclamation du dogme, le cardinal Faulhaber me raconta qu'il avait demandé à Pie XII comment il avait fait pour faire tout cela durant cette année. La réponse fut : « Si seulement j'ai pu contribuer à rendre au Christ la première place dans la vie des hommes, aucun sacrifice n'aura sûrement été de trop ! »

8

Une fête symbolique
Saint Joseph artisan

Le Saint-Père continuait à travailler, avec un total dévouement et une charité inlassable. Son œil vigilant savait toujours découvrir l'occasion de corriger des erreurs, de donner des conseils, de consoler les affligés et les persécutés, et par des audiences, des encycliques, des lettres, des messages et des discours radiophoniques, de raffermir la foi ou de lui insuffler une ardeur nouvelle.

En particulier, Pie XII se réjouissait quand les ouvriers sollicitaient une audience. Libérer la classe ouvrière de ses conditions de travail et de vie indignes de l'homme ; établir un ordre social conforme aux normes de l'Évangile — telle avait été déjà la brûlante préoccupation de ses grands prédécesseurs. Mais la voix tranquille de la raison et de la justice est plus lente à pénétrer les cœurs que la propagande haineuse des faux prophètes... Poursuivant l'œuvre de ses prédécesseurs, Pie XII, conformément aux nécessités de l'heure, la développa pour en faire une doctrine sociale chrétienne complète. Durant les années chaotiques de la guerre et de l'après-guerre, il était peut-être plus nécessaire que jamais de défendre le travailleur contre l'asservissement qu'entraînent les fausses doctrines et les systèmes politiques et sociaux erronés, et de lui faire prendre conscience de la haute dignité qui lui revient, précisément à la lumière de l'Évangile. Aussi le Saint-Père saisissait-il chaque occasion qui s'offrait à lui pour intervenir en faveur d'une vraie justice sociale. Ce sont peut-être ses messages radiophoniques traitant de la question sociale qui sont, à ce point de vue, ce qu'on connaît le plus. Mais ses rencontres personnelles avec les différents groupes professionnels lui offraient, elles aussi, continuellement l'occasion de leur montrer leur valeur propre, leurs droits et leurs devoirs au sein de la grande famille humaine. Il savait trouver pour tous une parole personnelle, il parvenait à s'identifier à toutes les situations. Ouvriers de l'industrie, paysans, bouchers, boulangers, conducteurs de tramway, différents groupes d'artisans et de travailleurs de force — tous venaient le voir, et jamais il ne se lassa de s'informer exactement des intérêts des professions les plus simples. Les gens étaient souvent étonnés de voir à quel point le Saint-Père savait comprendre leurs préoccupations et leurs difficultés spécifiques et combien leurs activités lui étaient familières, alors qu'ils croyaient qu'elles lui seraient sûrement tout à fait étrangères. Mais il était le Père de tous et voulait être proche de tous. Aussi s'informait-il auparavant avec exactitude de tout ce qui intéressait les différents groupes et pourrait leur faire plaisir, s'ils l'entendaient de sa bouche. Sur ce point, rien n'était jamais trop, et quelles que fussent par ailleurs ses obligations, il n'avait point de cesse qu'il ne se fût familiarisé avec les divers domaines du monde du travail.

A l'issue d'une de ces audiences — c'était aux bouchers qu'il avait parlé ce jour-là —, Pie XII arriva à table très tard, et raconta en riant qu'après le discours, tous avaient voulu baiser son anneau et lui dire quelque chose. L'un d'eux lui avait déclaré ingénument : « Saint-Père, si je ne savais pas que votre profession est d'être pape, je croirais vraiment que vous avez été un jour boucher : vous connaissez si bien tout ce qui nous concerne ! »

Pie XII a fait pour le bien-être matériel des ouvriers beaucoup plus qu'on ne le sait généralement aujourd'hui. De nombreuses audiences qu'il accorda à des dirigeants de la vie politique et économique tournèrent autour de cette pressante préoccupation, et lorsque après son décès on parla tellement de nouvelles augmentations des salaires et des traitements au Vatican, nous fûmes très étonnés qu'il n'y ait personne pour dire que le projet était de Pie XII et n'attendait plus que d'être appliqué, de même d'ailleurs que, de son vivant, diverses augmentations de traitements et salaires avaient précédé celles-ci.

Inoubliable reste la grande audience des hommes de l'Action catholique le 7 septembre 1947 sur la place Saint-Pierre. Le temps était mauvais depuis plusieurs jours : averses, orages, et, de plus, une fraîcheur inhabituelle pour la saison. Déjà, quelques journaux se gaussaient : « Braves gens, munissez-vous d'imperméables, de bottes de caoutchouc et de lainages... ! » Pie XII était inquiet à l'idée que ses hôtes puissent être trempés et prendre froid. Mais, comme toujours lorsqu'il donnait une audience en plein air, ce fut une magnifique journée ensoleillée et ces milliers d'hommes, depuis le ministre d'État jusqu'au simple ouvrier, se réjouirent de voir ce soleil radieux. Le plus heureux de tous fut le Saint-Père lui-même ; il adressa à ses chers invités des paroles chaleureuses, auxquelles ceux-ci répondirent par des acclamations sans fin.

Un jour de Pâques aussi, il faisait une fois un temps de tempête ; Pie XII, inquiet, regardait de la fenêtre de son bureau la grande place Saint-Pierre qui, déjà, commençait à se remplir de monde. « Et s'il se met à pleuvoir ? » demanda-t-il. Un prélat qui se trouvait à ses côtés, dit en riant : « Mais, Saint-Père, qu'est-ce qu'un peu d'eau ? Les gens ne sont tout de même pas en sucre ! » Mais Pie XII n'était pas satisfait : « Non, non, je n'aimerais pas qu'il pleuve ; ils pourraient prendre froid, et peut-être qu'ils ont mis aussi leurs vêtements de Pâques tout neufs. » Il n'y eut pas de pluie, et ce n'est que lorsque ce danger fut écarté qu'on put voir le visage du Saint-Père rayonner de la joie pascale.

Le 1er mai 1955 surprit le monde par une nouvelle fête liturgique : la Fête du travail devait être consacrée au Père nourricier du Seigneur qui, toute sa vie durant, avait durement gagné son pain pour lui-même et les siens. Dans la sanctification de cette journée se reflète sans doute également la grande préoccupation de Pie XII : défendre, en observant le message chrétien du salut, la dignité du travailleur contre tout ce qui tend à rendre l'ouvrier esclave de la production ou de la société et à détourner le travail de son sens originel. « Si le Seigneur ne bâtit pas la maison, en vain travaillent ceux qui la construisent », lit-on dans l'introït de la messe de ce jour...

La veille de cette fête, Mgr Tardini me dit après son audience : « J'ai fait comprendre au Saint-Père que demain c'est d'abord lui, le premier des travailleurs de force, qui devrait se reposer. Je crois que peu de gens — peut-être bien aucun de ceux qui, demain, feront la fête — travaillent plus de 18 heures, comme lui. Aussi devrait-il donner le bon exemple. » Le Saint-Père ne fut pas gêné pour répondre en riant : « Je verrai si j'arrive demain à terminer mon travail cinq minutes plus tôt que d'habitude. »

J'ai lu récemment dans un journal que le Saint-Père faisait toute chose rapidement, à la hâte, pour gagner du temps. C'est vrai, Pie XII, ne perdait pas un moment, mais il faisait toute chose avec calme, réflexion, attention. Il ne se précipitait jamais, quelle que fût l'urgence d'une affaire. Peu de mois avant sa mort, je l'ai encore entendu dire : « Je me suis toujours efforcé, ainsi que mon confesseur me l'avait recommandé lorsque j'étais jeune prêtre, de dire la Sainte messe en une demi-heure, mais je n'y suis jamais arrivé !... » Tout en lui était calme et équilibre de l'esprit. Il se dégageait de lui une sainte tranquillité, même lorsqu'il était extrêmement occupé. Son calme donnait l'impression qu'il n'avait absolument rien à faire. Si quelqu'un avait le bonheur de lui parler, on l'entendait dire ensuite que c'était comme si le Pape n'avait été là que pour lui et n'avait rien eu d'autre à faire que de l'écouter. Auprès de lui, on perdait toute notion du temps. Il faisait tout à fond, les grandes comme les moindres choses. Tous ceux qui l'entouraient sentaient cela. C'est ainsi sans doute que s'explique l'étendue de la bonne influence qu'il exerçait sur tout le monde. Souvenons-nous des audiences de soldats ! Un officier supérieur — ce n'était pas un Italien — dit au Pape : « Saint-Père, si l'on savait combien il y a de conversions parmi nos soldats, depuis qu'ils viennent à l'audience — je ne sais pas si nous continuerions à avoir le droit d'y aller ! »

Cette manière de travailler consciencieusement, en fonction d'un but précis, exigeait du Pape qu'il mobilise toutes ses forces, mais qu'il ait aussi un savoir hors de pair. Pie XII, qui était vraiment versé dans toutes les matières, voyait tous les cercles de la population se tourner vers lui pour entendre un mot de sa bouche. Prêtres, religieux, médecins, savants, politiciens, techniciens, artistes, ouvriers, sportifs, personnalités de toutes confessions, classes sociales et pays — à tous, il savait donner ce qu'ils désiraient. On restait étonné devant un tel savoir, mais aussi devant tant de bonté paternelle et de sollicitude pastorale, que révélèrent les vingt années de son pontificat.

Pour le quarantième anniversaire de son ordination sacerdotale, le Saint-Père consacra l'autel majeur de la nouvelle église de Sant'Eugenio, que son diocèse lui avait offerte. Il eut des paroles élogieuses pour l'architecture de ce sanctuaire. Ce qui lui plaisait moins, c'étaient maints autels modernes, et il fit connaître nettement son sentiment là-dessus. Pie XII voulait des églises et des autels qui soient beaux et engagent à prier, ainsi que des statues et des tableaux qui s'adressent au cœur et élèvent l'âme. Doué d'un goût très raffiné et d'un sens artistique développé, il refusait catégoriquement les monstruosités modernes. — Rome, sa ville, eut donc ainsi un sanctuaire de plus et, qui plus est, dans un quartier où il était vraiment nécessaire. Ceci combla de joie son âme sacerdotale.

9

Créations de cardinaux et première maladie

Lorsque le Saint-Père, en janvier 1953, créa vingt-quatre nouveaux cardinaux, son intention était d'abord de faire davantage encore du Sacré Collège l'image de l'Église vivante et universelle et de lui incorporer, autant que possible, des représentants des nations les plus diverses et de tous les continents. Déjà, à l'occasion de sa première grande nomination de cardinaux en 1946, on l'avait beaucoup critiqué d'avoir accueilli tant de non-Italiens dans le Sacré Collège. Pie XII savait très bien que le nombre important d'élus du monde entier n'avait pas, cette fois-ci non plus, l'agrément de tous. Malgré cela, il fit ce qu'en conscience, il trouvait juste et bon de faire. Il fallait que, dans le monde entier, il y eût des cardinaux qui fussent les représentants lumineux de l'universalité de la Sainte Église. Que parmi les nouveaux cardinaux, il y en eût deux dont la nomination avait rempli de joie le monde des bien-pensants, prouvait clairement la largesse de vue et la bonté du Saint-Père.

L'un d'eux était l'archevêque Stepinac, de Zagreb. Combien Pie XII souffrait de ne pas être en mesure de faire plus pour lui ! Il parlait souvent de cela, cherchait tous les moyens possibles de lui venir en aide, et fut si heureux de pouvoir, en lui conférant la pourpre cardinalice, lui témoigner son amour paternel et sa haute estime pour lui ! Il admirait sincèrement cet évêque confesseur, qui resta auprès de son troupeau même lorsqu'il eut la certitude qu'après sa longue détention, il ne pourrait soigner sa santé complètement ruinée qu'en quittant la Yougoslavie et en se soumettant à un bon traitement médical.

Quant à l'autre, le « Lion de Münster » — ainsi qu'on appelait l'évêque von Galen — il avait, en dépit de tous les outrages, calomnies et injustices qu'il lui avait fallu endurer, donné à l'Église et à sa patrie un magnifique exemple de fidélité et de fermeté, éclairant son diocèse et l'Allemagne tout entière par son héroïque abnégation et son authentique charité.

Je me souvins vivement, à ce moment-là, d'un autre cardinal martyr, nommé lors du premier consistoire. Quand, à l'époque, après que la pourpre lui eut été conférée le 21 février 1946, j'avais demandé, étonnée, au Saint-Père : « Mais comment Votre Sainteté pouvait-elle savoir ce que vous avez dit au Cardinal ! Et n'est-ce pas affreux pour lui d'entendre une telle prédiction de la bouche du Saint-Père ? », Pie XII avait répondu qu'il avait été lui-même effrayé de s'entendre dire : « Parmi ces 32, tu seras le premier à souffrir le martyre, dont cette pourpre est le symbole. »

Lorsque, plus tard, parurent dans les journaux des photos du terrible procès public, qui projetèrent sur le devant de la scène mondiale le cardinal-archevêque d'Esztergom martyrisé, Pie XII, les larmes aux yeux, déclara : « Mes paroles se sont réalisées, et je ne peux que prier, incapable de lui venir en aide autrement. »

Pourtant, le Saint-Père ne s'est pas tu ! Inoubliable reste pour moi — et sûrement pour des milliers d'auditeurs — la question brûlante qu'il adressa, le 20 février 1949, pour protester contre ces actes inhumains, à l'immense foule qu'il voyait rassemblée sur la place Saint-Pierre :

« Il [l'État totalitaire et antireligieux] voudrait une Église qui se taise quand elle devrait parler ; une Église qui affaiblisse la loi de Dieu, en l'adaptant au goût des volontés humaines, alors qu'elle devrait hautement la proclamer et la défendre ; une Église qui se détache du fondement inébranlable sur lequel le Christ l'a édifiée, pour s'installer commodément sur le sable mouvant des opinions du jour ou pour s'abandonner au courant qui passe ; une Église qui ne s'oppose pas à l'oppression des consciences et ne protège pas les droits légitimes et les justes libertés du peuple ; une Église qui, avec une honteuse servilité, reste enfermée entre les quatre murs du temple, oublieuse du mandat divin qu'elle a reçu du Christ : « Allez dans les carrefours » (Mt. 22, 9) ; « Instruisez toutes les nations » (Mt. 28, 19).

Chers fils et filles ! héritiers spirituels d'une innombrable légion de confesseurs et de martyrs !

Est-ce là l'Église que vous vénérez et aimez ? Reconnaîtriez-vous dans une telle Église les traits du visage de votre Mère ? Pouvez-vous imaginer un successeur du premier Pierre qui se plie à pareilles exigences ? »

Un seul cri s'éleva pour répondre au Saint-Père ; c'était comme un grondement de tonnerre qui retentit encore dans nos oreilles : « NON ! »

Et ce n'est là qu'un exemple parmi d'autres. Le cardinal Frings me dit, à l'occasion de sa première visite à Rome après la guerre, que le Saint-Père avait terriblement souffert d'être sans cesse obligé de se taire, parce que la prudence l'exigeait, de peur d'attirer sur les victimes d'Hitler un malheur encore plus grand. Sur ce point, les lettres que le Pape lui avaient adressées, parlaient, me dit-il, un langage très clair, et l'histoire, un jour, en apporterait cent fois la démonstration.

Un jour que les cardinaux nouvellement créés se trouvaient à Rome, je rencontrai tout à fait par hasard le cardinal von Galen. « Venez avec moi, dit-il avec son affabilité habituelle, il faut que je vous raconte une belle chose. » Lorsque nous nous fûmes assis, il me dit qu'il sortait à l'instant d'une longue audience auprès du Saint-Père. Les yeux brillants, il me raconta comment Pie XII lui avait répété de mémoire divers passages des sermons faits par lui du temps d'Hitler, comme si le Pape les avait appris par cœur ; le Saint-Père n'avait pas cessé de le remercier pour tout ce qu'il avait fait, souffert et enduré, et avait montré combien il s'était associé aux événements et aux épreuves de tous. Il m'a rappelé beaucoup de choses que j'avais moi-même oubliées depuis longtemps (poursuivit le cardinal). — « Oui, Saint-Père, lui dis-je, mais combien de mes meilleurs prêtres n'ai-je pas envoyés en camp de concentration, et même à la mort, pour avoir répandu mes sermons ! » Pie XII dit que c'était justement la terrible certitude de savoir que des représailles seraient exercées sur des milliers de gens qui l'avait, lui aussi, si souvent contraint de se taire. — « Après s'être informé en détail de l'état de mon diocèse, le Saint-Père en vint à parler de l'époque berlinoise, et je dus lui avouer qu'à son départ de Berlin, je partageais tout aussi peu que beaucoup d'autres ses grandes craintes concernant l'évolution du national-socialisme. Comme Pie XII avait raison !... Mais ensuite, il se souvint de mainte conversation, de maints bons moments de travail en commun à la nonciature de Berlin ou à l'occasion d'autres manifestations. Des choses qui m'étaient depuis longtemps sorties de la mémoire. Ce fut une rencontre si cordiale, si amicale que je n'avais pas remarqué qu'il s'était écoulé plus de deux heures. » Les yeux humides, le cardinal conclut en ces termes : « Pour rien au monde, je ne voudrais avoir manqué ces deux heures ! Même pas pour la pourpre ! »

Pour le Saint-Père, les nominations de cardinaux étaient le fruit d'une prière longue et intense, de nombreuses et mûres réflexions, d'un examen approfondi, d'informations recueillies avec le plus grand soin. Ce n'est que lorsque le pour et le contre avaient été longuement pesés, qu'il passait à l'exécution. Les élus devaient, pour autant que le Saint-Père pût les connaître et les juger, être en tout point parfaits et faire honneur à Dieu et à l'Église. Ici aussi se manifestait la haute idée qu'il se faisait de la papauté et son extrême souci de n'accueillir parmi le sénat de l'Église que des hommes qui lui fassent honneur. Il était visible que le Saint-Père avait à cœur de ne choisir ici que les meilleurs parmi les meilleurs. Jamais, pour une nomination de ce genre, le moindre intérêt ni la moindre affection personnels ne furent déterminants. Un religieux bien connu, que Pie XII consulta souvent, me dit même, à cette occasion : « Il ne faut pas être l'ami du Saint-Père si l'on veut devenir quelqu'un. »

Les gens qui, du monde entier, étaient accourus pour remercier le Saint-Père et honorer ceux qui avaient reçu la pourpre, attendaient évidemment avec impatience une audience. Pie XII les reçut tous. L'un des nouveaux cardinaux, le cardinal Wendel, qui assistait à une audience avec ses diocésains, me dit ensuite : « Comment le Saint-Père fait-il donc pour supporter tout cela ? J'étais debout, tout au fond de la salle, et je ne pouvais m'empêcher de penser tout le temps : Pour l'amour de Dieu, laissez-le au moins respirer ! Pauvre Saint-Père ! C'est tout de même un effort physique tout à fait considérable que de tenir devant une pareille ruée. Est-ce toujours comme cela ? »

Pie XII revint chez lui véritablement ruisselant de sueur, mais il eut à peine le temps de se changer, car de nombreuses audiences l'attendaient encore. Lorsqu'il revint de sa promenade, l'après-midi, il dit qu'il ressentait une douleur entre les omoplates. Dès le lendemain matin, il avait de forts maux de tête. C'était un symptôme alarmant, car le Saint-Père ne connaissait ces douleurs que lorsqu'il avait de la fièvre. Il ne voulait pas encore s'avouer vaincu, car il y avait toujours cette longue liste d'audiences ! A partir de la soirée, toutefois, rien n'alla plus : le thermomètre indiquait 40 de fièvre. Une grave pneumonie double se préparait. La fièvre monta encore, compliquée d'une toux avec forts crachements de sang. On fit tout ce que l'on pouvait faire, mais la maladie rencontrait un corps très affaibli. La pénicilline et les autres médicaments réussirent à conjurer le danger le plus grave, mais ils affaiblissaient considérablement le malade. Il ne resta rien d'autre au Saint-Père que de se laisser soigner car sa fatigue était telle qu'il lui était absolument impossible de rester plus longtemps debout. Dans son lit de malade — même avec 40° de fièvre —, il reçut ces messieurs de la Secrétairerie d'État et accomplit toutes ses tâches les plus importantes. Pas plus que lorsqu'il était en bonne santé, il ne s'accorda de ménagement lorsqu'il fut malade. Il était simple et nullement exigeant pour tout ce qui concernait sa personne : tant bien que mal, le travail se poursuivit, au lit puis dans une chaise longue. Rien de ce qui devait être fait ne resta en suspens. Jusqu'à la mi-mars, aucune audience publique ne put avoir lieu, mais le travail touchant au gouvernement de l'Église ne fut en rien lésé. Nous espérions que le Saint-Père se déciderait désormais à adopter un rythme de travail plus modéré, mais nous nous trompions. « Comment le pourrais-je ? disait-il. Le travail est là, il faut que je le fasse. »

Le célèbre médecin Paul Niehans, venu avec son épouse à Castel Gandolfo pour une audience, dit qu'il n'avait pas trouvé le Saint-Père en bonne forme du tout, — en bien moins bonne forme qu'un an auparavant, lorsqu'il l'avait déjà vu. Pie XII déclara à un prélat qu'il connaissait bien et qui lui avait recommandé ce médecin, qu'il était tout prêt à se laisser ausculter. Mais le travail, une fois de plus, ne permit pas à ce projet de se réaliser.

Sur le Janicule, la construction du nouveau collège nord-américain touchait à sa fin. Près de 300 étudiants, venus de tous les diocèses de l'Amérique du Nord, devaient s'y installer pour la première fois en octobre. Le bâtiment de la Via dell' Umiltà était, depuis longtemps, devenu trop petit ; aussi l'épiscopat d'Amérique du Nord s'était-il vu obligé de faire construire une nouvelle maison. La formation d'un clergé de valeur avait été de tout temps, une tâche chère au cœur de Pie XII, qui, dans ce domaine, ne reculait devant aucun sacrifice. Il insistait toujours pour qu'il y ait peu à peu un clergé, venu du monde entier, qui ait reçu sa formation à Rome — dans un esprit de profonde religiosité et dans une bonne connaissance des usages du siège central de la Chrétienté. Aussi ne fut-il pas surprenant de voir le Saint-Père accéder volontiers à la demande du Recteur et participer à la consécration du nouveau bâtiment. Même s'il n'y resta pas plus longtemps qu'il n'était absolument nécessaire, il enregistra parfaitement les moindres détails. Il loua beaucoup l'église moderne, propice à la prière ; les salles d'étude et de séjour, claires et aérées ; les chambres, confortables dans leur simplicité. Tout lui parut fonctionnel et propre à accueillir la grande troupe de jeunes gens qui devraient ensuite, après des années de formation approfondie, retourner chez eux et montrer, par l'authenticité et la plénitude de leur sacerdoce, ce que Rome leur avait apporté pour leur ministère dans leur propre pays.

Les cardinaux, les évêques et les très nombreux prêtres qui étaient spécialement venus d'Amérique pour l'inauguration et qui, pour la plupart, étaient sortis eux-mêmes du collège de la Via dell'U- miltà, se joignirent aux autres invités et à la grande foule des étudiants, pour remercier le Saint-Père de leur avoir fait l'honneur et la joie d'être venu en personne.

10

Année Mariale et nouvelle maladie

Le 8 décembre 1953, le Saint-Père inaugura l'Année Mariale dans la basilique de Sainte-Marie-Majeure. Ce fut une joie toute particulière pour lui qui vénérait tant la Vierge. Le trajet menant à ce sanctuaire marial, le plus grand de Rome et le plus grand du monde, passait par la Piazza di Spagna, où la voiture s'arrêta et où Pie XII, au milieu du silence respectueux qu'observait la foule forte de plusieurs milliers de personnes, récita la prière qu'il avait composée pour l'Année Mariale. Du haut de sa colonne, l'Immaculée regardait son fils fidèle et dévoué, qui faisait tout ce qui était en son pouvoir pour l'honorer et la glorifier. Puis, on se remit en route vers la basilique, qui était, ce jour-là, éclairée de mille feux. Là, le Saint-Père répéta sa prière, et, après la bénédiction solennelle du Très-Saint Sacrement, se rendit devant l'image de la *Salus Populi Romani*, où il avait jadis dans la joie et l'enthousiasme de sa jeunesse, offert sa première messe sur l'autel de la Reine des Cieux. Lorsque après la bénédiction *Urbi et Orbi* donnée de la loggia de la basilique, il prit le chemin du retour, sous les ovations de la population de Rome et de tous les pèlerins, la ville entière semblait métamorphosée en un océan de lumière — en l'honneur de la Reine du Ciel et de la Terre. Sans se soucier des critiques d'un monde sans foi, Pie XII avait ouvert cette année jubilaire pour rapprocher les hommes du Christ par la médiation de Marie.

Ce fut vers la fin de l'année 1953 que le Saint-Père dit un jour, à son retour de l'audience : « Tout le monde trouve que j'ai bonne mine, or, ces derniers temps, je ne me sens vraiment pas bien. » Nous n'avions pas l'habitude d'entendre Pie XII parler de lui, encore moins de l'entendre se plaindre, et cette remarque ne nous en impressionna que davantage. A peine quelques semaines plus tard, un fort hoquet le prit. Le Saint-Père exprima alors le souhait qu'on fît venir le docteur Niehans. Je n'oublierai jamais l'expression de visage avec laquelle celui-ci, entrant dans la pièce, regarda Pie XII qui revenait tout juste des audiences, avec une forte crise de hoquet. Le médecin pria le Saint-Père de se coucher immédiatement, tout habillé, et il le maintint pendant un moment dans une certaine position. Alors, le hoquet se calma, et Pie XII s'endormit pour quelques minutes. Le médecin, qui tenait la main du Pape dans la sienne et ne le quittait pas des yeux, devenait de plus en plus sérieux et de plus en plus pâle, tandis que son illustre patient, grâce au sommeil, retrouvait un peu de couleur. Au bout d'environ dix minutes, le Saint-Père se réveilla, heureux de voir le hoquet passé. « Et maintenant, Saint-Père, il faut immédiatement que vous vous mettiez au repos, il est plus que temps », dit le docteur Niehans. « Je ne peux pas, docteur, répliqua Pie XII, en bas, les gens attendent pour l'audience, j'ai déjà perdu trop de temps. » Le médecin, qui était là pour la première fois, n'osa pas le contredire, mais tourna les yeux vers moi, cherchant quelqu'un qui le soutienne. Alors, je priai le Saint-Père de permettre qu'on téléphone à l'antichambre pour décommander les audiences, mais Pie XII dit qu'il ne pouvait pas faire cela ; d'ailleurs, il se sentait mieux. Et là-dessus, il s'en alla. Mais le médecin me dit : « J'espère que je ne suis pas venu trop tard. »

Le Saint-Père revint des audiences avec une nouvelle et forte crise de hoquet. Alors il se rendit compte lui-même qu'il fallait faire quelque chose ! Le lendemain matin devait encore avoir lieu une grande audience qu'on ne pouvait décommander, mais après celle-ci, il n'y eut plus d'autre solution pour le Saint-Père que de s'aliter. Ce soir-là, le médecin lui fit lui-même les piqûres qu'il jugeait nécessaires. Le docteur Niehans dit immédiatement que tout dépendrait de la manière dont le Saint-Père supporterait les cinq semaines nécessaires pour que les piqûres fissent leur effet.

Alors commença une véritable course contre la mort. Le Saint-Père était très épuisé, aussi la grave maladie qu'il avait rencontrait-elle un organisme dépourvu de toute résistance. Bientôt, l'estomac refusa toute nourriture. Les vomissements continuels et les nausées alternaient avec un hoquet ininterrompu et affreusement pénible. Les seules pauses consistaient en brèves demi-heures de sommeil. Il fallut avoir recours à la nutrition artificielle, pour décharger complètement l'estomac. Ainsi s'arrêtèrent du moins les vomissements continuels.

Ce furent de longues semaines de tourments, avant que la gastrite ne finît par se calmer et qu'il ne redevînt possible d'alimenter peu à peu le malade. Lentement, le hoquet diminua lui aussi — il ne disparut qu'au bout des cinq semaines prévues par le docteur Niehans pour que les piqûres fassent leur effet —, et le malade connut, peu à peu, à nouveau quelques heures de sommeil réparateur. Le docteur Niehans et le médecin personnel du Pape étaient en permanence au chevet de leur illustre patient. Avec le temps, les nuits se firent plus calmes et les journées moins pénibles.

Que de prières furent dites et que de sacrifices faits, durant ces semaines-là, à l'intention du Saint-Père ! Toute la journée et très souvent même la nuit, les groupes se relayaient : en bas, sur la place Saint-Pierre, agenouillés à même le sol, les yeux levés vers la fenêtre derrière laquelle ils savaient que le Saint-Père souffrait, ils priaient et suppliaient le ciel pour obtenir sa guérison.

C'est une erreur de penser que le Saint-Père se soit accordé un vrai repos en cette période de très grave maladie. Rassemblant toute son énergie, il recevait chaque matin un des sous-secrétaires d'État, et durant une heure ou même davantage, il examinait avec lui tout le travail nouveau et débattait de tous les problèmes en suspens. Il regardait personnellement la correspondance même lorsqu'il était presque incapable de tenir les feuilles en main. Un jour, le médecin voulait que Pie XII ne travaille pas, et je transmis cela au Monseigneur venu à l'audience. « Je m'arrangerai pour cela », dit Mgr Tardini, en retirant les papiers de sa serviette et en les laissant dans l'antichambre ; mais lorsqu'il sortit de la chambre du malade, il déclara : « Hum — il ne m'a guère cru quand j'ai dit qu'aujourd'hui aucun courrier n'était arrivé. »

Le médecin demandait au Saint-Père de toujours se lever un peu l'après-midi et de faire quelques allées et venues dans le corridor. Avant de se remettre au lit, le Pape regardait les dossiers envoyés par la Secrétairerie d'État et signait les lettres qu'il avait auparavant lues et examinées attentivement. Le docteur Niehans était toujours étonné de voir le Saint-Père pouvoir faire tout cela en dépit de son état de santé lamentable. « Seuls une autodiscipline héroïque et un sens illimité du devoir peuvent réaliser pareille chose », disait-il toujours. La santé s'améliorait lentement — bien trop lentement au gré d'un malade qui disait sans cesse qu'un pape ne devait et ne pouvait s'accorder aucun repos. Il nous arrivait toujours plus souvent d'entendre Pie XII dire : « Mon Dieu, je suis prêt ! Emmenez-moi ! » Il lui arrivait toujours plus souvent de me demander de faire ceci ou cela, de mettre telle chose en ordre. Autant j'aimais sinon exécuter le moindre de ses commandements, autant il m'était impossible de « mettre de l'ordre », comme si le Saint-Père ne pourrait plus le faire lui-même ; je ne parvenais absolument pas à me faire à la pensée que Pie XII ne surmontât pas sa maladie. Le petit livre, cher à Pie XII, des *Exercices* de saint Ignace, était à son chevet, bien à portée de sa main, et souvent il nous en lisait un passage. Sa prière, de jour comme de nuit, était sans cesse l'*Anima Christi*...

« Dites-moi la vérité : croyez-vous sérieusement que je pourrai retrouver toute ma santé et remplir à nouveau pleinement mes fonctions ? », demanda le Saint-Père au docteur Niehans. « Sinon, je me retirerai sans hésiter. Je viens justement de compléter le Sacré Collège, les cardinaux ne seront pas en peine pour élire un pape, car, à notre époque, seul peut être pape un homme disposant d'absolument tous ses moyens. » La question reçut une réponse affirmative, et, Dieu merci, le Saint-Père alla bientôt mieux — bientôt aussi, il cessa de se ménager...

C'est seulement le 31 juillet 1954, lorsque la plus mauvaise chaleur fut presque passée, que l'on réussit à convaincre Pie XII d'aller à Castel Gandolfo. Mais son séjour là-bas fut, plus que jamais, surchargé de travaux, d'audiences et d'allocutions ; le Saint-Père n'était que générosité et disponibilité. Le médecin et tout l'entourage du Pape avaient escompté, cette fois-ci, qu'il s'accorderait un peu de détente après ces mois de très grave maladie, mais lui voyait le travail à faire et s'oubliait lui-même totalement.

Pie XII avait donné à l'inauguration de l'Année Mariale une grande solennité. Il se réjouissait maintenant de pouvoir la clôturer, à son retour de Castel Gandolfo, avec toute la beauté, la solennité et la dignité qui convenaient. Mais à peine fut-il de retour à Rome, que son vieux mal se ranima, plus violent encore cette fois. Le docteur Niehans accourut et fit son possible. A nouveau, l'estomac refusait toute nourriture, et le hoquet ne laissait pas non plus un instant de répit au Saint-Père. Or les piqûres, on le savait, ne faisaient leur effet qu'au bout de cinq semaines. L'Église entière était anxieuse et priait à nouveau pour cette chère existence. Le Saint-Père endurait d'indicibles souffrances, nuit et jour. Enfin, il sembla qu'il y eût un mieux ; mais c'est alors qu'un symptôme nouveau fit naître les plus vives inquiétudes. Le docteur Niehans demanda au Saint-Père l'autorisation de consulter plusieurs médecins. Pie XII lui répondit très clairement :

« Réfléchissez-y, docteur ; nous allons par là au devant de complications, mais si vous le voulez absolument, faites-le. Mais plus tard, vous penserez à ce que je vous ai dit ! »

A peine une heure plus tard, arrivèrent quatre médecins célèbres. Dans l'intervalle, cependant, l'état du Saint-Père s'était à nouveau amélioré. Aussi les quatre médecins ne décelèrent-ils rien d'alarmant ; mais ils trouvèrent leur illustre patient extrêmement affaibli. Rien d'étonnant à cela, puisque le terrible hoquet — qu'aucun des quatre médecins ne parvint à s'expliquer — interdisait pour ainsi dire toute prise d'alimentation. Les médecins se réunirent pour rédiger un communiqué destiné à la presse, tandis que le docteur Niehans, avec la sœur de garde, veillait heure après heure, au chevet du grand malade et tentait de faire tout ce qui était possible pour lui apporter quelque soulagement.

Le lendemain, on entreprit de faire un examen radiographique minutieux, ce qui, pour le malade, fut un terrible tourment. Par bonheur, on ne pratiqua pas l'opération que l'un des médecins considérait comme nécessaire, car le Saint-Père dans l'état d'affaiblissement où il se trouvait, ne l'eût certainement pas supportée. Mais les transfusions de sang prescrites le fortifièrent considérablement, et le lavage d'estomac permit lentement de lui faire absorber à nouveau une nourriture légère. Le hoquet, en revanche, ne fut pas supprimé : il revenait même de temps en temps, avec une violence effrayante. Ce n'est qu'au bout du nombre de semaines nécessaires aux piqûres du docteur Niehans pour faire leur effet, que ces souffrances prirent fin.

11

Anima Christi...
et Testament

Un soir, — c'était le 1er décembre 1954 —, alors qu'agenouillées autour du lit du Saint-Père, nous venions d'achever le chapelet et de recevoir sa bénédiction, Pie XII déclara : « Voilà que j'ai à nouveau entendu une voix disant que j'aurais une vision ! » Nous ne comprîmes pas ce que le Saint-Père voulait dire par là. Quand nous eûmes tout préparé pour la nuit, nous quittâmes la chambre du malade.

La sœur de garde pour la nuit se tenait dans la pièce voisine et laissait toujours la porte entrouverte pour parer à toute éventualité. A peine le silence s'était-il fait partout qu'elle entendit le malade répéter sans cesse cette prière : « *Anima Christi, sanctifica me... O Bone Jesu, exaudi me... In hora mortis meae, voca me... et jube me venire ad Te...!* » Sans arrêt. Soudain, ce fut le silence... Le Saint-Père s'était endormi ; il passa une nuit exceptionnellement bonne. Le lendemain matin, lorsqu'on le prépara pour assister à la messe, son visage était illuminé de joie. L'autel était installé exactement entre son bureau et sa chambre à coucher, en sorte qu'il pouvait très bien suivre la sainte cérémonie. (Pie XII trouvait qu'il n'était pas convenable de célébrer le Saint Sacrifice dans la chambre à coucher elle-même ; aussi placions-nous toujours l'autel directement devant la porte grande ouverte qui séparait le bureau de la chambre à coucher.) Le célébrant lui donnait chaque fois la Sainte Communion. Environ une demi-heure plus tard, nous apportions au Saint-Père son petit déjeuner. Ainsi en fut-il ce jour-là également. Ayant frappé à la porte sans obtenir de réponse, j'entrai. Mon bonjour, lui aussi, resta sans réponse, et pourtant, je voyais bien que le Saint-Père était allongé dans son lit, les yeux grands ouverts et radieux. Je déposai mon plateau sur la table, et, m'approchant du pied du lit, je lui demandai, toute étonnée : « Saint-Père, qu'y a-t-il ? » — « Dove sta Lei adesso, c'è stato il Nostro Signore ! » (Là où vous êtes maintenant, se tenait Notre Seigneur !) — « Che Signore, Padre Santo ? », demandai-je. — « Notre Sauveur, Jésus-Christ ! »

Je fixai longuement le visage transfiguré du Saint-Père, dans l'attente d'une explication, mais il n'en vint aucune. Alors, je me mis à genoux — à l'endroit où, comme Pie XII venait de le dire, se tenait le Sauveur, et je baisai le sol, espérant pouvoir apprendre encore quelque chose. Mais il garda le silence, et je quittai sans bruit la chambre pour me rendre à la chapelle.

Au bout d'un quart d'heure environ, le Saint-Père sonna et demanda son petit déjeuner. Là non plus, il ne dit rien, et, de mon côté, je n'osai pas poser de question. Mais l'expression de félicité n'avait pas disparu de son visage, et, après le petit déjeuner, il dit subitement : « Maintenant, je vais me lever ! » Je le regardai d'un air interrogateur, mais il se contenta de faire un signe de tête amical. Le docteur Niehans venait d'arriver, et je lui dis ce qui se passait. Il en fut fort satisfait et me dit : « Si c'est le Saint-Père lui-même qui le demande, je donne volontiers mon accord. » En ce qui me concerne, le Saint-Père ne m'a plus rien dit de cette apparition, et personne non plus n'en a entendu parler par moi.

Le fait est qu'à partir de ce moment-là, la santé de Pie XII s'améliora énormément. Il ne parlait d'ailleurs plus de mourir et d'être prêt à partir pour la maison du Père. Non, il recommençait à s'intéresser à tout. Pendant ce temps, l'Église priait sans cesse Dieu de lui conserver son Pasteur.

Lorsque le 8 décembre 1954, à l'occasion de la clôture de l'Année Mariale à Sainte-Marie-Majeure, la cérémonie d'action de grâces s'acheva sur un *Te Deum* chanté par des milliers de voix, on entendit à la radio la voix du Saint-Père, tremblante d'une profonde émotion, déclarer :

« Voyant par la pensée le monde catholique tout entier, prosterné aujourd'hui comme une seule famille aux pieds de la Vierge Immaculée, Nous sommes reconnaissant au Seigneur d'avoir voulu, comme preuve d'amour, Notre douleur et Notre sacrifice pour couronner ces innombrables prières et ces œuvres montées jusqu'à Lui en cette année de grâces.

Et Nous sommes heureux, souffrant dans Nos membres, et le sacrifice au fond du cœur, de clôturer l'Année Mariale, en répétant avec tous Nos fils disséminés sur la terre : *Ave Maria, gratia plena...* »

Lorsque le Saint-Père, d'une voix où l'on sentait fort bien quelles souffrances il avait endurées, récita cet Ave, tout le monde fut pris d'une intense émotion. Nous, qui pouvions l'observer de près, mesurions aussi ce qu'il lui en coûtait de ne pouvoir être lui-même présent à Sainte-Marie-Majeure pour clôturer le triomphe grandiose de sa Dame et Reine.

Il était environ 9 h du soir et, agenouillées autour du lit du Saint-Père, nous venions d'achever de réciter le chapelet. Alors, nous entendîmes le Saint-Père dire, comme en se parlant à lui-même : « Elle fait exactement comme son divin Fils : tout ce que l'on prépare et réalise en son honneur, elle le récompense par la maladie, la souffrance, le sacrifice, la déception, le renoncement... »

Dès que le Saint-Père eut repris des forces, il attendit impatiemment le moment de voir les médecins s'éloigner. Cependant, il leur demanda s'il retrouverait sa pleine capacité de travail ; tous le lui confirmèrent sans restriction. S'ils ne l'avaient pas fait, rien ni personne n'eût pu le retenir d'en tirer les conséquences ; tous les membres de son entourage savaient cela.

Encore une fois, le miracle s'était produit ! (Les nombreux fidèles qui, durant tous ces jours et — très souvent aussi — toutes ces nuits-là, sont restés agenouillés à même le sol sur la place Saint-Pierre pour supplier le Ciel qu'il guérisse, y ont très certainement contribué.) Pie XII avait été conservé à l'Église et au monde entier, et devait continuer à être leur grande bénédiction. Déjà, il avait repris une pleine activité. Allocutions et grands discours alternaient avec le dur travail de bureau pour le gouvernement de l'Église universelle. On aurait presque dit non seulement qu'il s'était remis de sa maladie, mais que celle-ci lui avait donné de nouvelles forces. Tout en ayant extérieurement une activité intense, le Saint-Père était l'homme le plus retiré qui fût. Chaque minute qui lui restait était utilisée, il travaillait sans la moindre interruption, dans le silence et la solitude — comme un moine. Mais même dans cette retraite, il restait tout à fait le même que celui qui se montrait sur la sedia gestatoria ou lors d'autres grandes occasions. C'était cela, la grandeur de Pie XII : il était en toutes circonstances, dans tous ses actes comme dans toutes ses paroles, conscient de son éminente tâche, et, pénétré du caractère sublime et divin de l'institution de la papauté, il vivait et agissait en conséquence.

Maintenant nous venions de voir le Saint-Père frappé d'une grave maladie. Là aussi, il était resté le même : sans prétention, oublieux de lui-même, modeste, fin et distingué. Rassemblant toutes ses forces, il travaillait même aux heures de souffrances extrêmes, dans un perpétuel abandon de soi. Le docteur Niehans, qui avait assisté Pie XII nuit et jour durant ces semaines de tourments, me déclara plus tard : « J'ai été appelé auprès de très nombreux grands de ce monde, j'ai voyagé à travers la terre entière ou presque, et j'ai eu des contacts avec de très nombreuses personnes, mais, avant de venir auprès de Pie XII, je ne savais pas qu'il pût y avoir un seul être au monde aussi merveilleux que lui. Les mois que j'ai pu passer auprès de lui pour l'aider, furent les plus beaux de ces longues années où j'ai exercé la médecine, et je remercie le Bon Dieu pour cette période magnifique ! Elle fut pour moi une grâce spéciale. »

Le pontificat de Pie XII est jalonné de nombreuses béatifications et canonisations. Elles aussi aggravaient son travail : non seulement il examinait avec minutie tous les préparatifs et les procès eux-mêmes, mais il lui fallait élaborer aussi le grand discours qu'il tiendrait après la cérémonie, à l'occasion de l'audience. Il arrivait qu'on lui demandât des détails de la vie du saint en question, et il voulait être au courant. Pour lui, rien n'était insignifiant !

Toutefois, il était singulier de voir que le Saint-Père, qui était autrement si bon, si indulgent et si compréhensif, était capable d'opposer un « non » impitoyable, si, dans le cas considéré, il y avait quelque chose de contraire à sa sensibilité particulièrement délicate.

Un exemple : le procès d'un fondateur d'ordre très connu était fin prêt et n'attendait plus que la décision du Pape. En regardant les actes, Pie XII découvrit quelques expressions très laides dont se servait souvent le serviteur de Dieu en question. Bien que, de divers côtés, on lui eût donné l'assurance que, dans la région où elles étaient utilisées, elles fussent communément en usage et n'eussent absolument rien d'inconvenant, Pie XII resta sourd à toutes les demandes et représentations. « Je ne peux faire cela », se contentait-il de dire. Bien que tous les préparatifs fussent déjà faits, le procès n'obtint pas le *Placet Eugenio*.

Ce ne fut pas le seul cas ! Je me souviens bien du fait suivant. Le Saint-Père avait sonné pour donner un ordre, et j'entrai dans le bureau. Il venait de refermer un livre qu'il avait lu et prit son téléphone. « Monseigneur, dit-il, il est inutile que vous me présentiez la cause***. Tant que je vivrai, il ne sera pas canonisé. » Devant mon regard étonné, il se borna à dire : « Je viens de lire que ce *** a fumé tant et plus. Je ne peux pas le canoniser. » Là aussi, les travaux étaient achevés, et ce ne fut pas simple pour les intéressés d'entendre pareil jugement. Il s'agissait, en plus, du membre d'un ordre que Pie XII affectionnait beaucoup. Mais, une fois que le Saint-Père avait regardé et étudié un cas, et qu'il était en conscience persuadé de la justesse de ses vues, on ne pouvait plus le faire changer de décision, en dépit de toutes les prières qu'on pût lui adresser et même s'il se sentait personnellement touché de très près.

Les deux saints dont la canonisation tenait particulièrement à cœur à Pie XII, furent la petite héroïne de la virginité, Maria Goretti, et surtout le pape Pie X, à qui l'unissaient tant de chers souvenirs et dont il gardait présent à ses yeux l'exemple lumineux. Le Saint-Père parlait souvent de Pie X, et ce fut lui qui, malgré tous les obstacles, insista pour achever les travaux du procès.

La béatification d'Innocent XI fut également son œuvre. Comme il fut heureux que soit enfin accordé à ce grand pape l'honneur des autels qui lui avait été refusé pendant des siècles ! Le Saint-Père ne recula devant aucun sacrifice, jusqu'à ce que tous les obstacles fussent éliminés. Ce fut une grande satisfaction pour lui que ce pape, qui, durant sa vie, avait tant souffert et avait été tellement persécuté, ait trouvé son dernier repos à Saint-Pierre, en face de la tombe de saint Pie X et revêtu des ornements de Pie XII.

Pie XII introduisit aussi la cause de Pie IX. Lorsque le corps de celui-ci — qui est resté parfaitement intact — fut exhumé puis réenseveli, ce furent à nouveau le linge et les ornements de Pie XII qui recouvrirent la vénérable dépouille.

La première canonisation à laquelle procéda Pie XII concernait la grande fondatrice Marie-Euphrasie Pelletier et l'humble jeune fille Gemma Galgani. Visiblement, il se réjouissait de pouvoir accorder l'honneur des autels à Marie-Euphrasie, cette femme si douée et cependant si simple, qui ne reculait devant aucun obstacle et ouvrit à la charité des voies toutes nouvelles. Il avait étudié à fond la vie de cette femme qui avait consacré son amour et sa pitié précisément à celles que la société flétrit comme femmes perdues et coupables, afin de pouvoir les aider à retrouver honneur et considération. Il pouvait maintenant la placer aux côtés des grands saints masculins et montrer au monde, par sa canonisation, que la femme, lorsqu'elle ne met pas d'obstacle à la grâce et à l'amour de Dieu, est capable de faire beaucoup pour l'Église et pour la société. Pie XII fixa l'endroit de Saint-Pierre où devrait se dresser la statue de sainte Marie-Euphrasie.

En face de cette femme d'action, Pie XII plaça Gemma Galgani, cette jeune fille de peu d'apparence et presque inconnue, sachant que sa vie de souffrances, de sacrifices et d'expiation n'avait peut-être pas moins de poids aux yeux de Dieu que l'action de l'infatigable Mère Marie-Euphrasie.

Quel cadeau Pie XII n'a-t-il pas fait au monde et à l'humanité avec sa magnifique liturgie de la Semaine sainte ! Quelle satisfaction pour lui que d'apprendre avec quelle ferveur les fidèles y participaient ! Une âme très eucharistique l'avait prié une fois d'autoriser tout de même la Sainte Communion le Vendredi saint. A l'époque, il n'avait rien répondu, parce que la chose n'avait pas encore assez mûri. Mais lorsque le décret en question parut, il me dit (parce que j'étais au courant) : « Écrivez-lui aussitôt. Pensez quelle joie cette nouvelle va lui causer ! »

Si l'autorisation de célébrer la messe l'après-midi n'avait été peut-être initialement envisagée que pour la dure période de la guerre, elle fut sans doute maintenue parce qu'on en vit le grand avantage, et le Saint-Père se réjouit de toute son âme d'entendre dire sans cesse à quel point les églises étaient pleines aux messes du soir.

Alléger la loi sur le jeûne à observer pour recevoir la sainte Communion, fut une chose qui coûta sûrement beaucoup à Pie XII ; en effet, je l'entendis dire, un jour que quelqu'un lui confiait qu'il trouvait que cela allait presque trop loin et témoignait de trop peu de respect envers l'immense sainteté de Jésus au Très Saint Sacrement : « Même si désormais l'autorisation est donnée de n'être à jeun que 3 heures avant la Sainte Communion, vous et moi — et, j'espère encore beaucoup de personnes avec nous — devrions faire comme ce fut toujours. » — Lorsqu'il apprit plus tard de la bouche d'un archevêque d'outre-mer, qui avait un grand diocèse industriel, que maintenant des centaines d'ouvriers s'approchaient également en semaine de la Sainte Communion, parce qu'il ne leur fallait plus être à jeun que trois heures, le Saint-Père en ressentit non seulement de l'apaisement, mais une joie profonde. En toutes occasions, il voyait d'abord le salut des âmes.

C'était dans la nuit du 14 au 15 mai 1956. A 1 h 30, la sonnette retentit. Que s'était-il passé ? — Jamais, le Saint-Père n'appelait la nuit. Vite, nous nous apprêtâmes et accourûmes dans le cabinet de travail. Le Saint-Père y était assis à son bureau, il dit : « Un jour, je mourrai à l'improviste — et je n'ai pas encore fait de testament ! » — « Oh, Saint-Père, si ce n'est que cela, il fera encore jour demain ! Allez tranquillement au lit. Nous vous rappellerons la chose dès demain matin, de bonne heure. » — « Non, dit Pie XII avec beaucoup de calme et de sérieux, ce sera fait maintenant. » — Ce fut bientôt fait, et le Saint-Père me demanda si je voulais le lire. « Non, dis-je, Saint-Père, il sera encore temps dans dix ans. » Alors, il mit la feuille qu'il venait d'écrire dans son bureau, nous congédia et dit qu'il voulait également aller se reposer.

Le lendemain matin, il ajouta encore ceci : « J'ai bien dormi ces quatre heures-ci, parce que j'ai fait ce que je devais faire. Un jour, je mourrai à l'improviste ; maintenant, je suis heureux d'avoir fait mon testament. Je n'ai plus qu'à le recopier. Mais j'ai prié le Bon Dieu de m'accorder une journée... » Je ne pus répondre à cela, car j'étais au bord des larmes.

Pie XII avait-il, cette nuit-là, reçu quelque instruction, qu'il pût dire avec autant d'aplomb : « Je mourrai un jour à l'improviste — et j'ai prié le Bon Dieu de m'accorder une journée » ? Par la suite, le Saint-Père ne revint plus jamais là-dessus, et je n'y pensai plus, non plus — jusqu'au jour où...

Ce testament ! Qu'il est simple et sans détours — tout à fait à l'image de Pie XII lui-même : rien d'artificiel, d'apprêté — au contraire, une clarté cristalline ! Et quelle modestie !

« *Miserere mei, Deus, secundum misericordiam tuam*. Ces paroles que je prononçai au moment d'accepter en tremblant mon élection comme Souverain Pontife, conscient de mon indignité et de mon insuffisance, ces paroles, je les répète aujourd'hui avec d'autant plus de fondement que le constat de mes faiblesses, de mes manquements, des fautes que j'ai commises au cours d'un si long pontificat, et en une époque aussi grave, fait apparaître plus clairement à mon esprit mon insuffisance et mon indignité.

Je demande humblement pardon à ceux que j'ai pu offenser, à qui j'ai pu nuire ou que j'ai pu scandaliser par mes paroles et mes œuvres.

Je prie ceux que cela regarde de ne pas s'occuper ni de se préoccuper d'ériger quelque monument que ce soit à ma mémoire ; il suffit que mes pauvres restes mortels soient déposés simplement dans un lieu sacré, qui me sera d'autant plus agréable qu'il sera plus obscur.

Je n'ai pas besoin de solliciter des prières pour mon âme. Je sais combien sont nombreuses celles que les normes habituelles du Siège apostolique et la piété des fidèles offrent pour tout pape défunt.

Je n'ai pas besoin non plus de laisser un « testament spirituel », — comme ont l'habitude louable de le faire tant de prélats zélés —, parce que les nombreux actes et discours que les nécessités de ma charge m'ont amené à promulguer ou à prononcer suffisent à faire connaître, à ceux qui par aventure le désireraient, ma pensée au sujet des différentes questions religieuses et morales.

Cela dit, je nomme mon héritier universel le Saint-Siège apostolique dont j'ai tant reçu, comme d'une mère très aimante.

15 mai 1956
PIUS PP.XII »

Tous ceux qui le connaissaient savaient que Pie XII aimait les siens. Mais, de même qu'il avait dit, de son vivant : « Le Bon Dieu a donné aux miens ce dont ils ont besoin, aussi n'ai-je pas à me soucier de cela », de même il a, à sa mort, légué tout ce qu'il possédait à la sainte Église, sa « Mère très aimante ». Quel dépouillement de soi, quel détachement de tout ce à quoi peut s'attacher un cœur humain, un pareil acte ne suppose-t-il pas !

Récemment, j'ai entendu dire que Pie XII avait fixé lui-même l'endroit où il voulait être enterré. C'est absolument inexact. Je me souviens très bien qu'en présence de plusieurs personnes, il répondit très fermement à une question concernant ce sujet : « Quand je serai mort, on pourra mettre ma pauvre dépouille où l'on voudra, cela m'est tout à fait égal. La seule chose nécessaire, c'est de sauver son âme — et cela n'est pas chose facile. » Le comte Galeazzi, qui avait entendu, lui aussi, ces propos du Pape, me dit qu'après la mort de celui-ci il s'était employé à faire que le sarcophage destiné à recueillir ses restes fût aussi modeste et simple que possible, afin de répondre au vœu de Pie XII.

Comme les fouilles dans les grottes de Saint-Pierre ont été effectuées sur l'ordre de Pie XII et que, par conséquent, le mérite de la découverte de la niche qui fait face au tombeau de l'Apôtre lui revient aussi — c'est là qu'il fut déposé pour son dernier repos.

12

Quatre-vingtième anniversaire et quarantième année d'épiscopat

Le temps passe-t-il plus vite lorsque chaque minute est employée à fond ? Notre Saint-Père approchait de son 80ᵉ anniversaire. La lumineuse vigueur de son esprit, la fermeté de son caractère, sa disponibilité continuelle envers tous les hommes et toutes les souffrances, son don quasi miraculeux de parler toutes les langues importantes, son excellente mémoire — rien de tout cela n'avait diminué. Sa haute et mince silhouette vêtue de blanc et son pâle visage aux traits fins, donnaient peut-être plus que jamais l'impression d'un être spiritualisé au plus haut degré, jusqu'à l'extrême limite de ses forces physiques. Maintenant encore, émanait de cette douceur une force faite de volonté et de bonté, et malgré toutes les apparences extérieures de la fragilité, Pie XII restait, comme par le passé, tout à fait à la hauteur de sa tâche et de son écrasante responsabilité.

Peu de jours avant le 2 mars 1956, Mgr Tardini revint très tard de l'audience. Je dis, pour dire quelque chose : « Il s'est fait tard, aujourd'hui. » Alors Mgr Tardini reposa sa serviette et répliqua : « Je viens de voir encore une fois le Saint-Père rire de tout cœur. Quelle chose merveilleuse que le sourire du Saint-Père ! Tout son visage en est transfiguré, et ses yeux si expressifs rayonnent de sa sainteté. Sans cesse, des gens me disent qu'ils emportent le sourire du Pape au fond de leurs cœurs et qu'ils ne l'oublieront plus jamais. Et sa prière est à l'image de son sourire. On a beau s'être déchargé auprès de lui d'autant de soucis et d'ennuis que l'on voudra — quand il se met debout et qu'élevant les bras et le visage vers le ciel, il donne sa bénédiction, on voit pour ainsi dire les cieux ouverts au-dessus de cet homme qui vous bénit et qui, pour quelques instants, ne semble plus être sur terre. »

Arriva le jour du quatre-vingtième anniversaire de Pie XII. Tout à fait sérieusement il avait espéré que le monde ne prêterait pas attention à l'événement. Cela semble incroyable, et pourtant c'est ainsi. Ces Messieurs de la Secrétairerie d'État en savaient quelque chose ! Mais malgré toutes ses interdictions, il fallait bien préparer quelque chose. Il n'était tout de même pas possible de se présenter les mains vides. Pie XII avait une telle répugnance envers tout ce qui concernait et honorait exclusivement sa personne, qu'il était capable — lui, si délicat et si fin — de dire « non » avec dureté quand on lui demandait quelque chose en rapport avec ce sujet. Pour tout ce que l'on entreprenait, il fallait trouver un autre nom. Et pourtant, le monde entier — pas seulement l'univers catholique — célébra le 80e anniversaire de Pie XII. Des milliers de télégrammes et de radiogrammes, et encore davantage de lettres lui apportèrent des félicitations de tous les continents. Ce fut comme un torrent d'amour et de vénération, si puissant, si profond, si beau — que, finalement, le Saint-Père ne put s'empêcher de se réjouir, lui aussi, devant tant de cordiale sympathie et de profonde vénération.

Dès le début de la matinée on entendit jouer une musique merveilleuse. On ne pouvait d'abord pas distinguer si elle venait de la place Saint-Pierre ou du jardin. Le Saint-Père ne pouvait pas ne pas l'entendre, mais il ne dit rien...

La chapelle privée resplendissait — malgré tout ! — dans sa parure de fête. De magnifiques lis blancs ornaient l'autel, ainsi que la statue de la Vierge. Lorsqu'il entra, Pie XII hocha un peu la tête, mais ne dit rien, sans doute pour ne pas gâcher notre joie. Nous n'avions pas encore osé lui offrir nos vœux, car nous savions qu'il ne le voulait pas — La messe fut exaltante, comme toujours. On sentait cependant qu'aujourd'hui le célébrant avait beaucoup à dire au Seigneur et beaucoup de raisons de rendre grâces, car la messe dura plus longtemps que d'habitude. L'action de grâces ne voulait pas finir, non plus. Ensuite, nous allâmes dire toutes ensemble au Saint-Père que nous avions prié tout spécialement pour lui et que nous continuerions à le faire de notre mieux. Pas un mot de félicitations — mais il nous comprit bien. Lorsqu'il entra dans la salle à manger, ses petits oiseaux manifestèrent leur joie, c'était un concert d'anniversaire qu'il ne pouvait refuser !

Entre-temps, la musique, au dehors, s'était faite plus forte. Pie XII ignorait encore quel bonjour matinal l'attendait... Mais il eût fallu qu'il aimât moins les enfants pour ne pas se réjouir du défilé des tout-petits de toute la ville de Rome. Enfants de toutes les classes de la population, petits garçons et petites filles venus de partout avec de superbes fleurs dans leurs mains. Jouant, dansant et chantant gaiement, ils se groupaient autour du fauteuil du Saint-Père, et l'un d'eux lui dit familièrement : « Maman et papa auraient bien aimé venir aussi mais ils n'avaient pas le droit. » Un petit garçon déclara : « Si seulement c'était plus souvent ton anniversaire ! » « Que feras-tu donc de toutes ces fleurs ? », demanda un autre enfant. Un autre encore lui fit cette prière : « Si tu vois le Bon Dieu, dis-lui qu'il guérisse ma maman. » Et ainsi de suite. Lorsque le Saint-Père se leva enfin pour donner sa bénédiction, l'un des enfants le regarda tristement et demanda : « Pourquoi ne pouvons-nous pas rester avec toi ? S'il te plaît, dis-nous vite de revenir ! »

Toutes les magnifiques photographies qui nous sont restées, nous montrent en Pie XII l'image authentique du divin Ami des enfants.

Mais il n'y avait pas que les petits à vouloir offrir leurs vœux : les grands aussi se joignirent à eux, tous ceux qui le purent vinrent auprès de lui et, de toute la matinée, les salles d'audience ne désemplirent pas. On voulait le voir, le remercier, l'assurer de ses prières, et surtout lui exprimer l'espoir qu'il soit encore pour de nombreuses années le Père, le chef, le modèle sublime, le conseiller plein de bonté. — Lorsque Pie XII arriva à table, malgré l'heure très avancée et son immense fatigue, on pouvait lire sur son visage la joie que tant de cordialité et de chaude sympathie lui avait causée durant toute cette matinée.

Nous nous réjouissions déjà de ce que serait l'après-midi. Une cérémonie était en effet prévue en l'honneur du Saint-Père dans le Palazzo Pio XII. Devant une salle comble, on y joua une musique magnifique, qui rehaussa encore l'atmosphère de fête. Puis lorsque le cardinal Siri monta au pupitre et fit, en termes chaleureux, un portrait de celui que l'on fêtait — portrait qui non seulement brillait par l'élégance et la beauté du langage, mais surtout témoignait la profonde sympathie et l'authentique vénération de l'orateur pour celui dont il faisait l'éloge —, de formidables applaudissements s'élevèrent dans la vaste salle.

Lorsque nous revînmes de cette émouvante cérémonie, nous trouvâmes Pie XII comme toujours à son bureau, en train de travailler pour ceux qui donnaient une fête en son honneur.

Un événement fort simple montrera en quels termes les plus proches collaborateurs de Pie XII se trouvaient avec lui. Comme on l'a déjà dit, le Saint-Père appelait souvent le soir l'un des deux sous-secrétaires d'État. Généralement le domestique avait congé à cette heure-là ; c'était l'une des sœurs qui recevait Leurs Excellences. Mgr Tardini était toujours, dès qu'il commençait à faire frais, très chaudement emmitouflé, et je lui demandai un jour en riant : « Mais, Excellence, combien de manteaux et d'écharpes de laine enfilez-vous donc ? » « Madre, me répondit-il à sa manière pleine d'humour, je suis un grand frileux qui prend vite froid. Mais si j'attrape un bon rhume, je ne pourrai pas venir à l'audience — or l'audience, c'est ma vie. Un jour sans audience, c'est un jour sans soleil ! » (Mgr Tardini travailla près de trente ans dans l'entourage immédiat du cardinal Secrétaire d'État Pacelli d'abord, puis du Saint-Père.)

Pie XII se souciait fort peu de lui-même et ne savait pratiquement pas ce qui était à lui. Il se contentait du minimum, pourvu que cela ne le gêne ni dans son travail ni dans l'exercice de ses fonctions. Un jour que le dentiste dut venir par une très forte chaleur, il s'étonna qu'il y ait ailleurs, au Vatican, une installation pour rafraîchir l'air, tandis que chez le Saint-Père, qui habitait si haut et était le plus exposé au soleil et à la chaleur, cette installation manquait. Cela nous parut une bonne occasion d'en parler au Saint-Père, en y ajoutant l'opinion du médecin qui pensait qu'on travaillait plus facilement et davantage, si l'on était moins tourmenté par la chaleur. La réponse ? « Je n'en travaille pas moins pour autant et un travail qui s'accompagne de sacrifices n'en a que plus de valeur. En outre, je me mets du côté des pauvres qui ne peuvent sûrement pas s'offrir un pareil agrément. »

Comme il était difficile d'amener le Saint-Père à essayer une nouvelle soutane ! L'ancienne faisait encore l'affaire pour un bout de temps. « Saint-Père, vous avez promis une soutane à Mgr Tardini, il vous en faut une nouvelle. » « Soit, pour l'amour du Ciel ! Mais donnez-lui la neuve et laissez-moi la vieille ! » « Ce n'est pas possible, Saint-Père, Monseigneur veut une soutane que vous avez portée. » Aussi Pie XII portait-il la soutane neuve pendant quelques jours, puis en faisait cadeau, tandis qu'il conservait la vieille et continuait à la mettre — Et les chaussures ! Quand on avait besoin d'une paire à offrir, le Saint-Père la mettait quelques jours, puis on pouvait la donner. Quant à ses propres chaussures, les vieilles, il les portait plusieurs années durant, jusqu'à ce qu'elles ne soient plus des chaussures « de pape ». « Mais, Saint-Père, même un pauvre n'en porterait plus de pareilles, seul un vagabond le ferait », lui dis-je une fois. En revenant de l'audience (j'avais mis de côté les vieilles chaussures), le Saint-Père me demanda : « S'il vous plaît, où sont mes chaussures de vagabond ? »

Malgré son extrême simplicité et sa modestie, dans sa mise comme en toutes choses, Pie XII était la propreté et l'exactitude en personne. Il était plein de distinction et de finesse, et, même en simple soutane de maison, ne se laissait jamais aller. Quelle que fût la chaleur, il ne se permettait pas le moindre allègement dans sa tenue vestimentaire. Jamais il ne se plaignait de la chaleur ou du froid, bien qu'à cause de sa constitution délicate, il dût être doublement sensible à l'une comme à l'autre ! Nous admirions toujours Pie XII de parvenir à faire sa promenade précisément de 15 à 16 h, même par les plus fortes chaleurs, car, comme il a déjà été dit, ce n'est qu'après s'être ainsi donné du mouvement en plein air qu'il était à nouveau parfaitement capable de travailler. Le désagrément que lui causait l'obligation de sortir par une telle chaleur n'entrait pas en ligne de compte.

Aujourd'hui, je crois qu'il est très dommage qu'on ait si rarement pu amener Pie XII à accorder une séance de pose à des artistes, peintres ou sculpteurs. C'était du temps perdu, disait-il, et le travail était bien plus important et plus nécessaire. Mais une fois, le professeur Vigni de Florence, célèbre sculpteur, réussit cependant à obtenir une séance. Il n'avait besoin que d'une demi-heure, disait-il, et le Saint-Père pourrait continuer tranquillement de travailler à son bureau pendant ce temps-là ; il ne le dérangerait absolument pas. Le professeur vint donc, installa tout son matériel dans le profond ébrasement de la fenêtre, et lorsque Pie XII arriva, il se mit tranquillement au travail et modela le buste de glaise qu'il avait apporté. Au bout d'une demi-heure, comme convenu, je m'approchai prudemment de la porte ouverte, mais, voyant le Saint-Père au travail et l'artiste dans l'ébrasement, je me retirai. Au bout d'une autre demi-heure, je fis de même, mais le même spectacle s'offrit à moi. Finalement, au bout de près de deux heures, le Saint-Père sonna. Il avait, plongé qu'il était dans son travail, totalement oublié l'artiste. Le professeur était très heureux d'avoir eu tant de temps pour faire son modelage et il remercia beaucoup le Saint-Père. Ainsi vit le jour ce si beau buste qui orna le cabinet de travail de Pie XII et connut de nombreuses reproductions.

Quelques années plus tard, le Saint-Père, revenant d'une grande audience, dit : « Cela fait plusieurs fois qu'un peintre travaille pendant l'audience à faire un portrait de moi, et je crois que c'est vraiment ressemblant. » C'était une révélation pour nous, car d'habitude, quand Pie XII voyait des portraits ou des bustes de lui, il disait : « Il faudra écrire en dessous de qui il s'agit, sinon on ne me reconnaîtra sûrement pas ! » — Aussi laissai-je tout en plan et m'apprêtai à courir à Saint-Pierre pour peut-être voir encore ce portrait. Mais à mi-chemin, un gendarme vint à ma rencontre et me dit : « Madre, ce monsieur voudrait vous parler. » C'était le professeur Boden, le peintre, qui apportait son œuvre avec lui. Il me demanda s'il ne serait pas possible d'obtenir du Saint-Père ne fût-ce que dix minutes pour une séance, afin qu'il puisse achever son portrait. Je lui demandai de me laisser son tableau et son numéro de téléphone, et lui dis que je m'en occupais. D'abord, je demandai à Mgr Tardini et Mgr Dell'Acqua de regarder le portrait, et tous deux le trouvèrent excellent. Alors, nous demandâmes ensemble à Pie XII d'accorder cette séance de courte durée ; elle fut aussitôt fixée pour le lendemain matin, car on craignait que le Saint-Père ne revînt sur son « oui ». L'artiste fut très ponctuel et prépara tout ce qu'il fallait. La séance eut lieu avant que Pie XII ne se rende de l'appartement privé aux audiences. Au bout de 10 minutes, le peintre dit au Saint-Père : « The ten minutes are up, Holy Father », mais un geste amical de la main lui indiqua qu'il pouvait continuer son travail. A 9 h moins 2, le Saint-Père se leva, car c'était l'heure de commencer les audiences. L'artiste était profondément heureux — y compris parce qu'il avait obtenu davantage de temps — et cela donna ce magnifique tableau qui plaît à tous ceux qui l'ont vu. Le portrait en grandeur nature était une commande pour l'Angleterre. Quant au petit, un portrait en buste, le professeur Boden me l'offrit en cadeau.

Pie XII avait beaucoup de croix pectorales, de chaînes et d'anneaux, tous précieux et beaux, mais il ne portait que ce qu'il avait de plus simple et de plus modeste. L'une de ses croix pectorales les plus précieuses était sans doute celle que son frère lui avait offerte lorsqu'il avait été sacré évêque et qu'il porta encore lorsqu'il fut nonce, puis cardinal secrétaire d'État, en même temps que cet anneau orné d'une grosse et très belle améthyste qui avait été jadis une boucle d'oreille de sa défunte mère. Plus tard, il fit cadeau de l'un et l'autre bijoux. Les nombreux autres objets que lui offraient sans cesse des amis chers et des admirateurs restaient intacts dans les armoires, et son testament dit bien à qui ils allèrent. Sur toutes les images et photos, on peut voir Pie XII avec une croix, une chaîne et un anneau qui ne sauraient être moins précieux ni plus simples.

A l'occasion d'une cérémonie particulière à Saint-Pierre, nous préparâmes une fois pour le Saint-Père un bel anneau orné d'une précieuse émeraude. Comme il n'y en avait pas d'autre, il lui fallut bien mettre celui-là. Mais il sut se tirer d'affaire. Il tourna la pierre à l'intérieur, si bien que, lorsqu'il donnait sa bénédiction, on ne voyait à son doigt que l'anneau d'or. Nous vîmes fort bien que le Saint-Père cachait soigneusement la magnifique pierre précieuse sous son doigt replié. Mais l'affaire eut un épilogue. Le lendemain, la famille d'un ambassadeur fut reçue en audience, et le petit garçon, âgé d'environ 8 ans retint longuement la main du Saint-Père dans la sienne. L'enfant regarda très attentivement l'anneau, puis il dit : « Saint-Père, hier à Saint-Pierre vous n'aviez pas cet anneau-là, mais la *fede* (l'alliance !) » — Pie XII comprit aussitôt ce que voulait dire l'enfant et se souvint qu'il avait tourné la pierre à l'intérieur, si bien qu'on ne pouvait plus voir que le simple anneau d'or — ce que l'enfant appelait « l'alliance ». A partir de ce jour-là, il ne tourna plus la pierre à l'intérieur.

Je me rappelle clairement qu'un archevêque, sortant de son audience auprès de Pie XII, vint à la réserve, portant une croix pectorale et un anneau des plus précieux, à en juger par l'éclat qu'ils jetaient — sans doute regardai-je un peu trop longuement ces splendides joyaux avant de m'agenouiller pour baiser son anneau. « La croix et l'anneau vous plaisent ? » me demanda Son Excellence. « Oui », dis-je d'un ton un peu appuyé, et il me répondit (avait-il lu mes pensées ?) : « Vous pensez à la modestie du Saint-Père ; jamais plus je ne viendrai le voir ainsi. » De fait, il ne vint plus jamais, car peu de temps après il fut emprisonné par les bolcheviques.

Que de fois des évêques nous dirent-ils après l'audience combien ils avaient été impressionnés par la simplicité de Pie XII, car beaucoup venaient nous voir à la réserve personnelle, tant ceux auxquels la charité du Saint-Père venait en aide au-delà de toute mesure, que ceux qui nous aidaient à faire le bien.

Les terribles souffrances que l'année 1956 causa en Hongrie touchèrent profondément le cœur du Père de la Chrétienté. Il fit, là aussi, tout ce qui était en son pouvoir, et la conscience qu'il avait des limites de l'aide qu'il pouvait apporter lui causait une grande peine. Tout le monde sait que Pie XII fut le seul à se mettre aux côtés de la Hongrie révoltée contre le joug communiste. Son message de Noël 1956 en est le témoignage éloquent.

Le célèbre Père jésuite Lombardi avait, avec beaucoup d'esprit d'initiative, fondé le *Centro Internazionale Pio XII per un Mondo migliore*. Le Saint-Père avait suivi et encouragé avec chaleur l'œuvre du Révérend Père. Situés dans un très beau cadre, sur les hauteurs dominant le Lac Albain, en face de Castel Gandolfo, les nouveaux bâtiments destinés au siège central du mouvement étaient en voie d'achèvement. Pie XII honora le centre d'une visite personnelle. Il visita la belle église, la maison et les installations attenantes, bénit tout cet ensemble et exprima l'espoir que beaucoup de bien continue à se répandre partout à partir de ces lieux.

Le 21 janvier 1957 vit le Saint-Père au Collegio Capranica, où il avait été jeune étudiant. Il racontait souvent combien, de son temps, ce collège était simple et modeste, et passait presque inaperçu. Or aujourd'hui, il le voyait transformé et modernisé, avec une très belle chapelle et toutes les installations les plus récentes. Il en fut content, mais déclara qu'à son époque, la jeunesse, malgré une vie très simple, n'en était sûrement pas moins satisfaite de son sort. Il eut des entretiens animés avec les étudiants, leur recommanda de se préparer à leur sublime vocation par le zèle dans l'étude, la prière et la méditation et les exhorta à imiter les prêtres exemplaires qui étaient sortis de cette maison. L'ascenseur (qui n'existait pas de son temps) était déjà prêt pour que le Saint-Père n'ait pas à descendre à pied l'escalier, lorsque son regard rencontra le grand crucifix que, lorsqu'il faisait ses études, tout élève de l'alumnat qui entrait ou sortait, avait coutume de baiser avec respect. Aussitôt il se dirigea vers l'escalier, descendit les marches et embrassa « son » crucifix, comme il l'avait fait jadis, lorsqu'il était jeune. Un photographe agile fixa la scène sur la pellicule. Cette belle photo dira à jamais aux étudiants, ainsi qu'à nous tous, avec quelle ferveur et quel amour l'un des plus grands qui aient habité autrefois cette maison, vénérait le Crucifié, dont il était devenu le Vicaire ici-bas.

Lorsque arriva, au mois de mai de cette année-là, le quarantième anniversaire de son sacre épiscopal, le Saint-Père espéra que cette date serait passée sous silence. Mais, outre les innombrables félicitations venues du monde entier, le président de l'Action catholique, le professeur Gedda, avait réalisé un projet génial. Toute la nuit, le Cortile San Damaso avait été le témoin d'un travail intensif, et le matin, la cour était transformée en un jardin de fleurs d'une exquise splendeur. D'immenses tapis de fleurs représentaient tous les événements du pontificat de Pie XII en de magnifiques tableaux. C'était un tel enchantement que le Saint-Père lui-même, que nous avions prié de regarder d'abord cette splendeur d'en haut, s'écria dans son étonnement : « Comment est-ce possible ? » Puis, en compagnie de plusieurs personnes de son entourage, il traversa toute la cour, regarda et admira toutes choses et remercia — comme lui seul savait le faire — tous ceux qui avaient eu cette idée excellente et l'avaient réalisée avec une telle perfection.

Lorsqu'un de ses amis chers vint, plus tard, féliciter le Saint-Père chez lui, le Pape lui dit, presque avec tristesse : « On pense trop peu à l'énorme responsabilité que vous imposent quarante années d'épiscopat — pienezza del sacerdozio — la plénitude du sacerdoce. Priez, je tremble en pensant aux comptes que j'aurai à rendre.» — « Saint-Père », répondit son interlocuteur, « si vous-même parlez ainsi, qui donc subsistera ? » — « Croyez-moi, répliqua Pie XII, la responsabilité d'un pape est immense. »

13

Serviendo consumor

En 1957 aussi, il fallut à nouveau attendre la fin de juillet avant
que le Saint-Père trouve le temps de se rendre à Castel Gandolfo. Si
seulement il s'y était reposé ne fût-ce qu'une fois ! Mais malheureusement, travail et audiences continuèrent au même rythme. Au fil des
années, Pie XII trouvait cependant un peu plus difficile de travailler
sans interruption, même s'il ne voulait pas se l'avouer. Bien que son
excellente mémoire restât toujours fraîche, on eût dit qu'il devenait
encore plus minutieux — pour autant que cela fût possible. En tout
cas, il lui arrivait de reprendre un travail déjà achevé — ce qui autrefois ne se produisait pas.

Comme Pie XII aimait la jeunesse ! Jamais il ne manquait une
occasion d'être bon pour elle, de lui prodiguer ses exhortations, de lui
faire plaisir, de l'enthousiasmer pour tout ce qui est noble et beau et de
lui adresser la parole.

La Jeunesse Ouvrière Internationale, la J.O.C., s'était réunie à
Rome au terme de son pèlerinage. Des jeunes de 87 nations s'étaient
retrouvés sur la place Saint-Pierre et réjouissaient déjà depuis plus
d'une heure les yeux et le cœur des milliers de personnes venues regarder jouer et chanter cette immense troupe. Le spectacle offert était le
plus beau qu'on pût imaginer. Le Saint-Père était spécialement revenu
de Castel Gandolfo pour saluer les jeunes gens et leur parler. Avant
de se rendre sur la place Saint-Pierre, il regarda d'abord le spectacle
d'en haut, de la fenêtre de son appartement. Pie XII suivit attentivement pendant un moment leurs joyeuses évolutions, puis l'expression
de joie s'effaça sur son visage pour laisser place au sérieux et à l'inquiétude. « Oui, voilà la jeunesse ! » dit-il. « Maintenant, je vais aller

leur parler, mais bien vite, ce que j'ai rassemblé et élaboré pendant des heures et des jours de fatigue, sera oublié... » Le Saint-Père avait préparé pour la jeunesse un magnifique discours ; comme toujours, il y avait mis tous ses soins et tout son amour, s'informant en détail de tout ce qui intéressait les jeunes. Et comme souvent en d'autres circonstances, Pie XII se demandait si la somme de fatigue et de labeur nécessaire, si les nombreuses nuits de veille passées à travailler porteraient bien les fruits qu'elles devraient porter. (Même si, peut-être, maintes paroles du Pape résonnèrent en vain, ce qui est sûr, c'est que l'apostolat de Pie XII, unique en son genre et tenant du miracle, portera encore du fruit dans plusieurs générations.) Le Saint-Père se rendit ensuite sur la place Saint-Pierre et prit la parole. L'immense enthousiasme des jeunes et l'extrême attention avec laquelle ils suivirent son discours — l'allocution fut sans cesse interrompue par des tonnerres d'applaudissements — ont certainement enlevé à Pie XII la tristesse qui l'oppressait auparavant.

Le 27 octobre, le Saint-Père se rendit de Castel Gandolfo à Santa Maria di Galeria pour inaugurer solennellement le nouvel émetteur de Radio-Vatican. Il prit spécialement la route de la « Storta », pour faire au cardinal-doyen, Mgr Tisserant, la joie de visiter son église titulaire.

Cette année-là, avant de quitter Castel Gandolfo, Pie XII bénit le nouveau télescope de l'Observatoire du Vatican. Il s'enquit des moindres détails et surprit les astronomes par des questions que, dans ce domaine, seul un expert pouvait poser. Il fut aussi très intéressé par les précieuses découvertes archéologiques que l'on avait faites en creusant les fondations de ce télescope. Puis, le Saint-Père mit le pauvre frère dans l'embarras, lorsqu'il lui demanda, en plaisantant, s'il ne lui avait préparé aucun « rafraîchissement » au terme d'une si longue visite !

Le 16 novembre, Pie XII revint à Rome. Dès le 17, il tint un discours à l'ACLI (Association chrétienne des travailleurs italiens) de l'Abattoir de Rome ; le 22, un discours aux membres du *Convegno delle Paste alimentari* (Congrès national italien des pâtes alimentaires) et le 24 une très importante allocution aux médecins anesthésistes. Ceci n'est qu'un exemple pour montrer que le Saint-Père ne perdait aucune occasion de remplir en tout point les devoirs de sa tâche.

Tous les ans, ses messages de Noël étaient préparés avec la plus grande précision et le plus grand soin possible ; il ne reculait devant aucune fatigue. Aussi ces discours retenaient-ils toujours l'attention du monde entier, et pas seulement celle des catholiques.

L'un des plus beaux titres de gloire de Pie XII restera à jamais d'avoir toujours préféré l'intérêt général de l'Église à tout intérêt personnel. Quiconque étudiera, sources en main, le pontificat de Pie XII, conclura que ce pape fut un de ces grands esprits qui tiennent pour rien leur propre personne et pour qui seule compte la cause qu'ils servent. Tout chez lui devait s'effacer devant la fonction qu'il exerçait.

Il ne cessait de souligner qu'il se sentait responsable devant Dieu de toutes les âmes. Au milieu des tempêtes qui ébranlaient le monde, il se préoccupait, sans jamais se lasser, du salut éternel de tous les chrétiens durement éprouvés. Son amour pastoral embrassait le monde entier.

L'année 1958 ne fut pas moins riche que les autres de travaux et de soucis, mais chaque matinée commençait par le Saint Sacrifice de l'autel, qui donnait une énergie nouvelle à l'auguste célébrant.

Pour le 2 mars, anniversaire de la naissance et de l'élection de Pie XII, nous avions particulièrement décoré la chapelle. La Sainte Messe était toujours émouvante parce que le célébrant entraînait l'assistance au recueillement, mais ce jour-là, nous la vécûmes avec une intensité particulière. Après la Messe, le Saint-Père nous montra la lettre d'un jeune garçon, dans laquelle on pouvait lire : « De tout cœur, je vous souhaite un bon anniversaire, Saint-Père. Nous le fêtons le même jour, mais moi, je n'ai que 8 ans. Je pense qu'en tant que Vicaire du Christ, vous pouvez sûrement parler au Bon Dieu lui-même, le jour de votre anniversaire. Alors, dites-lui que, cette année, je suis admis à faire ma première communion et que, plus tard, je veux devenir prêtre. Vous, le Bon Dieu vous exaucera certainement. Mais ne me répondez pas, car mon papa dit que c'est une grande bêtise de se faire prêtre ; mais ma chère maman est de mon côté. » — Le Saint-Père avait la lettre sur lui durant la messe, pour ne pas risquer d'oublier la demande de l'enfant !

La fête du Couronnement (le 12 mars) avait été supprimée par Pie XII pour cette année. Bien que le motif de cette décision fût triste pour le pape, car le procès contre l'évêque de Prato indignait tous ceux qui avaient connaissance des faits, Pie XII n'en fut pas moins heureux de tenir là une raison de supprimer cette cérémonie. Il fut, cette année-là, très difficile d'amener le Saint-Père à se rendre à Castel Gandolfo. Étaient-ce seulement ses nombreux discours et allocutions et les innombrables demandes d'audience qui le préoccupaient, ou bien avait-il un pressentiment de ce qui l'attendait ? Par la suite, nous nous sommes souvent demandé si nous avions raison de le presser ainsi de partir. Et pourtant, le Bon Dieu avait sûrement là aussi, ses vues particulières, car il voulait, jusque dans sa mort, réserver à son humble vicaire un triomphe tel que nul mortel, peut-être, n'en avait jamais connu.

Ce dernier « déménagement » pour Castel Gandolfo est resté particulièrement présent à mon souvenir. Le Saint-Père entra dans son cabinet de travail juste au moment où j'empilais dans une caisse les cartons contenant ses discours et allocutions manuscrits restant à imprimer (lesquels, cette année encore, devaient être emportés à Castel). « Saint-Père, dis-je en riant, est-ce que ceci ne pourrait pas rester ici ? Étant donné tout ce que vous avez à faire pendant les « vacances », il ne vous restera certainement pas assez de temps pour revoir tout cela .» — « Vous avez raison », répondit-il, je n'en aurai sans doute guère l'occasion .» Je m'apprêtais à ressortir les affaires, lorsqu'il me dit : « Mais tout de même, il vaut mieux qu'ils soient à Castel .»

Lorsque, vers le soir, Pie XII fut prêt pour le départ, il parcourut encore une fois chaque pièce et vérifia si tout était en ordre. J'étais toujours la dernière à quitter l'appartement pour tout fermer à clé ; je fus donc fort surprise de voir que le Saint-Père prenait le temps de faire cette inspection, je le suivis et lui dis, toute étonnée : « Saint-Père, je reviendrai ici à peu près chaque jour, et si on a oublié quelque chose, je pourrai toujours le rapporter .» Mais il se contenta de sourire amicalement, en poursuivant son chemin. Pour finir, il se rendit encore une fois à la chapelle, d'où l'on avait déjà enlevé le Saint Sacrement, s'y agenouilla un instant sur son prie-Dieu, s'approcha du chemin de croix, s'arrêta un peu devant la belle statue de la Vierge, se retourna encore une fois vers le magnifique crucifix en ivoire surmontant l'autel, puis il quitta la chapelle pour se diriger vers l'ascenseur et monter dans sa voiture. Quant à moi, si cela m'impressionna tant, c'est que le Saint-Père n'avait jamais fait cela auparavant et que quelques pièces, qu'il n'avait jamais eues à traverser, lui étaient à peine connues. A mon arrivée à Castel Gandolfo, à peu près deux heures plus tard, Pie XII était déjà assis à sa table de travail ; il me dit aimablement : « Tout est parfaitement en ordre à la maison ; maintenant, il peut arriver n'importe quoi .» « Mais que pourrait-il bien arriver ? » demandai-je, étonnée. Mais le Saint-Père ne répondit pas.

Durant les premières semaines à Castel Gandolfo, il n'y eut aucun motif d'inquiétude, et, si le Saint-Père s'était accordé ne fût-ce qu'un peu de repos, peut-être que... qui sait ?

Mais il eut jusqu'à trois discours assez importants à préparer et à tenir en une seule semaine. Seul son proche entourage pouvait se rendre compte de la fatigue que cette semaine-là, jointe à tous ses autres travaux, coûta au Saint-Père. On vit aussitôt que cette masse de travail était vraiment excessive. Si seulement il avait consenti à ce qu'on le secondât ! Mais il fallait que tout fût personnellement élaboré, vérifié, poli et corrigé.

Bien qu'il reconnût lui-même, vers la fin septembre, qu'il ne se sentait plus très bien, le Saint-Père continua à travailler. Ce que nous redoutions se produisit : le hoquet revint. C'était un signe de surmenage et d'épuisement total. Aucun médecin ne pouvait expliquer ce phénomène, et personne ne pouvait indiquer de remède, mais je suis persuadée que le docteur Niehans avait raison de dire que la cause de la maladie était dans le cerveau (dans l'hypothalamus), et que c'était un surmenage total qui déclenchait ce phénomène. Le cardinal Spellmann s'était, lui aussi, renseigné de façon précise auprès des meilleurs médecins de New York, et ceux-ci eux-mêmes étaient arrivés au même résultat que le docteur Niehans : la maladie avait pour siège le cerveau, l'hypothalamus, que l'on ne pouvait pas soigner. Le docteur Niehans disait, par contre, qu'on pouvait soigner cette maladie par l'administration de cellules fraîches d'hypothalamus. En effet, quatre ans auparavant, lorsqu'il avait appliqué cette cure cellulaire, le résultat lui avait donné entièrement raison : le Saint-Père s'était rétabli. (Toutefois, le docteur Niehans aurait voulu répéter la cure au bout d'un an ; le Saint-Père avait donné son accord, mais ne l'avait jamais faite.)

Maintenant, le docteur Niehans était absent — peut-être aurait-ce d'ailleurs été trop tard — et le Saint-Père n'avait aucun égard pour sa santé. Il continuait à accorder des audiences et à faire des discours. Le cardinal Spellmann, qui était venu avec un groupe de pèlerins assez important, déclara après l'audience qu'il avait voulu s'éloigner avec les siens dès la fin de l'allocution, mais que le Saint-Père l'avait retenu et s'était entretenu avec lui, malgré le hoquet, comme si de rien n'était.

Le lendemain devait avoir lieu de nouveau une grande audience, au cours de laquelle Pie XII tiendrait un très important discours. Ce dimanche matin-là devaient en effet venir les notaires de toute l'Italie. Le discours qui leur était destiné était prévu et préparé depuis longtemps.

14

Consummatum est

La nuit du samedi au dimanche 5 octobre ne fut pas bonne du tout, et nous étions très inquiets que Pie XII ne puisse pas faire son discours. Pendant la messe on vit qu'il avait beaucoup de peine à se tenir debout. Mais à 9 h, il apparut au balcon — il avait fallu organiser l'audience dans le cortile, pour la simple raison que la grande salle ne pouvait contenir tant de monde — très pâle, mais souriant avec bonté, comme à son habitude. Sans cesse interrompu par le hoquet, il tint cependant sa longue allocution. Nous savions à quel point le Saint-Père se sentait mal ; aussi nous tenions-nous, nous les religieuses, à proximité immédiate, craignant toujours qu'il ne puisse achever son discours. Par un suprême effort de volonté, il parvint à le terminer puis s'affaissa sur la chaise qui était derrière lui. Mais cela ne l'empêcha pas de saluer encore longuement tout le monde, et avant de quitter le balcon, il s'écria d'une voix forte — ce qu'il n'avait encore jamais fait : *« Addio ! - Addio ! »* — Ainsi faisait-il un suprême et ultime don de sa personne !

Plus tard, Son Excellence Mgr Montini, alors archevêque de Milan, se référant à cet *« Addio »*, écrira entre autres dans son discours d'adieu au Pontife défunt :

« " A Dio "... Ci ha lasciato il Padre, il Pastore, il Maestro, il Difensore, il Capo. La penombra del Venerdì Santo sembrò distendersi sulla terra e nei cuori dei fedeli, sia pure nell'attesa sicura di una vicina risurrezione... Se nessuno, infine, scorderà quanto nella sua voce abbia risuonato in ore tremende e fatidiche il grido della coscienza umana — questo non lo scorderà soprattutto la storia —, tutti ricorderanno quel che più appartiene agli affetti nostri : il vibrare nella sua voce, sempre, il palpito di una carità pia e dolce come quel supremo "A Dio" ! »

« *Adieu*... Il nous a quittés, le Père, le Pasteur, le Maître, le Défenseur, le Chef. L'ombre du Vendredi saint semble s'étendre sur la terre et dans les cœurs des fidèles, même si c'est dans l'attente certaine d'une proche résurrection. Si finalement personne n'oubliera combien, en des heures terribles et fatidiques, a résonné dans sa voix le cri de la conscience humaine — cela, l'Histoire surtout ne l'oubliera pas —, tous se souviendront de ce qui appartient davantage à notre affection : sa voix vibrante, toujours palpitante d'une charité pieuse et douce comme ce suprême "Adieu" ! »

« Mais maintenant, Saint-Père, il faut vous étendre, vous étendre ! » ; à cette prière que nous lui fîmes quand son discours fut achevé, il répondit : « Non, je ne peux pas, Mgr Dell'Acqua doit être reçu en audience. » Il était midi moins cinq. Lorsque enfin la porte s'ouvrit et que le Saint-Père s'apprêta à s'en aller, on frappa encore une fois : « Saint Père, la "supplica" », dit le Maestro di camera : c'était la fête du Saint Rosaire. Pie XII alors — pâle comme un mort, mais droit, comme sans doute autrefois Notre Seigneur et Sauveur au Golgotha — se dirigea vers la Croix : l'ultime photographie faite lors de la supplica montre clairement son « *consummatum est* ».

Enfin, la porte s'ouvrit à nouveau, et lorsqu'elle se fut refermée derrière lui, le Saint-Père dit : « *Adesso non posso più !* » (Maintenant, je n'en puis plus). Rassemblant ses dernières forces, le Saint-Père se rendit dans sa chambre et s'affaissa sur le lit de repos. S'il n'y avait eu ce hoquet qui le tourmentait, on eût pu croire qu'il n'était plus en vie. Le médecin avait fait, la veille au soir, une piqûre destinée à supprimer le hoquet, mais, comme toujours, elle n'avait eu aucun effet. Au bout d'un moment, nous apportâmes au Saint-Père une petite collation. Il ne la prit sans doute que pour ne pas nous décevoir. Au bout de quelques instants encore, il essaya d'aller dans son bureau, mais il n'y parvint pas. Alors, il se traîna à la chapelle, pour retourner ensuite dans sa chambre à coucher. Là, il se fit apporter le travail à faire près de sa chaise longue. Il commença à le regarder, mais l'ouvrage lui échappait sans cesse des mains. Tous ses essais pour maîtriser son épuisement ne menaient à rien. Finalement, il mit son travail de côté. « Je n'en puis plus », l'entendis-je dire tout bas. J'enlevai la tablette avec le travail, et le Saint-Père essaya de se reposer. Il dormit d'ailleurs un peu, car le hoquet avait diminué. Au bout d'une heure, il demanda même à sortir un peu prendre l'air. Il y alla, mais ce fut très pénible. Sans cesse, il lui fallait s'asseoir et se reposer. Malgré tout, il s'obligea à passer son heure habituelle au grand air. Revenu à la maison et après une visite à la chapelle, il se remit au travail, comme chaque jour. De la pièce voisine, nous pouvions l'observer par la porte grande ouverte. Il lut et écrivit, se leva de temps en temps pour aller chercher un livre ou un document. Il faisait parfois une petite pause mais continua à travailler jusqu'au moment où un livre lui échappa des mains. Je me précipitai pour le ramasser, mais il me répondit par un regard étonné. « Saint-Père, ne voulez-vous pas vous arrêter un peu ? » « Non, dit-il, cela n'avance pas beaucoup, de toute façon.» Il poursuivit son travail jusqu'au dîner. « Saint-Père, nous allons tout porter dans la pièce d'à côté, afin que vous n'ayez pas besoin de descendre.» — « Non, je viens », répondit-il. Pie XII s'assit à table et mangea un peu. Mais on voyait très bien qu'il fallait qu'il se force. Même manger était pour lui un devoir, afin de conserver ses forces au service de Dieu, de l'Église et des âmes.

Pendant près de 41 ans, j'ai pu observer à quel point le Saint-Père se contentait de peu de chose, et combien il était peu exigeant pour la table précisément ; et, souvent, je me suis demandé s'il est possible qu'il y ait au monde un homme plus frugal et modéré que Pie XII, pour ce qui est du boire et du manger. — Comme chaque soir, nous nous unîmes ce jour-là aussi au Saint-Père pour réciter le chapelet quotidien dans la chapelle. (Au-dessus du tabernacle, se trouvait le beau tableau de Notre-Dame de Czestochowa, que le Saint-Père vénérait beaucoup. Plusieurs années auparavant, il avait raconté en détail à ses religieuses l'histoire de cette madone miraculeuse et leur avait aussi expliqué les deux superbes fresques qu'avait exécutées un grand artiste polonais. Toute l'installation de la chapelle était un cadeau du peuple polonais au pape Pie XI, qui avait été quelques années nonce en Pologne.)

La haute silhouette élancée agenouillée sur le prie-Dieu, devant le tabernacle, se replia lentement sur elle-même, puis le Saint-Père — ce qui n'était jamais arrivé jusqu'alors — s'assit. Mais il résista jusqu'au bout, s'agenouilla à nouveau pour se relever au bout d'un moment et, comme chaque jour, nous donner à tous sa bénédiction. Nous sortîmes de la chapelle derrière le Saint-Père, espérant qu'aujourd'hui au moins, il se rendrait dans sa chambre à coucher. Mais il se dirigea, bien que fatigué et traînant le pas, vers son bureau. A notre prière de bien vouloir s'étendre, il répondit que le travail pour l'audience du lendemain n'était pas encore préparé. Une sœur resta pour la nuit et se tint à proximité, mais cette nuit-là encore, ce ne fut pas avant minuit que le Saint-Père, ayant fait son adoration dans la chapelle, prit enfin le chemin de sa chambre à coucher.

La nuit fut agitée, sans être précisément mauvaise. Le hoquet perpétuel ne lui permit pas de dormir beaucoup, mais il fut moins oppressant que la nuit précédente. Le médecin voulait venir de bonne heure, car il souhaitait faire un lavage d'estomac, et cela devait se pratiquer à jeun. (On espérait ainsi arrêter le hoquet.) C'est seulement après cela que le Saint-Père pourrait dire la messe. Tout était prêt, et le chirurgien commença son travail. Pie XII était serein et bienveillant, comme il l'était toujours. Tout semblait se dérouler comme prévu. Je fus frappée par l'inhabituelle pâleur du patient ; mais le médecin en avait déjà terminé. Le Saint-Père n'avait plus qu'à se reposer dans son fauteuil, lorsque, soudain, il ferma les yeux, inclina la tête en avant et s'effondra sans connaissance. Il venait juste d'adresser au médecin quelques mots chaleureux pour le remercier, et cette expression de bonté resta sur son visage d'une pâleur mortelle lorsqu'on le transporta sur le lit qui était à côté. Les médecins firent aussitôt tout ce qui doit être fait en pareil cas, tandis que, remplies de douleur et d'angoisse, nous adressions au Ciel d'ardentes prières pour cette vie très chère. On fit immédiatement venir un prêtre de l'entourage du Saint-Père afin que, pour parer à toute éventualité, il lui administre l'Extrême Onction. On ne pouvait dire si l'auguste malade avait conscience du déroulement de la cérémonie, car il ne donnait pas signe de vie. Nul ne peut mesurer la souffrance de ces heures-là. Personne d'entre nous ne voulait s'éloigner, car nous avions le ferme espoir de voir se rouvrir ces yeux si bien clos. Les heures passaient : les médecins allaient et venaient, mais l'angoissante incertitude demeurait. Enfin, vers 4 h et demie de l'après-midi, on remarqua un peu de mouvement dans le corps. Le Saint-Père ouvrit les yeux et jeta autour de lui des regards étonnés. Puis il se passa la main sur les yeux, qu'il ouvrit bien grands, et demanda, tout surpris : « Qu'y a-t-il ? Mes lunettes, s'il vous plaît. » Sans doute ne voyait-il pas encore bien clair. A nouveau, il regarda autour de lui d'un air étonné et demanda : « Mais qu'y a-t-il donc ? Ce doit être le matin, c'est l'heure de la messe. » Lorsque, avec des précautions, nous eûmes dit au Saint-Père ce qui s'était passé, il se calma et laissa les médecins faire ce qui était nécessaire. Peu à peu, chacun de ses gestes redevint naturel et sa voix redevint claire. Nous apportâmes au Saint-Père une collation que le médecin avait prescrite. Ensuite il voulut se lever pour donner sa bénédiction à toutes les personnes qui venaient régulièrement chaque soir. Quand on lui dit que ce n'était pas possible aujourd'hui, il s'inclina, mais voulait savoir très précisément si l'on avait bien prévenu les gens dans les différentes langues.

Pauvre Saint-Père ! Il ignorait que, dès que la nouvelle de sa grave maladie avait été connue, des milliers de gens déjà étaient accourus à Castel Gandolfo pendant toute la journée, afin de savoir comment il allait. Quel bonheur pour ces personnes, lorsque l'on put leur annoncer de meilleures nouvelles ! Pourtant, cette fois-là, le silence ne se fit que tard dans la nuit autour du palais, tant il est vrai que tous étaient préoccupés par la santé du Père très aimé de la Chrétienté.

Nous ne le quittions pas une minute. Dieu merci, l'espoir de voir le Saint-Père bien surmonter cette crise, augmentait d'heure en heure. Aussitôt après être sorti de son évanouissement, Pie XII n'avait pas reconnu les gens. Le cardinal Tisserant, par exemple, était rapidement accouru à son chevet, mais le Saint-Père ne se souvenait plus de rien. Par la suite, cependant, il reconnut toutes les personnes et parla avec elles très naturellement et spontanément. Il aurait aimé aussi examiner le travail qui arrivait chaque jour, mais le médecin ne le permit pas, et il en coûta beaucoup à Pie XII d'obéir sur ce point. Nous apportâmes ce que le médecin avait prescrit pour le dîner, puis nous préparâmes la chambre pour la nuit. Comme nous croyions devoir laisser le Saint-Père se reposer, nous allâmes en silence dans la chapelle pour le chapelet. Mais il souhaita le réciter comme toujours, avec tout le monde. Nous ouvrîmes donc la porte de la chapelle, nous nous mîmes à genoux autour du lit du Saint-Père et récitâmes le chapelet avec lui — pour l'avant-dernière fois —. Par bonheur, nous l'ignorions, sinon personne n'eût été capable de prier à haute voix ! Mais de la sorte, nos « ave » résonnèrent avec tant de confiance que notre bonne Mère des cieux, tant vénérée par le Saint-Père, obtiendrait — pensions-nous — encore une fois le miracle. Sans cesse, nos regards se portaient vers le pâle visage encadré d'oreillers blancs, d'où émanait tant de ferveur et de respect, et vers les belles mains jointes entre les doigts desquelles glissaient les perles du chapelet.

Depuis de nombreuses années, nous avions l'habitude de donner chaque soir au Saint-Père un nouveau chapelet, afin que les nombreuses personnes qui en demandaient un sur lequel le Saint-Père ait prié, puissent obtenir satisfaction. Pie XII lui-même, qui avait toujours son chapelet sur lui, revenait souvent sans lui de l'audience parce qu'un visiteur le lui avait demandé. Ainsi commença-t-il aujourd'hui aussi par bénir le chapelet, avant de commencer la prière.

Nous croyions devoir aujourd'hui laisser de côté la litanie et les autres prières, mais le Saint-Père, ouvrant les yeux, dit : « Continuez jusqu'au bout ! » Puis il leva sa main presque diaphane pour donner sa bénédiction. Sur un « Bonne Nuit, Saint-Père ! » où nous mîmes tout notre cœur, nous sortîmes de la chambre.

La sœur qui était de garde pour la nuit entendit le Saint-Père continuer sa prière encore longtemps jusqu'à ce qu'un léger sommeil lui apporte un peu de repos. Le hoquet vint sans arrêt le réveiller, mais, vers le matin, il s'endormit vraiment. Lorsqu'il se réveilla après 7 heures, il se crut assez fort pour pouvoir dire la messe. « C'est la fête du Saint Rosaire », dit-il avec un sourire bienveillant. Mais les médecins ne lui permirent pas de se lever. Nous préparâmes donc tout ce qu'il fallait pour qu'il reçoive la Sainte Communion, ce qu'il fit avec une ferveur qui édifia tout le monde. Le médecin avait prescrit une tasse de bouillon. Je la lui portai donc au bout d'un moment, mais, un quart d'heure plus tard, il fallut que j'aille en chercher une nouvelle car le Saint-Père continuait à prier et elle avait refroidi entre-temps. Il en fut de même avec la deuxième. A la troisième, j'osai enfin lui dire : « Saint-Père, le docteur veut que vous absorbiez quelque chose ». Il obéit et se redressa sur sa couche, encore plongé en Dieu, et il prit ce qu'on lui servait. Je voulus savoir comment il allait. Il répondit avec bonté et gentillesse : « Bien. » — Il resta tout silencieux pendant un moment, puis déclara soudain : « *Questa è la mia giornata...* » Avec nous, les religieuses, le Saint-Père ne parlait jamais italien ; je cherchai donc à comprendre ce qu'il avait bien voulu dire par là... Ce n'est qu'au bout d'un moment que cela me vint à l'esprit. — Je sortis précipitamment de la chambre, pour ne pas avoir à éclater en sanglots. Arrivée devant la porte, je me heurtai à l'un des médecins, qui me dit : « Oh, soyez tout à fait rassurée. Le Saint-Père va vraiment très bien aujourd'hui, bien mieux que la journée d'hier ne le laissait prévoir. » Mais ces paroles ne pouvaient pas me rassurer. Je me rendis à la chapelle où je pus épancher ma peine et finir de pleurer ; m'étant calmée, je n'arrêtais pas de me dire qu'il était, après tout, possible que j'aie mal compris. — Comme un éclair m'était revenu à l'esprit ce que le Saint-Père avait dit en cette nuit singulière du 15 mai 1956 : « Un jour, je mourrai à l'improviste — mais j'ai prié le Bon Dieu de m'accorder une journée. » Cette journée serait-elle celle d'aujourd'hui ? Sans cesse résonnaient à mes oreilles ces mots : « *Questa è la mia giornata* » (C'est mon jour !).

Les médecins étaient maintenant dans la chambre, et le Saint-Père leur parlait. Il voulait recevoir l'un de ces Messieurs de la secrétairerie d'État, mais les médecins ne le permirent pas. A peine la pièce fut-elle vide que le Saint-Père se remit à prier. Je n'osai pas le déranger, malgré l'envie que j'avais d'entamer une conversation pour être débarrassée de mon angoisse. Les médecins étaient confiants, et tout le monde dans la maison était également gai et rempli d'espoir. Aussi n'osais-je pas non plus confier quoi que ce soit à personne, afin de ne pas gâcher leur joie. Mais je ne pouvais me débarrasser de ma peur, au contraire !... Une force m'attirait toujours près du lit où reposait le Saint-Père — sur son fin visage blême se lisait une expression de calme, presque de gaieté sereine, ses yeux étaient baissés et ses mains jointes pour la prière.

Qu'apporteraient les prochaines heures ? Il y avait tant de gens à qui il fallait rendre compte de la situation ; en particulier, les chers membres de sa famille attendaient que ce soit justement moi qui leur apporte l'heureuse nouvelle de son rétablissement et leur insuffle courage. C'est du reste ce que je fis, mais tout cela ne pouvait diminuer ma grande peur ; chaque fois que c'était possible, je me réfugiais dans un coin de la chambre du malade, pour n'avoir à parler à personne.

Deux fois déjà, le Saint-Père avait été très gravement malade. Même si de très nombreuses personnes avaient alors craint pour sa vie, j'avais eu l'assurance et même la certitude qu'il recouvrerait la santé — ce qui avait étonné beaucoup de gens. On me le dit d'ailleurs ouvertement, et un haut prélat voulut savoir d'où je tirais cette certitude. Je lui dis que je ne le savais pas moi-même, mais que j'étais tout à fait sûre de mon fait. — Aujourd'hui, c'était le contraire. Tout l'entourage ainsi que les médecins étaient remplis d'une joyeuse espérance ; il n'y avait que moi à ne pas pouvoir la partager — seul celui qui a lui-même connu pareille situation, peut mesurer le tourment de ces heures-là.

Il était temps que le Saint-Père prenne quelque chose. J'étais contente qu'il fût obligé d'interrompre sa prière, espérant qu'ainsi, peut-être, une petite conversation pourrait s'instaurer. Il entra d'ailleurs à nouveau du monde dans la chambre, et Pie XII parla avec ces personnes sur un ton aimable, bienveillant, presque enjoué. Mais ce que je désirais n'arriva pas. — Alors, il souhaita se reposer un peu. Nous montions la garde, près du Seigneur au tabernacle — la chapelle était contiguë à la chambre — et, la porte étant ouverte, on pouvait voir chacun de ses mouvements et entendre chaque souffle de sa respiration. Pendant un moment, on comprit quelques formules de prière, son *Anima Christi...* Mais ensuite ce fut le silence, et la respiration régulière indiquait que le Saint-Père dormait un peu. Au bout d'une heure, il souhaita qu'on refasse le jour dans la chambre, puis les médecins revinrent. Lorsqu'ils furent partis, il demanda si la copie de son grand discours en l'honneur du pape Benoît XIV était prête. Sur ma réponse affirmative, il dit qu'il l'aurait volontiers relue, mais les médecins ne le permirent pas. Il obéit, même si ce fut de mauvais gré. Pour le distraire un peu, nous lui demandâmes la permission de faire passer un bel enregistrement, car nous savions combien il aimait la musique. Il donna aimablement son accord, mais il semblait que ce ne fût que pour nous satisfaire. Quiconque a jamais pu observer avec quel intérêt, quelle intelligence et quelle attention le Saint-Père écoutait la belle musique, peut mesurer quel sacrifice c'était pour lui de se refuser sans cesse ce plaisir, pour la raison qu'il faisait partout passer le devoir en premier. — Aujourd'hui, il écouta, certes, mais nous eûmes l'impression qu'il ne prenait pas toujours plaisir à la musique. Ses pensées devaient être ailleurs. Ma peur augmentait de minute en minute. Plus tard, il voulut consulter un document, et, avec la compétence et la précision qui étaient les siennes, il donna ses instructions. Preuve qu'il savait très exactement ce qu'il faisait. Mais ensuite, il referma les paupières et joignit les mains. Que pouvait-il bien dire à son Dieu et Seigneur, ce jour-là ? — Soudain il prit sa montre en main : « C'est l'heure de donner aux gens la bénédiction, dit-il, voulez-vous regarder dans la cour ? » — « Saint-Père, nous allons d'abord demander au médecin. » — « Oui, faites-le, mais dites que je peux fort bien me lever . » Naturellement, la réponse du médecin fut « non » ; le Saint-Père donna donc des instructions très précises sur ce que l'on devait dire à la foule qui attendait, pour qu'elle sache combien il la bénissait de tout cœur. — S'il avait su combien les gens, par milliers, avaient attendu des nouvelles toute la journée déjà, et quelle joyeuse espérance les remplissait tous, puisque les choses semblaient aller si bien ! — Au bout d'un moment, le Saint-Père demanda tout étonné : « Comment se fait-il que vous soyez aujourd'hui si nombreux ici ? Il faudra encore que vous recopiiez ceci... ; et cela... devra encore être fait . »

Rien ne lui échappait, il n'oubliait rien. Aussi me retirai-je, mais j'avais beau me forcer, je ne parvins pas à travailler vraiment. Je retournai donc à la chapelle, et jamais je n'ai prié aussi intensément que durant ces heures-là.

Vers midi, le docteur Niehans était arrivé, lui aussi, venant de Paris par avion. C'est là-bas qu'il avait entendu la nouvelle de la maladie de Pie XII et il nous avait aussitôt téléphoné, pour ensuite venir à Rome avec le premier avion qu'il avait pu trouver. Pie XII le salua très cordialement et manifesta une grande joie de le voir.

Le soir vint, ce jour-là aussi. Nous préparâmes pour le Saint-Père le peu de chose que le médecin avait prescrit, et il l'absorba avec obéissance et simplicité tout en s'entretenant amicalement avec nous. Il prit des nouvelles également de son petit oiseau préféré qui ne voulait plus manger depuis que le Saint-Père ne venait plus à table.

Comme aujourd'hui personne n'était capable de faire un véritable travail, nous accourûmes tous un peu plus tôt que d'habitude pour le chapelet dans sa chambre. Pie XII dit aussitôt : « Mais on est en avance, aujourd'hui ! » Ce qui montre à quel point il était parfaitement maître de ses facultés. Puis il fit le signe de croix — un grand et beau signe de croix, comme toujours — et nous récitâmes avec lui le chapelet — le dernier ici-bas ! —

Pendant près de vingt ans, nous avons toujours eu le droit de réciter le chapelet à cette heure-là avec le Saint-Père. De même que tout ce qu'il faisait était parfait et que sa conduite édifiait toujours tout le monde, de même c'était particulièrement le cas lorsqu'il priait. Il prononçait chaque mot très exactement, n'allait jamais trop vite, ni trop lentement non plus, porté qu'il était par une ferveur qui montrait à quel point il était convaincu et pénétré de ce qu'il faisait.

Le chapelet était terminé ; nous récitâmes encore trois *ave* suivis de l'invocation : « Salut des malades, priez pour lui ! » Alors le Saint-Père nous dévisagea tous tour à tour, avec, à ce qu'il me semble, un regard d'une infinie mélancolie. Puis il leva la main pour nous bénir. — C'était sa dernière « bénédiction de bonne nuit » sur cette terre ! — L'un après l'autre, nous nous approchâmes de la couche du Saint-Père et baisâmes sa blanche main, presque diaphane — pour la dernière fois...

La sœur de garde ouvrit la fenêtre pour aérer la chambre pour la nuit. Le Saint-Père regarda le ciel parsemé d'étoiles et dit : « Voyez, comme c'est beau — comme le Bon Dieu est grand ! »

Aujourd'hui, la sœur ne quitta pas la chambre. Le médecin, lui aussi, se tenait à côté, de façon à être aussitôt prêt à intervenir. — Pie XII pria, comme toujours, jusqu'à ce qu'il s'endorme, ce qui arriva relativement vite. Cependant, son sommeil fut très agité et ne dura pas longtemps. Sans cesse on l'entendait murmurer, même si l'on ne comprenait pas exactement les paroles de sa prière. Mais, vers le matin, il s'endormit paisiblement. Lorsqu'il se réveilla, on eût presque dit que son visage avait repris un peu de couleurs. Il répondit avec une cordiale gaieté à notre bonjour. Il demanda aussitôt s'il pouvait d'abord dire la messe, ou du moins communier, mais les médecins jugèrent nécessaire de lui administrer d'abord leurs soins. Le Saint-Père accepta, mais je fus frappée de voir ses traits s'altérer de minute en minute. — Lorsque les médecins eurent quitté la chambre, je voulus tout préparer pour qu'il reçoive la Sainte Communion. Mais c'est alors que le Saint-Père me dit : « *Mi sento tanto, tanto male...* » (Je me sens très, très mal). Jamais je n'oublierai ce regard — ce dernier regard, avant que le Saint-Père ne ferme à jamais les yeux et que sa tête ne s'incline lentement en avant...

Ce que firent alors les médecins, que j'avais appelés, je ne m'en souviens plus. Pendant un moment, je fus incapable de parler, de penser, ou de faire quoi que ce fût. — Lorsque les médecins furent repartis, je m'approchai à nouveau du lit et demandai : « Saint-Père, m'entendez-vous ? » Je pris ses mains blanches qui reposaient sur la couverture, et parfois, je croyais que le Saint-Père répondait douce-ment à la pression des miennes. On apporta de l'oxygène et pendant des heures, nous tînmes le petit tuyau devant sa bouche entrouverte. Parfois, sa respiration se faisait déjà saccadée et ressemblait à un râle. Nous ne cessions de prier à son chevet, dans l'espoir qu'il comprendrait nos paroles. Nous humections ses lèvres brûlantes, épongions la sueur, mais il n'y avait pas le moindre signe qu'il nous comprît. Mais l'espoir restait vivant en nous ! Peut-être... peut-être que plus tard... comme cela s'était produit deux jours auparavant.

Ses chers parents arrivèrent, ainsi que des cardinaux, des évêques, des prélats, des amis chers, et tant d'autres encore. A midi, le calme se fit dans la chambre du malade ; ce fut une rémission pour nous.

« Venez manger quelque chose », me dit-on. Mais qui aurait pu manger ce jour-là ? Lorsque je fus à nouveau un peu seule dans la chambre, je pris encore une fois ses blanches mains dans les miennes et demandai : « Saint-Père, m'entendez-vous ? » Cette fois encore, je crus qu'il me répondait par une légère pression. — « Allez vous repo-ser un peu », me dit-on. « La nuit sera à nouveau longue et difficile. » Se reposer, maintenant ?

Je me rendis du moins dans la clôture, qui était située un étage au dessous. A peine étais-je dans la pièce, que l'on frappa trois coups secs. Qui cela pouvait-il bien être puisqu'il n'y avait personne ? Et lorsque j'ouvris la porte, je ne vis personne, effectivement. Qu'était-ce donc ? Alors je me souvins de ce qui m'avait déjà traversé l'esprit le matin. Le Saint-Père avait donné un ordre strict : « Si jamais je ne devais plus en avoir le temps, brûlez ceci... » Comme, durant toute la matinée, les antichambres n'avaient pas désempli, nous n'avions pas pu accéder une seule fois au bureau du pape. Mais maintenant que tous étaient passés à table, nous nous hâtâmes d'aller prendre trois corbeilles, pour y mettre les papiers qui étaient soigneusement classés et empilés et les emporter. Le seul ordre que le Saint-Père avait donné, se trouvait rempli. Et s'il devait — ce que nous espérions toutes ardemment — revenir à lui, comme cela s'était passé deux jours plus tôt, il serait simple de tout remettre à sa place.

C'étaient toutes ces notes concernant des discours et des allocutions que Pie XII avait tenus durant les vingt années de son pontificat, sans les faire imprimer. La raison pour laquelle elles n'avaient pas été imprimées, c'est qu'il n'avait pas trouvé le temps de les relire et, si nécessaire, de les polir une dernière fois. Comme je l'ai déjà dit, il emportait d'ailleurs toujours ces papiers à Castel Gandolfo, dans l'espoir de trouver là-bas le temps de faire ce travail. Mais chaque année on les rapportait tels quels. Que de fois la secrétairerie d'État n'avait-elle pas demandé ces discours, pour compléter la collection déjà existante. Pie XII, en guise de consolation, disait toujours : « Si un jour j'ai le temps ! » Je ne saurais dire ce que cela nous coûta de brûler tout cela — la plupart des textes étaient manuscrits, le reste avait été tapé à la machine par le Saint-Père lui-même. Quand on me demanda plus tard où étaient ces affaires, je dis sans détour : « Le Saint-Père a donné ordre de tout brûler, et tout est brûlé .» — « Savez-vous, me dit-on, que vous avez brûlé là un grand trésor ? » » « Nous le savions mieux que quiconque, mais tel était l'ordre du Saint-Père qui a été pour nous une personne sacrée durant toute sa vie et ne l'est pas moins après sa mort ! »

A peine les trois corbeilles furent-elles en lieu sûr, que l'antichambre et les autres pièces se remplirent à nouveau de monde. Sœur Ewaldis, Sœur Maria Conrada et moi revînmes au chevet du malade, un peu soulagées d'avoir exécuté l'ordre de Pie XII. Nous demandâmes au docteur Niehans s'il n'y avait vraiment aucun signe d'amélioration, et sa réponse fut « non — mais, ajouta-t-il, pas d'aggravation non plus ». Bientôt cependant, le Saint-Père commença à transpirer abondamment et sa température monta. Nous épongions la sueur sur son visage, son cou et ses mains. Ceux qui, debout ou à genoux, entouraient le lit, nous demandaient sans cesse de leur donner les linges dont nous nous servions à cette fin ; nous priions, souffrions, espérions, en union avec tous ceux qui étaient présents — c'était contre tout espoir ! — Le Saint-Père nous entendait-il prier ? Nous le faisions à voix basse, mais aussi tout haut, sans arrêt, dans l'espoir que peut-être quelque chose parvienne à percer cet état d'inconscience profonde qui — comme le disait le médecin — le tenait prisonnier. La respiration se faisait toujours plus difficile et plus pénible, et nous voyions Sa Sainteté souffrir sans pouvoir lui apporter le moindre soulagement ni faire quoi que ce soit pour elle. Notre impuissance face à une telle souffrance était si amère que seule la pensée « Seigneur, que votre volonté soit faite » la rendait supportable. Les heures passaient. Quand nous ne supportions plus de regarder sans pouvoir apporter une aide quelconque, nous allions chercher refuge une fois de plus à la chapelle, offrant mille fois au Seigneur présent au tabernacle de prendre nos propres vies en échange du miracle. L'heure approchait où le Saint-Père, deux jours plus tôt, s'était senti mieux. « Mon Dieu, faites qu'il ouvre les yeux encore une fois, encore une fois ! » — Mais cette heure-là, elle aussi, passa. Nous espérions que, peut-être, cela prendrait aujourd'hui un peu plus de temps, mais que cela viendrait quand même. Mais ce fut le contraire qui arriva. La fièvre ne cessait de monter, la respiration n'était plus qu'un râle. — Malgré tout, nous continuions à prier et à espérer. On ne savait plus qui étaient les personnes qui entraient et sortaient. Nous ne voyions plus que le cher visage creusé par la souffrance, les lèvres brûlantes de fièvre, à l'image de Celui qui, après avoir tout donné pour le salut des hommes, se sacrifiait lui-même à son Père sur la Croix.

Quelqu'un me chuchota à l'oreille que le cardinal secrétaire d'État avait déjà mis les scellés sur le cabinet de travail de Sa Sainteté. Ainsi donc, on avait déjà abandonné tout espoir ! Mais pas nous, en qui vivait encore l'espoir d'un miracle !

Comme nous étions heureuses maintenant d'avoir exécuté la dernière recommandation de notre Saint-Père, celle d'enlever les papiers. Car désormais, c'eût été impossible de le faire.

Des gens allaient et venaient ; il fallait s'occuper de l'un ou de l'autre, si pénible que cela fût. Il fallait les consoler, mais qui donc en était capable, en ces heures les plus dures, les plus sombres, où notre propre cœur était lui-même saturé de souffrances ? Quel bonheur qu'il y eût la chapelle à proximité, avec le Seigneur dans le tabernacle — seul soutien durant ces heures d'indicible souffrance. — Ce jour de douleur eut, lui aussi, un soir : la nuit tomba. Depuis des heures déjà, il y avait avec nous, agenouillés autour du lit de souffrances du Saint-Père, des membres de sa chère famille et des amis fidèles. Nous récitions tantôt à voix basse, tantôt à nouveau à voix haute avec les prélats et les prêtres, toutes ses prières préférées, en particulier son *Anima Christi*. Lorsque arriva minuit, Mgr Tardini, qui lui aussi, veillait à son chevet depuis des heures, déclara qu'il allait célébrer le Saint Sacrifice, pour implorer le Bon Dieu soit de maintenir le Saint-Père en ce monde, si telle était Sa très sainte Volonté, soit de le rappeler à lui, si tel était le décret de la divine Providence. Nous tous devions nous unir à cette intention. La Radio devait retransmettre cette messe, afin que les milliers et les milliers de fidèles qui, dans le monde entier, suivaient les événements d'un cœur douloureux et sacrifiaient leur sommeil et leur repos, puissent s'associer à notre prière. Tous ceux qui, de par le monde, ont suivi cette messe en esprit et ont écouté la voix du célébrant souvent étouffée par les larmes, connaissent la grandeur et la douleur de cette heure-là. — Nous avions ouvert toutes grandes les portes de la chapelle et pouvions ainsi, sans perdre des yeux l'auguste malade, participer au Saint Sacrifice. Tous reçurent la Sainte Communion pour le Saint-Père, qui gisait là parmi ses oreillers blancs et qui — même si c'était inconsciemment — s'associait au sacrifice de Celui qu'il avait représenté près de vingt ans sur cette terre. Comme son divin modèle, lui aussi avait tout sacrifié, il avait fait don de sa personne, jusqu'à l'ultime limite de ses forces.

Ce jour-là même, ce fut l'un des médecins, le professeur Gasbarini, qui me déclara : « Le Saint-Père ne meurt pas d'une maladie particulière, mais uniquement d'épuisement total. Il a tiré de son corps tout ce qu'un être humain en peut tirer. Il a un cœur parfaitement sain et des poumons également sains. Si seulement il s'était un peu ménagé, il aurait pu vivre encore 20 ans . » — Mais, en face de cela, il y avait ce principe et cette conviction de Pie XII : « Un pape n'a plus de droits sur lui-même. Il appartient à Dieu, à l'Église et aux âmes. Ici bas, il n'existe pas pour lui de ménagement possible .»

La messe était terminée. Nous reprîmes nos places autour du lit du malade. Mgr Tardini et les autres prêtres se joignirent à nous. Nous tentions, par d'ardentes prières, de retenir cette vie qui nous échappait et d'obtenir du Maître de la vie et de la mort qu'il laisse le Saint-Père au monde. — Mais sa respiration n'était plus qu'un râle, même si le corps tout entier était brûlant de fièvre. Deux heures encore s'écoulèrent, sans que personne se lassât de prier. Son visage, d'une pâleur mortelle, semblait prendre une expression toujours plus douloureuse, même si d'après le docteur Niehans, qui ne quittait jamais le chevet du malade, la perte de connaissance était si profonde que le Saint-Père ne pouvait rien sentir. C'est en de pareilles heures de douleur indicible qu'on voit que la seule chose qui reste aux hommes, c'est l'espérance et la confiance dans l'Amour éternel, qui est au-dessus de toute notre impuissance humaine et nous donne la force de tout supporter, même les plus dures épreuves. Au râle du Saint-Père se mêlaient nos prières, dans lesquelles il y eut jusqu'au bout l'espoir d'un miracle.

Le râle s'arrêta tout à fait pendant un moment, mais il reprit ensuite — et puis — les yeux qui étaient complètement fermés s'entrou-virent un peu — la bouche se referma en silence sur un sourire étrange qui transfigura cette face cireuse — la noble tête s'inclina — une dernière respiration...

Une exclamation m'échappa : « Maintenant il voit Dieu.» Alors Mgr Tardini entonna à haute voix et presque avec allégresse : *Magnificat anima mea Dominum...!* Nous nous joignîmes à lui — ce furent ensuite le *Salve Regina...* et le *Sub Tuum Praesidium...* !

Puis tous s'approchèrent de son lit de mort et baisèrent les mains encore chaudes de fièvre de l'auguste défunt... C'était la dernière fois...

Personne ne pleurait. — C'est seulement lorsque quelqu'un enton-na le *De Profundis* que de douloureux sanglots s'élevèrent à travers la chambre. Nous vîmes, impuissantes, les portes s'ouvrir et un flot de personnes entrer.

Bientôt arriva le cardinal Tisserant. Après avoir prié un instant devant le défunt, il souhaita dire la messe. De nombreuses messes suivirent durant toute la matinée. Le cardinal Doyen nous avait donné l'autorisation de laver et d'habiller l'auguste défunt, et nous lui fûmes infiniment reconnaissantes de cette faveur. Les portes se refermèrent, et nous, les religieuses, pûmes avec l'aide d'un garde-malade, rendre ce dernier service à celui qu'il nous avait été donné de servir durant presque une vie et dont le sublime exemple nous avait stimulées sur le chemin de toute vertu.

Comme tout le corps était encore très chaud à cause de la fièvre, qui avait été extrême, il resta encore longtemps léger et souple, et l'opération ne nous donna absolument aucune peine. Bientôt, ce fut chose faite. Nous nous mîmes un moment à genoux, plongées dans une ineffable douleur — mais déjà, on frappait à la porte et nous dûmes rouvrir pour laisser entrer tous les gens.

Ce fut une bonne chose qu'il ne restât pas de temps pour se mettre à réfléchir. Le cardinal Tisserant avait terminé la messe, et, après avoir prié quelque temps devant le Saint-Père, il me demanda si je savais quoi que ce soit à propos d'un testament. Je me souvenais très bien de la nuit où Pie XII avait rédigé le testament, en déclarant : « Je mourrai un jour à l'improviste... » Il m'avait aussi montré où il avait mis le document. Ayant trouvé dans la poche de la soutane blanche les clés du bureau du Saint-Père, je pus expliquer à Son Éminence où je supposais qu'elle trouverait ce qu'elle cherchait.

Je partis en voiture pour Rome, refaisant aujourd'hui avec une peine indicible ce chemin que j'avais pris des centaines de fois. C'était comme si le monde avait un autre visage, et je m'étonnais que le temps ne s'arrêtât pas, après l'événement qui venait de se produire cette nuit... Tout cela n'était-il qu'un horrible cauchemar, ou bien était-ce la vérité, la réalité ? — En arrivant sur la place Saint-Pierre, j'entendis les lourdes cloches sonner, et chaque coup faisait un mal indicible... Mais je vis aussi de nombreuses personnes dont les visages reflétaient la peine sincère et profonde qu'elle éprouvaient à cause du décès de ce Pape qu'elles chérissaient et vénéraient. — Comme je fus heureuse d'échapper au glas dans l'ascenseur qui me menait à l'appartement privé. J'ouvris la porte de ces pièces que je connaissais si bien et que notre Saint-Père avait animées pendant près de vingt ans. Les chambres qui m'étaient si familières me parurent froides et mortes, et je fus heureuse de voir arriver le cardinal Tisserant avec Carlo Pacelli. D'une main tremblante, j'ouvris le tiroir du bureau, et Son Éminence en retira le document cherché. Il le lut et le prit sur lui. Il fit le tour de l'appartement et dit qu'il reviendrait plus tard pour tout mettre sous scellés. Il nous permit, à nous les religieuses, quand tout serait rangé à Castel Gandolfo, de revenir dans l'appartement privé, pour ranger nos propres affaires et y rester jusqu'à ce que nous ayons tout réglé. Si jamais, dit-il, nous devions rencontrer quelque difficulté, nous n'aurions qu'à aller le trouver ou nous recommander de lui. Nous nous souviendrons toujours avec gratitude de sa grande gentillesse et de sa grande bonté.

Lorsque tout fut scellé et fermé et que son Éminence eut quitté l'appartement privé, je retournai à Castel Gandolfo. La chambre mortuaire était remplie de monde. Bien que nous eussions préféré rester en silence dans un coin près du Saint-Père, pour prier, cela n'était pas possible à cause des gens. Mais il nous était encore plus impossible de leur parler. Nous nous mîmes donc à ranger un peu ; depuis dimanche, presque personne, en fait, n'avait été capable d'un vrai travail. Mais tout nous rappelait le Saint-Père, qui, tout près de là, gisait muet et immobile, et nous quitterait bientôt pour toujours. Malgré tout, la pensée d'avoir encore le Saint-Père dans la maison nous était une consolation. Nous attendions impatiemment l'heure de midi où le flot des visiteurs se calmerait un peu, afin de pouvoir revoir pour un court instant le cher visage muet et prier près de lui. Comme la chapelle, elle aussi, était toujours pleine de gens en prière, on ne pouvait même pas se réfugier là-bas.

Les grands de l'Église et ceux de ce monde vinrent voir une dernière fois Pie XII qu'ils honoraient comme le Vicaire du Christ et le chef de l'Église de Dieu, mais aussi comme un noble et très grand homme, comme un saint prêtre, un remarquable savant et un père plein de bonté et de charité. On voyait partout une peine profonde et sincère, qui nous réconfortait l'âme. Il était très pénible de voir que des milliers de gens étaient obligés de rester dehors et d'attendre pendant des heures pour la simple raison qu'il était impossible, étant donné cette foule, que tous pussent entrer dans la chambre mortuaire. Il était déjà tard quant la radio annonça qu'il fallait fermer les portes. On consola les pauvres gens en les renvoyant au lendemain, et ils se retirèrent lentement, en pleurant.

Entre-temps, on transporta Pie XII dans la plus grande salle du palais et on l'y exposa sur un catafalque. Maintenant que le catafalque n'était plus entouré que de la Garde noble et des camériers secrets avec les élèves de divers alumnats, nous pouvions, nous aussi, nous agenouiller pour prier.

De retour dans la clôture, nous vîmes que de la fenêtre d'une pièce on pouvait voir directement dans la Salle des Suisses où était exposé le Saint-Père. Les yeux brûlants à force de ne pas dormir depuis des nuits, nous regardâmes la salle illuminée où gisait, parmi les cierges et les fleurs, le Saint-Père que la terre entière pleurait et que le Ciel avait sûrement accueilli avec joie. Les heures s'écoulèrent une à une dans cette veille solitaire.

Lorsque le jour se leva, nous retournâmes dans la Salle des Suisses nous agenouiller auprès du catafalque jusqu'à ce que les lieux se remplissent à nouveau de gens.

Devant le palais, des milliers et des milliers de personnes souhaitaient entrer. Quel bien nous faisait, en ces heures de si profonde peine, la sympathie de ces foules qui, sans craindre les sacrifices ni la fatigue, attendaient pendant des heures pour pouvoir seulement revoir encore une fois ce cher et vénéré visage et remercier celui qui, dans la vie, leur avait tant donné.

Et cette journée était une fois encore, une fête de la Sainte Vierge — la Fête de la Maternité de Marie ! — Elle qui savait que ce n'était pas la volonté de Dieu que Pie XII restât sur cette terre, voulait réserver une de ses fêtes pour le retour triomphal de son fidèle fils dans la Ville éternelle.

Tout le monde, dans la maison comme au dehors, se mit alors en mouvement. On fit tous les préparatifs nécessaires pour le transfert du Saint-Père à Rome. Pour lui, qui pour lui-même n'avait jamais choisi que les choses les plus simples ; lui qui n'aimait jamais le sensationnel quand il s'agissait de sa propre personne ; lui qui voulait être si modeste et si discret, se prépara alors un cortège triomphal tel que peut-être très peu de mortels en avaient eu un. C'était sûrement d'ailleurs une disposition de la divine Providence que le Saint-Père ne fût pas mort à Rome, mais à Castel Gandolfo et que ce spectacle unique de son transfert dans la Ville éternelle fût possible.

Dans la cour du palais, où chaque jour des milliers de gens avaient attendu Pie XII pour l'audience, se tenait un char bien décoré. En haut, dans la salle, on venait d'éteindre les cierges, signe que le cercueil était déjà fermé. Et déjà, les porteurs descendaient l'escalier avec leur précieux fardeau qu'ils déposèrent sur le char. Nous ne parvenions pas à nous faire à l'idée que ce qui se déroulait dans cette cour était bien réel. — Pendant des années, nous avions été témoins des départs du pape de Castel. Nous avions pu voir des gens gais et contents acclamer leur Père bien-aimé, tout heureux de recevoir sa dernière bénédiction, et se réjouir déjà en pensant à l'année prochaine.

Et aujourd'hui ! Depuis l'aube, la place du palais était noire de gens qui attendaient, non pas cette fois leur bon Père qui les aimait et les bénissait, mais le cercueil orné de la tiare, qui venait de passer le portail. — Des sanglots traversèrent la foule, puis tout le monde se mit en marche derrière le char qui roulait lentement. Tous ceux qui le pouvaient, avaient voulu être là. On lisait sur leurs visages que ces derniers honneurs ne s'adressaient pas seulement au Souverain Pontife.

Tous ces milliers de gens aimaient cet homme d'une si rare qualité qui, à mesure que Dieu l'élevait, se penchait encore davantage sur l'humanité souffrante et cherchait à être tout à tous et à chacun. Cette réelle et profonde affliction ne rendait pas seulement hommage au grand pape et au grand Romain qui, nonobstant sa sublime distinction, était tout à fait devenu l'un des leurs, mais aussi à cet être si noble, dont la silhouette spiritualisée n'avait presque plus rien de terrestre et qui, pourtant, d'un regard de ses yeux, d'un geste de sa main attirait tous les gens à lui, car ils sentaient qu'il vivait tout entier pour eux et le salut de leurs âmes.

Lentement le char portant l'auguste défunt traversa la Campagne romaine en direction de sa ville, de sa patrie. Et Rome l'attendait aussi, Rome saluait son sauveur et son libérateur ; celui qui, sans se soucier du danger mortel auquel il s'exposait, était accouru le premier à San Lorenzo après le dur bombardement, afin de réconforter les éprouvés et les sans-abri et d'assister les mourants, et qui, de retour chez lui, avait aussitôt fait savoir au monde entier qu'en cas de nouvelle attaque aérienne sur sa ville, il se comporterait encore de la même manière, sans se soucier de sa propre vie... C'est à lui seul, les Romains le savent, qu'ils doivent le salut de leur ville.

Une atmosphère de Vendredi saint pesait sur cette ville d'ordinaire si affairée et si bruyante. Tout semblait se tourner vers le père défunt, qui faisait maintenant une entrée silencieuse dans la basilique patriarcale de Saint-Jean-de-Latran, la première et la mère de toutes les églises du monde. Ici, on dit une permière fois l'absoute et les oraisons funèbres : « *Non intres in judicium cum servo tuo, Domine... Absolve, Domine, animam famuli tui ab omni vinculo delictorum ut in resurrectionis gloria inter sanctos et electos tuos resuscitatus respiret.* » La chaude et fervente participation de tous les gens présents était si émouvante qu'elle gagnait aussi ceux qui étaient peut-être venus davantage par curiosité. La marée humaine devant la basilique se forma en une interminable procession à travers les rues de Rome. C'étaient des millions de gens que le Saint-Père avait attirés à lui, au cours de sa vie. Des millions de gens qu'il avait bénis, salués — peut-être plus qu'aucun autre homme dans l'histoire du monde. Et maintenant, il traversait une fois encore sa ville qu'il avait aimée, pour laquelle il avait tant souffert et fait de sacrifices — et la ville tout entière, et le monde entier semblaient le suivre.

On arriva à Sainte-Marie-Majeure. Qui ne se souvient de la merveilleuse inauguration de l'Année mariale ! — C'est ici que le jeune prêtre Eugenio Pacelli avait célébré sa première messe à l'autel de Marie, *Salus Populi Romani*.

Le cortège longea ensuite le Colisée, puis l'église du Gesù où la Madonna della Strada avait vu Eugenio, petit garçon, s'agenouiller pendant des heures à ses pieds — cette Madone à qui, ainsi qu'il l'avait confessé à sa mère, il avait coutume de tout confier et de parler de tout.

L'obscurité tombait déjà, quand on arriva en vue de Saint-Pierre.

Une dernière fois, la foule vit Pie XII passer devant l'obélisque. Que de fois l'avait-on porté ici même sur la sedia gestatoria, pour les grandes cérémonies, les audiences de masse d'ouvriers, de jeunes, de pèlerins du monde entier ! Que de fois il avait béni la foule qui l'acclamait ! Et aujourd'hui !... Les coups sourds du glas résonnaient sur la vaste esplanade, et les sanglots de la foule innombrable s'y mêlaient.
— Quiconque a été le témoin de ce spectacle unique, sait à quel point il fut sublime de grandeur et de majesté.

Dans sa modestie, Pie XII n'eût sûrement pas pensé que son dernier voyage à travers sa ville deviendrait un événement tel que Rome elle-même, qui est pourtant riche d'événements extraordinaires et uniques en leur genre, n'en a sans doute jamais vu.

Maintenant, Saint-Pierre accueillait le Saint-Père. Comme ce saint lieu avait été cher à son cœur, et que n'avait-il pas fait pour Saint-Pierre ! Et voilà qu'il y pénétrait pour la dernière fois. Ce n'étaient pas les acclamations bien connues qui l'entouraient, mais les sanglots et l'affliction. Le cercueil et sa précieuse charge furent déposés devant la Chaire de l'Apôtre.

Saint-Pierre a vu des foules innombrables en ses murs, en particulier durant les vingt ans du pontificat de Pie XII. Mais on n'avait sans doute jamais vu auparavant pareil flot humain entrer et sortir. Pendant des jours entiers, ce flot se déversa sans jamais diminuer. Au contraire ! Peu à peu arrivèrent du monde entier ceux qui voulaient voir le Saint-Père encore une fois ou, du moins, lui rendre un dernier hommage. Ils ne voulaient pas laisser ce privilège aux seuls Romains, avant que la discrète tombe située juste au-dessous de la coupole de Saint-Pierre ne reçoive le Saint-Père qui avait tant représenté dans leur vie. — Les cloches funèbres résonnaient sur la ville, et on eût dit que celle-ci mettait plusieurs jours à se réveiller de la torpeur où elle était plongée. Le flot humain ne diminua pas jusqu'au 13 octobre à midi, où les portes de Saint-Pierre se refermèrent, bien que des dizaines de milliers de personnes encore demandent en pleurant qu'on les laisse entrer. Puis ce fut l'enterrement du Pape, qui, selon l'antique cérémonial de l'Église, n'a lieu qu'en présence des cardinaux, des évêques et des prêtres.

Quand les portes de Saint-Pierre s'ouvrirent à nouveau, on ne vit plus que le haut catafalque couronné de la tiare. Mais un flot dense et ininterrompu de pèlerins continua à défiler dans un morne silence. Ceux qui l'aimaient voulaient jusqu'au dernier lui apporter la preuve de leur attachement et de leur gratitude.

Et ici aussi, la Sainte Vierge accompagna son fils fidèle, car ce mémorable 13 octobre était l'anniversaire de Fatima ! Puis ce furent les *Novendiali*, qui s'achevèrent sur l'inhumation dans la modeste et discrète tombe.

Le lieu très simple où repose Pie XII — et qui correspond tant à son testament — est devenu entre-temps le pôle d'attraction de nombreux fidèles. Ceux qui souvent s'y agenouillent pour y prier en silence, savent l'amour qu'on témoigne, ici aussi, à ce grand pape, dont toute la vie se consuma au service de Dieu, de l'Église et des âmes.

INDEX DES PERSONNALITÉS REMARQUABLES

Benoît XIV
(Prospero Lambertini) 1675-1758 ;
1727 archevêque d'Ancône, 1726 cardinal (publication 1728), 1731 archevêque de Bologne ; pape le 17 juillet 1740.
214

Benoît XV
(Giacomo Della Chiesa) 1851-1922 ;
1907 archevêque de Bologne, 1914 cardinal ; pape le 3 septembre 1914.
16, 55

Bertram, Adolf Johannes
1858-1945 ;
1906 évêque de Hildesheim, 1914 prince-évêque de Breslau, 1916 cardinal, 1930 prince-archevêque et métropolite de la province ecclésiastique de Breslau ; depuis 1919 président de la Conférence épiscopale de Fulda et, à ce titre, plus tard en première ligne dans la lutte de l'Église contre le national-socialisme.
53 f.

Faulhaber, Michael von
1869-1952 ;
1911 évêque de Spire, 1917 archevêque de Munich-Freising, 1921 cardinal ; défenseur de l'Église contre le national-socialisme.
14 f., 20, 28, 30, 34, 66, 75, 82, 89, 96, 107-109, 143, 165

Frings, Josef
1887-1978 ;
1942-1969 archevêque de Cologne, 1946 cardinal ; 1945-1965 président de la Conférence épiscopale de Fulda.
173

Galen, Clemens August
Comte von —
1878-1946 ;
1933 évêque de Münster, 1946 cardinal ; courageux opposant à la politique religieuse et raciale du national-socialisme.
48 f., 172, 173 f.

Paul VI
(Giovanni Battista Montini) 1897-1978 ;
1922-1954 à la Secrétairerie d'État ; l'un des plus étroits collaborateurs de Pie XII ;
1952 prosecrétaire d'État ; 1954 archevêque de Milan ; 1958 cardinal ; pape le 21
juin 1963.
70, 113, 132, 133, 207 f.

Pie IX
(Comte Giovanni Maria Mastai-Ferretti) 1792-1878 ;
1827 archevêque de Spolète, 1832 d'Imola ; 1840 cardinal ; pape le 16 juin 1846.
187

Pie X (saint)
(Giuseppe Sarto) 1835-1914 ;
1884 évêque de Mantoue ; 1893 patriarche de Venise et cardinal ; pape le 4 août
1903.
42, 65, 105, 187

Pie XI
(Achille Ratti) 1857-1939 ;
1888 bibliothécaire à l'Ambrosienne de Milan ; 1914 préfet de la Bibliothèque
Vaticane ; 1918 visiteur apostolique ; 1919 nonce en Pologne ; 1921 archevêque de
Milan et cardinal ; pape le 6 février 1922.
51, 56-61, 63-66, 71, 74-79, 83-85, 87, 91, 96, 98, 106, 117, 125, 147 f., 209

Preysing, Konrad
Comte von —
1880-1950 ;
1932 évêque d'Eichstätt, 1935 évêque de Berlin, 1946 cardinal ; défenseur de l'Église contre les empiètements des national-socialistes et des communistes.
30, 47

Sonnenschein, Carl
1876-1929 ;
1900 prêtre ; depuis 1918 à Berlin, où il organisa une pastorale du monde universi-
taire et de la grande ville.
43

Spellmann, Francis Joseph
1889-1967 ;
1932 évêque auxiliaire de Boston, 1939 archevêque de New York ; 1946 cardinal.
27, 47, 123, 205

Stepinac, Alojzije
1898-1960 ;
1937 archevêque de Zagreb ; 1953 cardinal ; condamné en 1946 à 16 ans de
travaux forcés ; depuis 1951 interné à Krasić.
171

Tardini, Domenico
1888-1961 ;

l'un des plus étroits collaborateurs de Pie XII à la Secrétairerie d'État ; depuis 1952 prosecrétaire d'État ; 1958 archevêque de Laodicée de Syrie ; cette même année cardinal et secrétaire d'État.

Tisserant, Eugène
1884-1972 ;
1908-1936 à la Bibliothèque Vaticane ; 1936 cardinal, secrétaire de la Congrégation pour l'Église orientale ; depuis 1951 doyen du Sacré Collège.

Wendel, Josef
1901-1960 ;
1943-1952 évêque de Spire ; depuis 1952 archevêque de Munich et Freising ; 1953 cardinal.

INDEX CHRONOLOGIQUE

Principaux événements de la vie de Pie XII

2 mars 1876
Naissance à Rome d'Eugenio, fils de Filippo Pacelli, avocat consistorial, et de Virginia Graziosi.

2 avril 1899
Ordonné prêtre, après des études au Collège Capranica, au Séminaire Sant' Apollinare et à l'Université Grégorienne.

1902
Docteur *utriusque juris*

1er octobre 1903
Secrétaire à la Secrétairerie d'État.

1909-1914
Professeur de diplomatie ecclésiàstique à la Pontificia Accademia dei Nobili Ecclesiastici.

7 mars 1911
Sous-secrétaire de la Congrégation pour les Affaires extraordinaires de l'Église (1er février 1914, secrétaire).

3 avril 1917
Nommé nonce en Bavière.

13 mai 1917
Consacré archevêque de Sardes par Benoît XV dans la Chapelle Sixtine.

1er mai 1920
Premier nonce auprès du Reich allemand.

29 mars 1924
Signature du concordat avec la Bavière.

14 juillet 1925
Départ de Munich pour Berlin (aux fonctions antérieures s'ajoutent celles de nonce en Prusse).

9 juillet 1929
Ratification du concordat avec la Prusse par le Landtag.

16 décembre 1929 et 7 février 1930
Cardinal et Secrétaire d'État.

20 juillet 1933
Concordat avec le Reich — « tentative de sauver, pour un avenir très incertain, les concordats avec les Länder, en les élargissant dans l'espace et dans leur contenu » (Pie XII, le 19 juillet 1947).

5 novembre 1936
Franklin Delano Roosevelt, président des États-Unis d'Amérique réélu le 3 novembre, reçoit le Cardinal secrétaire d'État à l'occasion de son voyage. (Le Président lui restera dévoué jusqu'à sa mort.)

14 mars 1937
L'encyclique *Mit brennender Sorge*, à la rédaction de laquelle le Cardinal Secrétaire d'État a participé de façon déterminante, condamne les violations du concordat, les doctrines et pratiques antichrétiennes du national-socialisme.

2 et 12 mars 1939
Élu et couronné pape.

18 février 1946
Création de 32 cardinaux de toutes les parties du monde.

1er novembre 1950
Proclamation du dogme de l'Assomption.

12 janvier 1953
Création de 24 cardinaux (parmi lesquels Angelo Roncalli).

8 septembre 1953
L'encyclique *Fulgens corona gloriae* déclare que l'année suivante (marquant le centenaire de la proclamation du dogme de l'Immaculée Conception) sera Année mariale.

9 octobre 1958
Mort de Pie XII à Castel Gandolfo.

PRINCIPAUX ÉVÉNEMENTS
DANS L'ÉGLISE ET DANS LE MONDE

5 janvier 1876
Naissance de Konrad Adenauer.

7 et 20 février 1878
Mort de Pie IX et élection de son successeur, Léon XIII.

15 juin 1888
Début du règne de l'Empereur Guillaume II.

20 juillet et 4 août 1903
Mort de Léon XIII et élection de son successeur, Pie X.

28 juin et 28 juillet 1914
Assassinat de l'archiduc héritier François-Ferdinand et de son épouse à Sarajevo ;
l'Autriche-Hongrie déclare la guerre à la Serbie : ce sera la Première Guerre
mondiale.

20 août et 3 septembre 1914
Mort de Pie X et élection de son successeur, Benoît XV.

23 mai 1915 et 28 août 1916
L'Italie déclare la guerre à l'Autriche-Hongrie et au Reich allemand.

21 novembre 1916
Mort de l'Empereur François-Joseph ; Charles Ier lui succède.

6 avril et 7 décembre 1917
Les USA déclarent la guerre au Reich allemand et à l'Autriche-Hongrie.

13 mai 1917
Première apparition de la Vierge à Fatima.

7 novembre 1917
La révolution bolchevique éclate en Russie.

10 et 11 novembre 1918
L'Empereur Guillaume II s'exile en Hollande ; l'Empereur Charles Ier renonce à
« toute participation aux affaires de l'État ».

11 février 1919
Friedrich Ebert est élu président du Reich.

22 janvier et 6 février 1922
Mort de Benoît XV et élection de son successeur, Pie XI.

28 février et 26 avril 1925
Mort du Président Ebert ; le Generalfeldmarschall von Hindenburg lui succède.

10 avril 1932
Réélection de Hindenburg comme président du Reich.

30 janvier 1933
Hindenburg nomme Hitler chancelier du Reich.

24 mars 1933
Le Reichstag accepte la loi sur les « pleins pouvoirs », qui autorise pour une durée de 4 ans le gouvernement du Reich à promulguer des lois, même si elles s'écartent de la Constitution.

10 février 1939
Mort de Pie XI.

1ᵉʳ septembre 1939
Début de la campagne de Pologne, qui mènera à la Seconde Guerre mondiale.

8 décembre 1941
Entrée en guerre des USA.

25 juillet et 10 septembre 1943
Mussolini se retire ; les troupes allemandes occupent Rome.

4 juin 1944
Les Alliés occupent Rome.

7-9 mai 1945
Capitulation générale de la Wehrmacht.

23 mai 1949
Fondation de la République Fédérale d'Allemagne.

25 mars 1957
Signature à Rome des traités fondant la Communauté Économique Européenne et la Communauté Européenne pour l'Énergie atomique.

Prières

Anima Christi

Anima Christi, sanctifica me.
Corpus Christi, salva me.
Sanguis Christi, inebria me.
Aqua lateris Christi, lava me.
Passio Christi, conforta me.
O bone Jesu, exaudi me.
Intra tua vulnera absconde me.
Ne permittas me separari a te.
Ab hoste maligno defende me.
In hora mortis meae voca me.
Et jube me venire ad te,
Ut cum Sanctis tuis laudem te
In saecula saeculorum. Amen.

Ame du Christ, sanctifiez-moi.
Corps du Christ, sauvez-moi.
Sang du Christ, enivrez-moi.
Eau du côté du Christ, lavez-moi.
Passion du Christ, réconfortez-moi.
O bon Jésus, exaucez-moi.
En vos plaies, cachez-moi.
Ne permettez pas que je sois séparé de vous.
Contre l'ennemi malin, défendez-moi.
A l'heure de ma mort, appelez-moi.
Et ordonnez que je vienne à vous
Pour qu'avec vos Saints je vous loue
Dans les siècles des siècles. Ainsi soit-il.

Prière
pour obtenir la Béatification de Pie XII

O Jésus, Pontife éternel, qui avez daigné élever votre Serviteur fidèle Pie XII à la suprême dignité de Votre Vicaire ici-bas, et lui avez concédé la grâce d'être un défenseur intrépide de la Foi, un courageux champion de la justice et de la paix, un glorificateur zélé de Votre très Sainte Mère et un exemple lumineux de charité et de toutes les vertus, daignez maintenant, en vue de ses mérites, nous accorder les grâces que nous vous demandons, afin que, assurés de son efficace intercession auprès de Vous, nous puissions le voir un jour élevé à la gloire des autels. Ainsi soit-il.

IMPRIMATUR
✝ Petrus Canisius
Vic. Gen. Civit. Vatic.
die 8 Decembris 1958

TABLE DES MATIÈRES

ACHEVÉ D'IMPRIMER LE 8 SEPTEMBRE 1985
DEUXIÈME MILLÉNAIRE DE LA NATIVITÉ DE NOTRE-DAME
SUR LES PRESSES DES ÉDITIONS TÉQUI
53150 SAINT-CÉNÉRÉ

N° d'édition : T 53 640
Dépôt légal : septembre 1985